金融大数据统计方法与实证

杨　虎　杨玥含　编著

科学出版社
北　京

内 容 简 介

全书共九章，内容包括大数据概述、聚类分析、判别分析、主成分分析、因子分析、线性模型、回归诊断、有偏估计、变量选择. 各章都有丰富的案例分析，为加深读者对每章内容的理解，将每章的练习分为理论和实证部分，书后附有参考答案，为使书中案例贴近数据的应用实际，采用了获取方便的证券市场高频数据，并使用国际通用的 R 软件进行数据收集、处理、加工和分析，便于读者自己动手和实际应用需要. 全书内容讲解简明扼要，注重应用，让读者从收集数据开始，掌握数据收集、整理和大数据统计分析的全过程.

本书可作为统计学、经济学、管理科学、计算机科学等相关专业本科生的教材和教学参考书，也可作为相关专业硕士生的教材和案例分析参考书. 书中大部分内容也可供大数据分析应用的大学生、研究生、教师、科研人员和统计工作者参考.

图书在版编目（CIP）数据

金融大数据统计方法与实证/杨虎，杨玥含编著. —北京：科学出版社，2016.6

ISBN 978-7-03-048488-8

Ⅰ. ①金… Ⅱ. ①杨… ②杨… Ⅲ. ①数据处理-应用-金融统计-统计方法-研究 Ⅳ. ①F830.2-39

中国版本图书馆 CIP 数据核字（2016）第 121605 号

责任编辑：王胡权／责任校对：邹慧卿
责任印制：张 伟／封面设计：迷底书装

科学出版社 出版
北京东黄城根北街 16 号
邮政编码：100717
http://www.sciencep.com

北京凌奇印刷有限责任公司印刷

科学出版社发行 各地新华书店经销

*

2016 年 6 月第 一 版 开本：720 × 1000 1/16
2024 年 9 月第八次印刷 印张：10
字数：201 600

定价：39.00 元

（如有印装质量问题，我社负责调换）

前　言

1952 年, 芝加哥大学的马科维兹 (Markowitz) 首次采用股票收益率历史数据的方差, 作为风险衡量指标, 并指出与证券市场的整体运行相关联的宏观系统风险不能通过投资分散化加以消除, 称为不可分散风险. 马科维兹在投资者效用最大化的基础上, 将复杂的投资决策问题简化为一个风险 (方差)–收益 (均值) 的二维问题, 即在相同的期望收益条件下, 投资者选择投资风险最小的证券 (组合), 或在相同的投资风险下, 选择预期收益率最大的证券 (组合). 开统计方法应用于金融市场之先河. 1978 年, 西蒙斯 (Simons) 开发了许多数学模型用来进行分析和交易, 这些基本上是自动完成. 他用计算机编程建立模型分析股票价格, 从而能进行很轻松的交易并获利. 这些模型是建立在海量的数据基础上的, 所以具有可靠性并可进行实际预测, 1989~2009 年, 他操盘的大奖章基金平均年回报率高达 35%, 较同期标普 500 指数年均回报率高 20 多个百分点, 比金融大鳄索罗斯和股神巴菲特的操盘表现都高出 10 余个百分点. 即便是在次贷危机爆发的 2007 年, 该基金的回报率仍高达 85%. 西蒙斯成就了世界上最伟大的对冲基金之一: 大奖章基金. 大数据的历史相对较晚一些, 2008 年年末, 大数据才得到部分美国知名计算机科学研究人员的认可, 但在 2013 年, 大数据就已经风靡全球, 成为一个时代的符号. 我们早在 2002 年开始从事金融数据挖掘研究和教学, 2011 年正式给本科生开设证券数据统计建模与实证分析课程, 2013 年结合大数据发展, 给硕士生和博士生开设了金融大数据统计方法与实证的课程.

本书是作者历年在金融大数据统计应用研究与教学讲稿内容的系统总结, 相关的讲义在重庆大学和中央财经大学的研究生与本科生教学和专题讨论中已反复使用过, 并且积累了大量的金融大数据资料、R 程序、PPT 讨论专题习作等 (见附录中的 QQ 群). 在内容讲授与学习上做了大胆的尝试, 加强了学生的参与程度, 通过公开讨论课、课程论文等方式激发学生的学习热情, 提升动手能力和自学能力.

本书在取材和写作上, 有如下特色:

1. 注重理论知识与实际问题的结合, 注重运用统计知识解决大数据问题的能力, 注意吸收国内外优秀教材的长处, 图文并茂, 使该书通俗易懂, 可读性强.

2. 和传统教材相比, 本书引入了最新的研究成果, 应用案例大多来自金融证券市场, 数据量大, 变量众多, 传统的分析方法和计算手段受到很大限制, 为了培养学生的动手能力, 本书借助于开源的免费统计软件 R, 对来自市场的第一手数据进行统计分析, 在实践中体会大数据统计方法的思想和应用.

3. 在例题与案例编排上尽可能做到前后衔接, 从而让一些例子能够前后对照, 突出各种统计方法的优良性质, 所有案例都用 R 软件进行了计算. 为了全书的可读性, 较难的证明较少涉及, 必要的内容放入练习并通过练习解答给出. 程序通过互联网免费下载, 便于正文的流畅阅读, 也方便程序的编辑和使用. 程序的使用可增加运用统计知识解决实际大数据问题的感性认识, 对本书所授知识产生浓厚兴趣和动手愿望, 从而变被动学习为主动学习.

4. 对统计学等相关专业的学生而言, 必要的理论证明和逻辑推导训练还是必不可少的. 我们在本书练习的编排上兼顾了理论题目和实践性题目, 照顾各类读者的实际需求.

由于本书很多内容至今仍然是国际学术研究领域的前沿研究方向, 成为众多的优秀学者和青年学生的热门选题, 如果作为教材可深可浅, 尤其是实证研究, 需要更多的利用课余时间进行金融证券理论知识和 R 程序知识的扩充. 本书无论理论研究和应用需要, 都要求读者结合 R 软件进行大量的应用案例分析. 在应用问题的分析和编程实践中体会金融大数据统计分析方法的广博内容.

本书部分案例来自授课班级学生的课余习作, 不一一说明, 特此一并致谢.

本书是国家自然科学基金项目 (编号: 11171361) 的应用研究和金融实证研究组成部分.

由于编者水平所限, 疏漏乃至不当之处在所难免, 恳请国内同行及广大读者不吝赐教.

编　者

2016 年 1 月 19 日

目　录

第1章 大数据概述

数据是我们通过观察、实验或计算得出的结果. 数据有很多种, 数据也可以是文字、图像、声音等, 但最简单的就是数字.

今天, 整个人类社会已经进入到大数据时代, 这不单单是称谓的不同, 这里所谓“大”通常是指数据规模, 一般指在 10TB(1TB=1024GB) 规模以上的数据量. 大数据同过去的海量数据的区别就在于其基本特征可以用 5 个 V(Volumes、Variety、Velocity、Veracity 和 Value) 来总结, 即样本大、维数高、速度快、实时强、价值足.

样本大

用计算机业界的话是体量大, 数据体量巨大, 从 TB 级别, 跃升到 PB 级别, 通常在 10TB 以上, 比如证券市场的超高频分笔数据体量就非常大, 路网视频监测系统的数据也异常庞大. 但这个大仍然是相对而言, 和统计学里的大样本还不能相提并论, 这里的规模还是属于有限样本范围.

维数高

很多说法是数据类型繁多, 如网络日志、视频、图片、地理位置信息等. 其实, 在统计学上, 前者是 n, 是样本容量, 这个就是 p 了, 是变量数. 大数据框架下, 高维是普遍特征, 比如基因测序, 风险对冲, 都存在 $p > n$ 的情况, 有些甚至 p 关于 n 呈现指数增长趋势, 这就属于超高维概念了.

大数据认识上的误区就在于此, 样本仍然受到很多因素的制约, 出现局部的样本不足仍然是普遍的.

速度快

处理速度快. 1 秒定律或秒级定律, 就是对处理速度有要求, 一般要在 1 秒或几秒时间范围内给出分析结果, 时间太长就失去价值了. 能否抓住金融市场上的机会, 处理速度是关键. 这个速度要求是大数据处理技术和传统的数据挖掘技术最大的区别.

实时强

在数据量非常庞大的情况下, 也能够做到数据的实时处理. 这在量化投资领域非常重要, 信息时效相当有限, 很多时候需要快速决策, 抓住转瞬即逝的市场机会.

又如登月火箭发射, 选择的时间窗分秒都不能差, 后期的变轨也一样; 又比如云南鲁甸地震, 据网上消息, 地震台成功在 60 秒前作出了预报, 但由于通信的限制, 未能及时传递给每一个人, 最后仍然造成很大的伤亡.

价值足

通常的解释是价值密度低. 以视频为例, 连续不间断监控过程中, 可能有用的数据仅仅有一两秒. 这在大数据时代, 虽然数据进入 PB 规模, 但有用的信息仍然是稀疏的.

大数据技术是指从各种各样类型的巨量数据中, 快速获得有价值信息的技术. 解决大数据问题的核心是大数据技术. 目前所说的 “大数据” 不仅指数据本身的规模, 也包括采集数据的工具、平台和数据分析系统. 大数据研发目的是发展大数据技术并将其应用到相关领域, 通过解决巨量数据处理问题促进其突破性发展. 因此, 大数据时代带来的挑战不仅体现在如何处理巨量数据从中获取有价值的信息, 也体现在如何加强大数据技术研发, 抢占时代发展的前沿. 统计方法是最重要的大数据技术之一, 尤其针对金融大数据, 统计方法的应用往往起到事半功倍的效果.

古时候要理解万物皆数估计很困难, 但现在如果稍稍探究一下计算机的工作原理, 高清电视的制作与播放, 美轮美奂的图片传输方式, 就知道我们看见的形形色色的图片和影视画面, 与我们看见的数字没有两样, 都是将它们数字化后进行编码、传输、解码和重现的.

接收的图像如果不重现, 看见的就是一堆 “杂乱” 无章的数字. 如果不知道原始编码, 要通过统计分析将大数据变成图像是相当费力的, 很多时候甚至是根本不可行的.

本书就是要尝试通过统计分析还原大数据海量信息中的有用信息, 其难度和现实需求都是不可估量的.

统计学家的根本任务就在于此, 由于数据的局限, 很多时候, 我们的统计研究背离了这条主线, 陷入数学游戏的幻境, 随着人类社会快速的步入大数据时代, 统计学家必须正视现实, 不拘泥于传统的统计方法, 探索更多更新的方法与工具, 研究大数据海量信息中隐藏的统计规律性.

早期的统计学者要想获得数据, 往往会很艰难, 牛顿的万有引力定律是从哪里来的? 来自苹果掉地? 这仅仅是唯美的传说, 是文学家的臆想罢了, 其实是来源于天文观测, 那可是经年累月的观察和积累, 同样的观测今天还存在; 又比如水文地质观测, 农业选种实验, 学者的一生如果必须面对这样漫长数据收集的学科太残酷了, 需要好几年到好几十年的观测才能获得第一手完整的观测资料, 人生能有多少个几十年呢?

今天的统计学家无疑是幸运的, 数据比比皆是, 甚至已经泛滥成灾, 这是机遇也是挑战, 但我们需要的数据从哪里来, 统计年鉴吗? 那些不是自己亲手调查得来的数据分析起来可得小心, 统计中的模型很依赖条件, 如果条件是错误的, 结果可想而知, 对统计学家而言, 数据如果有问题, 结果也是荒谬的.

真实又方便获取的数据有没有? 有! 而且很多, 比如金融市场的行情数据, 眼观为实, 这是你可以方便获取的海量数据源.

为什么一些人舍近求远, 不肯关注信手拈来的金融证券市场数据呢? 这个市场太真实, 太现实也太残酷了, 市场是检验模型和公式的唯一客观标准, 理论再优美, 也要经得起市场的检验, 方法再先进, 不能带来利润也是水中月镜中花.

研究的人少, 研究的水平低直接导致很多明显的错误, 比如股市分析家们经常会说资金流入了多少, 流出了多少? 这其实是市值的增减问题, 资金进出始终是平衡的, 有流出, 一定有同等的流入, 这是常识.

仅就中国沪深股市而言, 截至 2012 年 9 月 3 日, 仅 A 股就有 2437 支股票, 市值 21.218 万亿, 而 2 月 26 日是 27.718 万亿, 7 个月蒸发了 6.5 万亿, 看看 2012 年 9 月 3 日中午 11:30 瞬间的证券数据表, 有 2437 行, 116 列 (加上扩展行情), 共 282692 个数据, 这可是每秒都更新的数据表, 这还仅仅是沪深 A 股. 可见金融市场每天的信息量确实惊人!

本书针对金融大数据尤其是证券和汇率数据, 介绍各类相关的统计分析方法, 并结合 R 程序进行实证研究. 为了方便后续章节对这些数据的分析, 我们先介绍一些符号和概念.

一、大数据的数字特征

如果有用的信息存在于大数据之中, 分析大数据中包含的有用信息及主要特征是很有意义的. 我们可以通过这些特征的描述, 去了解整个大数据. 这就是大数据的数字特征.

对于 p 个随机变量组成的向量 $(X_1, X_2, \cdots, X_p)$, 如果获得 n 次观测, 得到 n 个观测样本, 设 $1 \leqslant i \leqslant n$, 第 i 个样本记为 $(x_{i1}, x_{i2}, \cdots, x_{ip})$, 从而样本的第 j 个分量的**均值**(mean) 定义为

$$\bar{x}_j = \frac{1}{n}\sum_{i=1}^{n} x_{ij}, j = 1, 2, \cdots, p, \tag{1.1}$$

样本的第 j 个分量的**方差**(variance) 为

$$s_j^2 = \frac{1}{n-1}\sum_{i=1}^{n}(x_{ij} - \bar{x}_j)^2, j = 1, 2, \cdots, p, \tag{1.2}$$

样本的第 j 个分量与第 k 个分量的**协方差**(covariance) 为

$$s_{jk} = \frac{1}{n-1}\sum_{i=1}^{n}(x_{ij} - \bar{x}_j)(x_{ik} - \bar{x}_k), j, k = 1, 2, \cdots, p, \tag{1.3}$$

$X = (X_1, X_2, \cdots, X_p)$ 的均值记为 $\bar{x} = (\bar{x}_1, \bar{x}_2, \cdots, \bar{x}_p)$, 称矩阵 $S = (s_{jk})_{p\times p}$ 为样本的协方差矩阵. 样本的第 j 个分量与第 k 个分量的样本**相关系数**(correlation coefficient) 为

$$r_{jk} = \frac{s_{jk}}{s_j s_k}, j, k = 1, 2, \cdots, p. \tag{1.4}$$

称 $R = (r_{jk})_{p\times p}$ 为样本**相关矩阵** (correlation matrix, 又称皮尔逊 (Pearson) 相关矩阵).

在大数据的今天, 样本矩阵 $C = (x_{ij})_{n\times p}$ 无论行列往往会非常巨大, 虽然给数据收集和整理增添了很多琐碎的工作, 但给统计分析带来了便利, 由于数据充足, 对获取统计规律更加便利和可靠, 大样本性质也确保了进行大数据统计分析的准确性.

在 R 软件 (软件介绍见附录) 中, 我们可以借助于 Excel 软件①的. csv 文件直接读取数据, 这给数据处理带来了极大的方便. 可以通过免费的证券行情软件中的数据管理菜单, 使用数据导出功能, 直接将数据导出到 Excel 文件, 打开后选择 “另存为” 将文件转化为. csv 文件格式存储, 可能会有不兼容的提示, 选择 “是” 即可.

命令：C=read.csv(file=file.choose( ), head=T) 将会打开一个选择窗口, 找到你存储的. csv 数据文件的位置, 执行后, 数据就放入变量 (样本矩阵) C 中了, 后续分析, 只要调用这个变量就能提取相关数据进行分析了. 如果打开 R 软件后, 通过菜单改变工作目录到当前目录 (或通过 R 命令 setwd(“D:/R/Data”) 改变工作目录), 可以用命令：C=read.csv(“2011Dhs300.csv”, header=T), 把当前目录中的文件读到矩阵 C 中.

下面我们采集从 2011 年 8 月 8 日到 2011 年 12 月 30 日的沪深 300 指数及其 300 支成分股的收盘价 (可以通过 R 程序对采集的 300 个成分股日线数据进行自动整理, 形成需要的数据文件, 详见案例 6.3 的数据收集整理说明). 在这段时间, 有的股票并不是每一天都开盘, 对于缺失的数据分别用前一天的收盘价补齐. 部分数据见表 1.1.

表 1.1　股票数据

沪深 300 指数	沪深 300 成分股日收盘价						
Y	X_1	X_2	X_3	X_4	X_5	$\cdots$	X_{300}
2793.9	16	8.06	18.65	15.55	7.42	$\cdots$	4.24
2798.19	16.03	8.3	18.59	15.67	7.26	$\cdots$	4.29
2824.12	16.09	8.44	18.9	15.93	7.29	$\cdots$	4.32
2866.92	16.43	8.55	19.6	16.2	7.36	$\cdots$	4.37
2875.36	16.64	8.43	19.59	16.2	7.46	$\cdots$	4.37
2917.88	17.13	8.5	19.87	16.67	7.6	$\cdots$	4.54

① Excel2007 以后的版本没有列数 256 的限制, 较低的版本或免费的 WPS 表格列数都不能超过 256 列.

续表

沪深 300 指数	沪深 300 成分股日收盘价						
Y	X_1	X_2	X_3	X_4	X_5	$\cdots$	X_{300}
2897.58	17.05	8.36	19.57	16.47	7.54	$\cdots$	4.51
2886.01	17.05	8.22	19.27	16.14	7.41	$\cdots$	4.5
2834.25	16.73	8.14	18.95	16.02	7.32	$\cdots$	4.42
2807.66	16.6	8.14	19.01	15.72	7.28	$\cdots$	4.39
2777.79	16.42	8.08	18.69	15.45	7.21	$\cdots$	4.37
2821.00	16.64	8.22	19.16	15.7	7.34	$\cdots$	4.52
$\vdots$	$\vdots$	$\vdots$	$\vdots$	$\vdots$	$\vdots$		$\vdots$
2307.93	15.3	7.34	11.2	9.07	5.06	$\cdots$	3.97
2311.36	15.31	7.33	10.67	9.16	5.03	$\cdots$	3.98
2345.74	15.59	7.47	10.9	9.06	5.13	$\cdots$	4.04

该数据表一共有 301 列 99 行. 另存到文件 2011Dhs300.csv 中. 通过前述的数据读入命令读入 R 软件数据矩阵 C 中, 然后用 colMeans(C) 计算每列均值, sapply(C, sd), 计算每列标准差, cov(C), cor(C) 函数可以方便的计算出样本协方差矩阵和相关矩阵.

案例 1.1 为了方便演示, 我们选择 X_1, X_2, X_3 三个变量的前 12 个样本, 数据见表 1.1, 试计算样本均值、样本协方差和样本相关系数, 并用皮尔逊相关性检验确认这三个变量是否相关?

建立数据文件有两种方法, 一种是直接把这些数据拷贝存入单独的文件再通过 R 读入, 二是通过数据矩阵 C 裁剪, 使用 R 命令 C1=C[1:12, 1:3] 即可. 通过计算, 容易得到

$$\bar{x}_1=\frac{1}{12}\sum_{i=1}^{12}x_{i1}=16.5675,\quad \bar{x}_2=\frac{1}{12}\sum_{i=1}^{12}x_{i2}=8.2867,\quad \bar{x}_3=\frac{1}{12}\sum_{i=1}^{12}x_{i3}=9.1542.$$

样本协方差矩阵为

$$S=\begin{pmatrix}0.1545 & 0.013 & 0.1247\\ 0.013 & 0.0282 & 0.0518\\ 0.1247 & 0.0518 & 0.182\end{pmatrix},$$

相关系数矩阵

$$R = \begin{pmatrix} 1 & 0.1964 & 0.7433 \\ 0.1964 & 1 & 0.7226 \\ 0.7433 & 0.7226 & 1 \end{pmatrix}.$$

然后根据相关系数进行皮尔逊相关性检验, 当 (X_1, X_2) 服从二元正态分布且 $\rho = 0$, 有

$$t = \frac{r_{12}\sqrt{n-2}}{\sqrt{1-r_{12}^2}} t(n-2), \tag{1.5}$$

因此, 对于假设检验 H_0: $r_{12} = 0$, H_1: $r_{12} \neq 0$, 当显著水平取 0.05 时, 利用 R 函数 cor.test( ), 对于例中 (X_1, X_2) 的相关系数 $r_{12} = 0.1964$ 算得 (1.5) 的值 $t = 0.6336$, 在原假设成立的条件下, 出现这么大的 t 值的概率为 0.5406, 这个概率只有低于 0.05 才认为显著, 从而判定相关系数显著异于零, 可见, 这里的结果是不显著, 接受原假设, 认为相关系数为零, 即 X_1 与 X_2 不相关.

同理, 对变量 (X_1, X_3) 进行皮尔逊相关性检验, 算得 $t = 3.51$, 概率为 0.0056, 远低于 0.05 的显著水平, 因此认为 X_1 与 X_3 相关. 对变量 (X_2, X_3) 进行皮尔逊相关性检验, 算得 $t = 3.31$, 概率为 0.0079, 远低于 0.05 的显著水平, 因此认为 X_2 与 X_3 相关.

此外, 可以算出相关系数的置信区间, 比如 r_{23} 的 95% 的置信区间为 (0.25, 0.92).

二、大数据的图表示

直观的图形一直是有效的分析手段, 从定积分简单绘制的积分区域图形, 到几何概率的图形描述都给实际的计算带来很大的帮助, 但三维以上的图形就没有形象逼真的解决办法了. 这里介绍一些方法来刻画大数据的直观特征, 这就是大数据的图表示.

1. 轮廓图

轮廓图由如下作图步骤完成:

(1) 作直角坐标系, 横坐标取 p 个点, 以表示 p 个变量;

(2) 对给定的一次观测值, 在 p 个点上的纵坐标与之对应的变量取值成正比;

(3) 连接 p 个点得一折线, 即为该次观测值的一条轮廓线;

(4) 对于 n 次观测值, 每次都重复上述步骤, 可画出 n 条折线, 构成 n 次观测值的轮廓图.

可以使用画轮廓图的 R 函数 outline( ) 进行此类计算.

案例 1.2 考虑海南省 19 只 A 股 2012 年 6 月 29 日的数据, 选择 11 个指标 (变量), 如表 1.2, 为了减少量纲的影响, 对各个指标通过量纲变化进行了放大和缩小. 试画出这 11 个变量的轮廓图.

表 1.2　海南股票数据*

名称	最新	涨跌	涨幅	换手率	内盘	外盘	振幅	量比	委比	市净率	市值
海虹控股	5.81	2	3.570	1.800	6.0679	6.2368	6.950	1.13	−5.342	4.2	3.96694
海南海药	19.3	6.1	3.260	1.030	1.0277	1.1565	4.980	0.83	−1.976	3.56	4.07751
海德股份	6.42	1.7	2.720	1.830	1.1859	1.2193	6.240	1.01	3.502	4.87	0.84543
新大洲A	4.97	0.7	1.430	0.760	2.5337	3.074	4.490	0.37	−1.242	2.79	3.65596
海马汽车	3.26	0.6	1.870	0.320	2.1237	3.2027	2.190	1.7	−0.909	0.82	5.35119
亚太实业	6.33	5.8	10.090	10.660	19.3804	11.5906	11.830	14.59	10.000	14.42	1.83878
罗牛山	4.83	0.1	0.210	1.600	7.4561	6.5865	4.360	1.34	−2.349	2.48	4.25029
华闻传媒	6.18	0.4	0.650	0.260	1.8604	1.6762	2.770	0.83	−2.620	3.12	8.40091
海南高速	3.46	0.2	0.580	1.110	5.7488	4.7723	2.030	3.52	0.721	1.34	3.29091
海峡股份	12.18	−2.7	−2.170	9.830	10.4588	7.7077	4.660	23.3	4.384	2.92	2.25161
海南瑞泽	15.8	−7.4	−4.470	39.700	7.2633	6.235	6.890	14.9	1.550	2.6	0.5372
康芝药业	12.48	2.3	1.880	1.510	0.4926	0.5719	4.000	0.43	−1.632	1.41	0.88221
神农大丰	15.61	2.2	1.430	1.450	0.4885	0.4753	2.530	0.29	3.474	1.91	1.0365
海南航空	4.88	1	2.090	0.340	5.0023	6.2737	3.560	0.38	−5.296	1.47	16.32455
海南椰岛	10.28	2.7	2.700	1.300	2.7187	3.0166	4.500	1.79	−2.587	6.95	4.54408
广晟有色	65.93	35.8	5.740	1.610	1.6271	2.3965	8.920	1.26	−4.977	34.71	16.44294
正和股份	5.54	0.5	0.910	0.760	4.3726	4.8295	2.730	1.03	−4.955	3.47	6.73677
中海海盛	4.38	0.7	1.620	5.280	12.5694	18.1067	8.820	24.77	−4.876	1.25	2.54616
海南橡胶	6.87	1.1	1.630	1.590	6.1018	6.6039	4.590	1.76	−4.871	2.94	5.50287

* 本书涉及很多股市术语, 为节约篇幅, 希望读者通过百度了解, 比如本表中出现的换手率, 内盘, 外盘, 振幅, 量比, 委比, 市净率, 市值等术语在股市很常见. 不方便查阅的读者可以把这些术语都看成变量名, 不影响数据分析.

解　先把上面的数据存入表格文件 hn.csv 中, 然后读入到 R 中的变量 D 中, 然后通过程序 outline(D) 获得轮廓图 1.1.

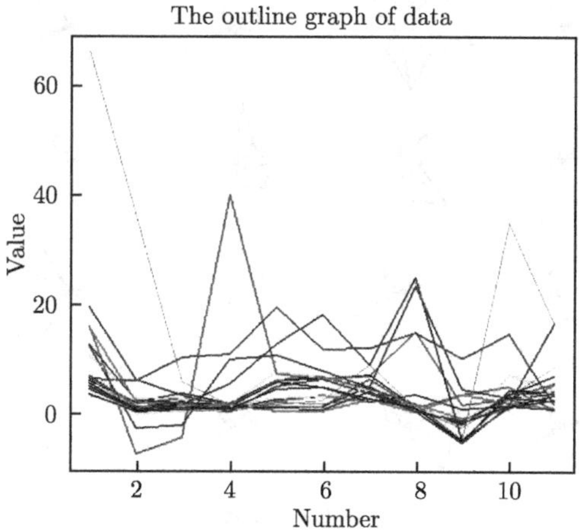

图 1.1　轮廓图

适当的调整变量量纲是必要的, 个别变量的数值过大, 会使轮廓图看不见其它变量的变化. 当然, 为了减少量纲的影响, 还可以对数据施行标准化变换, 即每个变量 $x_j=(x_{1j},x_{2j},\cdots,x_{nj})'$, $j=1,2,\cdots,p$ 作如下变换

$$z_{ij}=\frac{x_{ij}-\bar{x}_j}{s_j},\ i=1,2,\cdots,n, \tag{1.6}$$

R 中函数 scale(D) 就可以对数据 D 按列进行标准化处理.

图 1.1 中每条线代表一只股票, 因此表现的是一个 11 维的向量, 从轮廓图可以直观地看出, 哪些股票的相关指标相似, 比如涨跌、市值等, 这种图形在分类中会有帮助.

2. 星图

星图的作图步骤如下:

(1) 作一圆, 并将圆周 p 等分;

(2) 连接圆心和各分点, 把这 p 条半径依次定义为变量的坐标轴, 并标以适当的刻度;

(3) 对给定的一次观测值, 把 p 个变量值分别取在相应的坐标轴上, 然后将它们连结成一个 p 边形;

(4) n 次观测值可画出 n 个 p 边形.

R 软件里有现成的星图命令, 利用 stars(D) 即可画出星图. 对于案例 1.2, 可以画出星图如图 1.2.

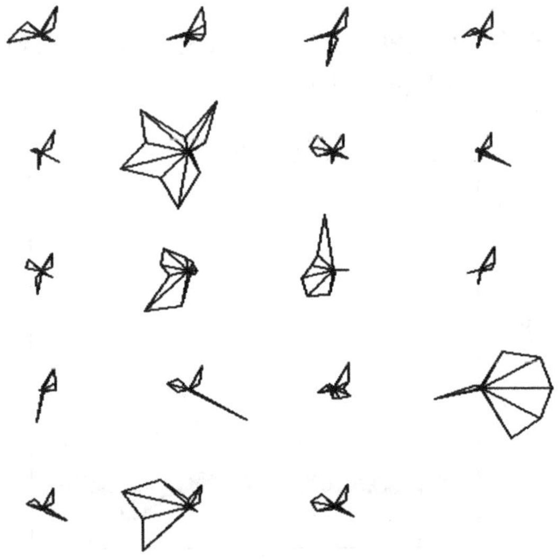

图 1.2　星图

星图中水平轴是变量 X1, 沿逆时针方向, 依次是 X2, X3, ···, 由于星图既像雷达屏幕上看到的图像, 也像一个蜘蛛网, 因此, 星图也称雷达图或蜘蛛图.

图中可以一目了然地观察到各个股票的情况, 是高价股还是低价股, 成交是否活跃等.

函数 stars( ) 可以加各种参数, 从而画出不同的星图, 下面是该程序绘出的半幅星图 (见图 1.3).

图 1.3　半幅星图

3. 脸谱图

脸谱是非常形象的图形, 戏剧中脸谱的设计独具匠心, 往往能很好地刻画人物的个性. 通过脸的胖瘦、五官特征可以用来描述多元数据, 从而让数据的表现更加形象. 用脸谱表达多变量首先是由美国统计学家切尔诺夫 (Chernoff) 在 1970 年提出, 以后又经过很多学者的改进并收入一些统计软件包, 这里介绍 R 软件中的 faces( ) 函数, 这需要加载程序包 aplpack.

该程序选择了 15 个指标:

1-脸的高度; 2-脸的宽度; 3-脸的形状; 4-嘴的高度; 5-嘴的宽度; 6-笑的形状; 7-眼睛的高度; 8-眼睛的宽度; 9-头发的高度; 10-头发的宽度; 11-头发的类型; 12-鼻子的高度; 13-鼻子的宽度; 14-耳朵的宽度; 15-耳朵的高度.

因此, 最多可以刻画 15 个变量的数据, 当然可以定义更多的变量进一步细化脸部特征的描述, 从而适用于更多变量的脸谱描述.

对于案例 1.2 的数据, 可以得到脸谱图 1.4. 脸谱图的不足在于用什么变量来画什么部位没有固定的法则, 因此不同的人画出的脸谱图可能会给人留下不同的印象.

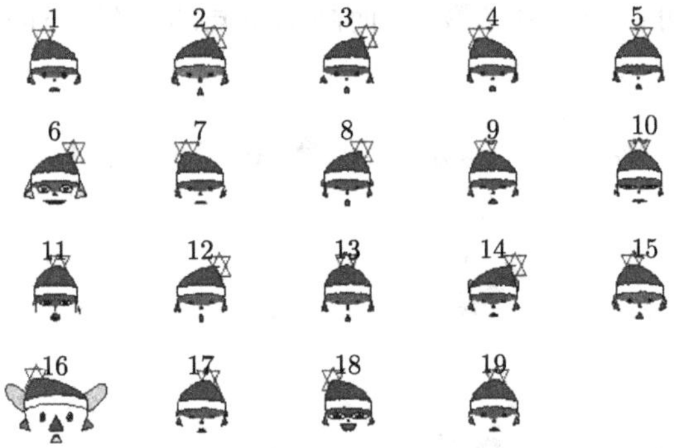

图 1.4 脸谱图

4. 三角多项式图

三角多项式图又称调和曲线图, 是安德鲁斯 (Andrews) 在 1972 年提出的三角表示法, 其思想是将多维空间中的一个点对应于二维平面的一条曲线, 对于第 i 个观测值为 $(x_{i1}, x_{i2}, \cdots, x_{ip})$, 取 $[-\pi, \pi]$ 上的正交函数系 $\{\sin t, \cos t, \sin 2t, \cos 2t, \cdots\}$, 建立如下映射

$$X_i = (x_{i1}, x_{i2}, \cdots, x_{ip}) \to$$

$$g_i(t) = \frac{x_{i1}}{\sqrt{2}} + x_{i2}\sin(t) + x_{i3}\cos(t) + x_{i4}\sin(2t) + x_{i5}\cos(2t) + \cdots, -\pi \leqslant t \leqslant \pi. \quad (1.7)$$

该映射具有如下优良性质:

(1) 保线性关系;

设 X, Y, Z 均为 p 维向量, a, b 为常数, 若 $Z = aX + bY$, 则

$$g_Z(t) = a g_X(t) + b g_Y(t), -\pi \leqslant t \leqslant \pi. \quad (1.8)$$

(2) 保欧氏距离;

设 X_i, $X_j \in R^m$, 那么在 X_i, X_j 之间的欧氏距离为

$$d_{ij}^2 = (X_i - X_j)'(X_i - X_j), \quad (1.9)$$

由于 $g_i(t)$ 和 $g_j(t)$ 均为 $[-\pi, \pi]$ 上的平方可积函数, 它们之间的欧氏距离可以定义为

$$d_{g_i g_j}^2 = \int_{-\pi}^{\pi} |f_v(t) - f_w(t)|^2 \, \mathrm{d}t, \quad (1.10)$$

可以证明

$$d_{g_i g_j}^2 = \pi d_{ij}^2. \tag{1.11}$$

这个严格的等式解决了这种图示法距离计算的复杂性问题, 即 $d_{g_i g_j}^2$ 的复杂性至多为 $O(n^2)$.

(3) (1.7) 为 R^p 到 L^p 上 (勒贝格 (Lebesgue) 空间, 由 p 次可积函数组成) 上一一对应的映射.

(4) 如果 X_i 的各个分量独立同方差 σ^2, 则当 p 为偶数时,

$$\operatorname{var}(g_i(t)) = \frac{p\sigma^2}{2}, \quad -\pi \leqslant t \leqslant \pi, \tag{1.12}$$

当 p 为奇数时,

$$\frac{(p-1)\sigma^2}{2} \leqslant \operatorname{var}(g_i(t)) \leqslant \frac{p\sigma^2}{2}, \quad -\pi \leqslant t \leqslant \pi. \tag{1.13}$$

n 次观测数据对应 n 条曲线, 在同一张平面上可以显示这些 p 维变量的图形, 当各变量数据的数值相差悬殊, 可以先标准化再作图.

案例 1.3　对于案例 1.2 的数据, 画出各只股票的三角多项式图.

解　利用 R 函数 unison( ) 即可作出海南板块数据的三角多项式图 (图 1.5)

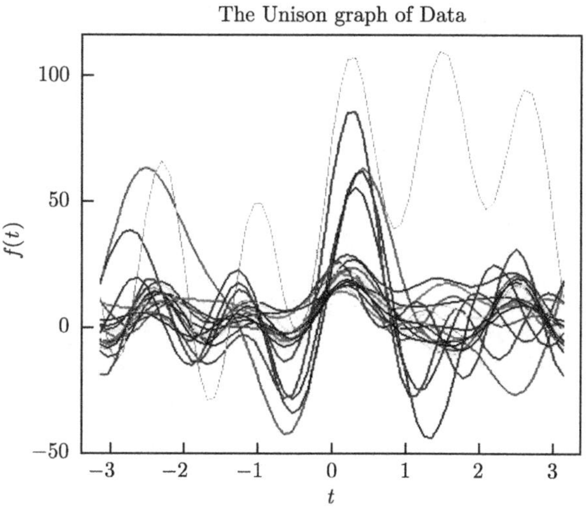

图 1.5　三角多项式图

三角多项式图可以直观地对数据进行分类, 同类的曲线会拧在一起, 不同类的曲线拧成不同的曲线束, 一目了然.

练　习　1

1. 设数据矩阵 $X=(x_1,x_2,x_3)$ 分别为

$$\begin{pmatrix}1&3&1\\2&1&2\\3&2&0\end{pmatrix},\quad\begin{pmatrix}1&3&2\\2&1&3\\3&2&1\end{pmatrix},\quad\begin{pmatrix}1&0&2\\2&1&0\\0&2&1\end{pmatrix},\quad\begin{pmatrix}0&1&2\\1&2&3\\2&0&1\end{pmatrix}$$

试计算数据矩阵的均值、协方差和相关系数矩阵, 先手算, 然后通过 R 编程验证.

2. 请自己设计数据, 手工计算数据矩阵的均值、协方差和相关系数矩阵.

3. 请自行下载股市中某个行业或地区板块的股票数据, 利用 R 软件计算数据矩阵的均值、协方差和相关系数, 并进行皮尔逊相关性检验.

4. 使用第 2 题的数据绘制轮廓图、星图.

5. 使用第 3 题的数据绘制轮廓图、星图、脸谱图和三角多项式图.

6. 借助 R 程序分析大数据, 比如下载整个市场的全部股票实时行情数据, 计算均值、协方差、相关系数, 绘制轮廓图、星图、脸谱图和三角多项式图.

7. 通过互联网搜索或查阅专业文献, 学习不同的大数据图表示法.

8. 通过互联网熟悉本章涉及的证券专业术语, 尤其是行情软件中相关的图表变量.

第2章 聚类分析

大数据的存放和有用信息的查找变得越来越艰难, 比如移动存储, 基本可以存放个人的所有资料, 但有时要从几十个 G 的资料中查找一个文件会非常困难, 通过搜索也很耗费时间, 如果忘记了名字, 根本就无从搜索. 时间一长, 忘记文件名很正常, 这时会发现存储的文件怎么也找不到了.

合理地对文件进行分类是必要的. 建立一些子目录就是分类的一种, 很难想象所有的文件都放在一个目录下的情景. 当我们想打电话给朋友, 突然忘记名字, 手机上好几百的电话号码也让人头疼. 分类保存是一个好习惯.

将认识对象进行分类是人类认识世界的一种重要方法, 比如有关世界的时间进程的研究, 就形成了历史学, 而有关世界空间地域的研究, 则形成了地理学. 又如在生物学中, 为了研究生物的演变, 需要对生物进行分类, 生物学家根据各种生物的特征, 将它们归属于不同的界、门、纲、目、科、属、种之中.

事实上, 分门别类地对事物进行研究, 要远比在一个混杂多变的集合中更清晰、明了和细致, 这是因为同一类事物会具有更多的近似特性. 在企业的经营管理中, 为了确定其目标市场, 首先要进行市场细分. 因为无论一个企业多么庞大和成功, 它也无法满足整个市场的各种需求. 而市场细分, 可以帮助企业找到适合自己特色、并使企业具有竞争力的细分市场, 将其作为自己的重点开发目标.

通常, 人们可以凭经验和专业知识来实现分类. 而**聚类分析**(cluster analyses) 作为一种定量方法, 将从数据分析的角度, 给出一个更准确、细致的分类工具.

一、相似性度量

1. 样本的相似性度量

要用数量化的方法进行分类, 就必须用数量化的方法描述分类对象的相似程度. 这往往需要用多个变量来刻画. 如果对于一群有待分类的样本需用 p 个变量描述, 则每个样本可以看成是 R^p 空间中的一个点. 因此, 很自然地想到可以用距离来度量样本点间的相似程度.

记 Ω 是样本点集, 距离 $d(\cdot,\cdot)$ 是 $\Omega\times\Omega\to R^+$ 的一个函数, 满足条件:

(1) $d(x,y)\geqslant 0,\ x,y\in\Omega$;

(2) $d(x,y)=0$ 当且仅当 $x=y$;

(3) $d(x,y)=d(y,x), x,y\in\Omega$;

(4) $d(x,y)\leqslant d(x,z)+d(z,y), x,y,z\in\Omega$.

这一距离的定义是我们所熟知的, 它满足正定性, 对称性和三角不等式.

在聚类分析中, 假定 p 维空间中两个点 $x=(x_1,x_2,\cdots,x_p)'$, $y=(y_1,y_2,\cdots,y_p)'$, 则 x,y 间的距离度量最常用的是闵氏 (Minkowski) 距离

$$d_q(x,y)=\left[\sum_{k=1}^{p}|x_k-y_k|^q\right]^{1/q},\quad q>0, \tag{2.1}$$

当 $q=1$, 2 或 $q\to\infty$ 时, 分别得到

(1) 绝对值距离

$$d_1(x,y)=\sum_{k=1}^{p}|x_k-y_k|; \tag{2.2}$$

(2) 欧氏 (Euclid) 距离

$$d_2(x,y)=\left[\sum_{k=1}^{p}(x_k-y_k)^2\right]^{1/2}; \tag{2.3}$$

(3) 切比雪夫 (Chebyshev) 距离

$$d_\infty(x,y)=\max_{1\leqslant k\leqslant p}|x_k-y_k|. \tag{2.4}$$

在闵氏距离中, 最常用的是欧氏距离. 它的主要优点是当坐标轴进行正交旋转时, 欧氏距离是保持不变的. 因此, 如果对原坐标系进行平移和旋转变换, 则变换后样本点间的相似情况 (即相互之间的距离) 和变换前完全相同.

在采用闵氏距离时, 一定要采用相同量纲的变量. 如果变量的量纲不同, 测量值变异范围相差悬殊时, 建议首先进行数据的标准化处理, 然后再计算距离. 在采用闵氏距离时, 还应尽可能地避免变量的**多重共线性**(multicollinearity). 多重共线性所造成的信息重叠, 会片面强调某些变量的重要性. 由于闵氏距离的这些缺点, 一种改进的距离就是马氏距离, 定义如下:

(4) 马氏 (Mahalanobis) 距离

$$d^2(x,y)=(x-y)'\Sigma^{-1}(x-y), \tag{2.5}$$

其中 x,y 为来自 p 维总体 Z 的样本观测向量, Σ^{-1} 为 Z 的协方差, 实际中 Σ 往往是不知道的, 常常需要用样本协方差来估计. 马氏距离对一切线性变换是不变的, 故不受量纲的影响.

传统的距离度量用在统计中会出现问题, 这时就需要用到马氏距离, 我们来看一个例子.

考虑两个正态随机变量 $X\sim N(0,1)$, $Y\sim N(4,2^2)$, 绘出相应概率密度曲线如图 2.1 所示.

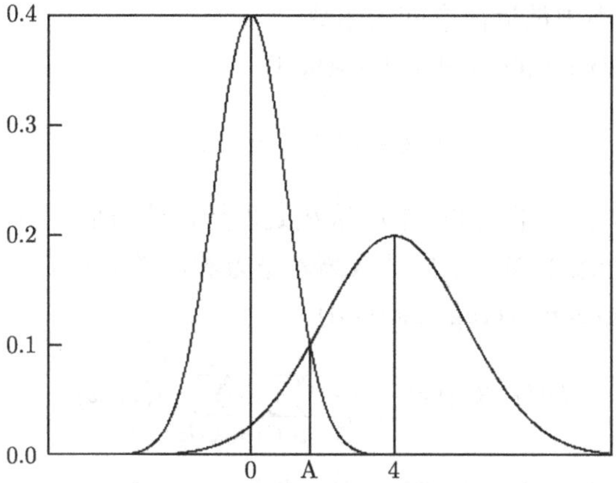

图 2.1　不同方差的正态分布图

图中 A 点距离 X 的中心 (原点) 的欧氏距离比起 Y 的中心要近些, 但 A 点距离 X 的中心是 1.66 倍标准差, 距离 Y 的中心却只有 1.17 倍标准差, 因此从概率分布的角度讲, A 点更靠近 Y 的中心更有说服力.

(5) 兰氏 (Lance) 与威廉氏 (Williams) 距离

$$d(x,y)=\sum_{k=1}^{p}\frac{|x_k-y_k|}{|x_k+y_k|}, \tag{2.6}$$

其中 x,y 为来自 p 维总体 Z 的样本观测向量, 同式 (2.1).

此外, 还可采用样本相关系数、夹角余弦 (将在第三部分介绍) 和其它关联性度量作为相似性度量. 近年来随着数据挖掘研究的深入, 这方面的新方法层出不穷, 感兴趣的读者可以参考相关书籍.

在 R 软件中, dist( ) 函数给出了各种距离的计算结果, 可以根据控制变量 Method 选择相应的距离函数, Method 如果缺省, 默认选择欧氏距离.

2. 类与类间的相似性度量

如果有两个样本类 G_1 和 G_2, 我们可以用下面的一系列方法度量它们间的距离:

(1) **最短距离法或最近邻法**(single linkage or nearest neighbor method)

$$D(G_1,G_2)=\min_{\substack{x_i\in G_1\\ x_j\in G_2}}\{d(x_i,x_j)\}, \tag{2.7}$$

它的直观意义为两个类中最近两点间的距离.

(2) **最长距离法**(complete linkage method)

$$D(G_1,G_2)=\max_{\substack{x_i\in G_1\\ x_j\in G_2}}\{d(x_i,x_j)\}, \tag{2.8}$$

其直观意义为两个类中最远两点间的距离.

(3) **重心法**(centroid hierarchical method)

$$D(G_1, G_2) = d(\bar{x}, \bar{y}), \tag{2.9}$$

其中 $\bar{x}, \bar{y}$ 分别为 G_1, G_2 的重心. 重心法在处理异常值方面比其它系统聚类法更稳健, 但在别的方面一般不如类平均法或离差平方和法的效果好.

(4) **类平均法**(group average method)

$$D(G_1, G_2) = \frac{1}{n_1 n_2} \sum_{x_i \in G_1} \sum_{x_j \in G_2} d(x_i, x_j), \tag{2.10}$$

它等于 G_1, G_2 中两两样本点距离的平均, 式中 n_1, n_2 分别为 G_1, G_2 中的样本点个数. 类平均法较好地利用了所有样本之间的信息, 在很多情况下, 它被认为是一种较好的系统聚类法.

(5) **离差平方和法**(Ward's minimum variance method), 若记

$$D_1^2 = \sum_{x_i \in G_1} (x_i - \bar{x}_1)'(x_i - \bar{x}_1), \qquad D_2^2 = \sum_{x_j \in G_2} (x_j - \bar{x}_2)'(x_j - \bar{x}_2),$$

$$D_{1+2}^2 = \sum_{x_k \in G_1 \cup G_2} (x_k - \bar{x})'(x_k - \bar{x}),$$

其中

$$\bar{x}_1 = \frac{1}{n_1} \sum_{x_i \in G_1} x_i, \quad \bar{x}_2 = \frac{1}{n_2} \sum_{x_j \in G_2} x_j, \quad \bar{x} = \frac{1}{n_3} \sum_{x_k \in G_1 \cup G_2} x_k,$$

n_3 为 $G_1 \cup G_2$ 中的样本点个数, 则定义 G_1, G_2 的距离

$$D(G_1, G_2) = D_{1+2} - D_1 - D_2 = \frac{n_1 n_2}{n_3} d(\bar{x}_1, \bar{x}_2). \tag{2.11}$$

若 G_1, G_2 内部点与点距离很小, 即它们能很好地各自聚为一类, 并且这两类又能够充分分离 (即 D_{1+2} 很大), 这时必然有 $D = D_{1+2} - D_1 - D_2$ 很大. 因此, 按定义可以认为, 两类 G_1, G_2 之间的距离很大. 离差平方和法最初是由瓦尔德 (Ward) 在 1936 年提出, 后经奥洛兹 (Orloci) 等人 1976 年发展起来的, 故又称为瓦尔德方法, 它基于方差分析的思想, 如果类分得正确, 则同类样本之间的离差平方和应当较小, 不同类样本之间的离差平方和应当较大.

距离 (2.11) 与重心法距离 (2.9) 只相差一个常数倍, 重心法的类间距与两类的样本数无关, 而离差平方和法的类间距与两类的样本数有较大关系, 两个大类倾向于有更大的距离, 不易合并, 这是符合实际要求的. 离差平方和法在很多场合是优于重心法的, 是比较好的一种系统聚类法, 但缺点是对异常值很敏感.

二、系统聚类法

1. 系统聚类法的功能与特点

系统聚类法又称样本聚类法, 它是聚类分析方法中最常用的一种方法. 它的优点在于可以指出由粗到细的多种分类情况, 典型的系统聚类结果可由一个聚类图展示出来.

例如, 在平面空间中有 7 个点 $w_1, \cdots, w_7$ (图 2.2(a)), 可以用聚类图 (图 2.2(b)) 来表示聚类结果.

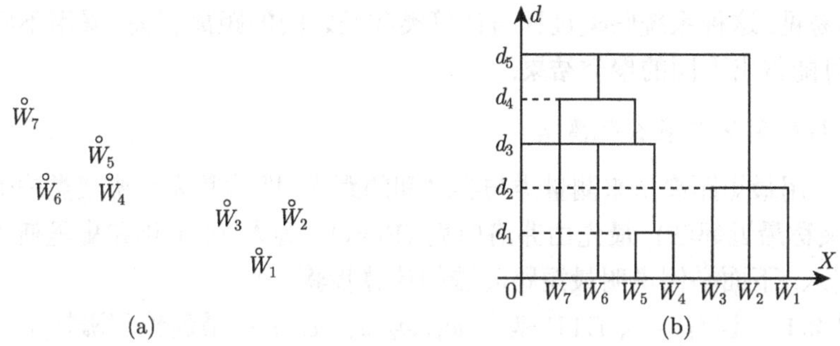

图 2.2　聚类方法示意图

记 $\Omega = \{w_1, \cdots, w_7\}$, 聚类结果如下: 当距离值为 d_5 时, 分为一类

$$G_1 = \{w_1, w_2, w_3, w_4, w_5, w_6, w_7\},$$

距离值为 d_4 分为两类:

$$G_1 = \{w_1, w_2, w_3\}, \quad G_2 = \{w_4, w_5, w_6, w_7\},$$

距离值为 d_3 分为三类:

$$G_1 = \{w_1, w_2, w_3\}, \quad G_2 = \{w_4, w_5, w_6\}, \quad G_3 = \{w_7\},$$

距离值为 d_2 分为四类:

$$G_1 = \{w_1, w_2, w_3\}, \quad G_2 = \{w_4, w_5\}, \quad G_3 = \{w_6\}, \quad G_4 = \{w_7\},$$

距离值为 d_1 分为六类:

$$G_1 = \{w_4, w_5\}, \quad G_2 = \{w_1\}, \quad G_3 = \{w_2\}, \quad G_4 = \{w_3\}, \quad G_5 = \{w_6\}, \quad G_6 = \{w_7\},$$

距离小于 d_1 分为七类, 每一个点自成一类.

怎样才能生成这样的聚类图呢? 步骤如下: 设 $\Omega = \{w_1, \cdots, w_7\}$,

(1) 计算 n 个样本两两之间的距离 $\{d_{ij}\}$, 记为矩阵 $D=(d_{ij})_{n\times n}$;

(2) 首先构造 n 个类, 每一个类中只包含一个样本, 每一类的平台高度均为零;

(3) 合并距离最近的两类为新类, 并且以这两类间的距离值作为聚类图中的平台高度;

(4) 计算新类与当前各类的距离, 若类的个数已经等于 1, 转入步骤 (5), 否则, 回到步骤 (3);

(5) 画聚类图;

(6) 决定类的个数和类.

显而易见, 这种系统归类过程与计算类和类之间的距离有关, 采用不同的距离定义, 有可能得出不同的聚类结果.

2. 最短距离法与最长距离法

如果使用最短距离法来测量类与类之间的距离, 即称其为系统聚类法中的最短距离法 (又称最近邻法), 最先由弗洛内克 (Florek) 等人 1951 年和史里斯 (Sneath) 1957 年引入. 下面举例说明最短距离法的计算步骤.

案例 2.1　设有 5 只 ETF 基金 w_1,w_2,w_3,w_4,w_5, 最新价和涨幅由二维变量 v_1,v_2 描述, 见表 2.1(为了简洁, 做了取整处理), 试对基金进行分类.

表 2.1　ETF 基金行情表

基金	v_1 元 (最新价)	v_2%(涨幅)
w_1	1	0
w_2	1	1
w_3	3	2
w_4	4	3
w_5	2	5

如果使用绝对值距离来测量点与点之间的距离, 使用最短距离法来测量类与类之间的距离, 即

$$d(w_i,w_j)=\sum_{k=1}^{p}|w_{ik}-w_{jk}|,\quad D(G_p,G_q)=\min_{\substack{w_i\in G_p\\ w_j\in G_q}}\{d(w_i,w_j)\},$$

由距离公式 $d(\cdot,\cdot)$, 可以算出距离矩阵

$$\begin{array}{c} \\ w_1\\ w_2\\ w_3\\ w_4\\ w_5\end{array}\begin{array}{c} \begin{array}{ccccc} w_1 & w_2 & w_3 & w_4 & w_5\end{array}\\ \left(\begin{array}{ccccc} 0 & 1 & 4 & 6 & 6\\ & 0 & 3 & 5 & 5\\ & & 0 & 2 & 4\\ & & & 0 & 4\\ & & & & 0\end{array}\right)\end{array}.$$

第一步, 所有的元素自成一类 $H=\{w_1,w_2,\cdots,w_5\}$.

如果以 P 表示 Ω 的所有可能的类集合, 则 $H\subset P$, 每一个类的平台高度为零, 即 $f(w_i)=0,\ i=1,\cdots,5$. 显然, 这时 $D(G_p,G_q)=d(w_p,w_q)$.

从距离矩阵中可以看出, w_1 和 w_2 的销售业绩最为近似, 把他们聚为一个新类 h_6, 新类的平台高度等于这两类间的距离, 即 $f(h_6)=1$.

第二步, 此时的分类情况是 $H_1=\{w_3,w_4,w_5,h_6\}$. 计算新类 h_6 与 w_3,w_4,w_5 的距离. 例如, $D(w_3,h_6)=\min\{d(w_3,w_1),d(w_3,w_2)\}=\min\{4,3\}=3$, 即 w_3 与 h_6 的距离等于 w_3 与 h_6 中各元素距离的最小者.

$$\begin{array}{c} \\ w_3\\ w_4\\ w_5\\ h_6\end{array}\begin{array}{c}\begin{array}{cccc} w_3 & w_4 & w_5 & h_6\end{array}\\ \begin{pmatrix} 0 & 2 & 4 & 3\\ & 0 & 4 & 5\\ & & 0 & 5\\ & & & 0\end{pmatrix}\end{array},$$

选择距离最近的两类合并. 在此步中, $\{w_3\}$ 和 $\{w_4\}$ 被选中, $h_7=\{w_3,w_4\}$. 新类的平台高度 $f(h_7)=2$.

第三步, 此时分类情况为 $H_2=\{w_5,h_6,h_7\}$. 计算新类 h_7 和 w_5,h_6 的距离

$$D(w_5,h_7)=\min\{d(w_5,w_3),d(w_5,w_4)\}=\min\{4,4\}=4$$

$$D(h_6,h_7)=\min\{d(h_6,w_3),d(h_6,w_4)\}=\min\{3,5\}=3$$

$$\begin{array}{c} \\ w_5\\ h_6\\ h_7\end{array}\begin{array}{c}\begin{array}{ccc} w_5 & h_6 & h_7\end{array}\\ \begin{pmatrix} 0 & 5 & 4\\ & 0 & 3\\ & & 0\end{pmatrix}\end{array},$$

选择距离最小的两类合并 $h_8=h_6\cup h_7$, 新类的平台高度 $f(h_8)=3$.

第四步, $H_3=\{w_5,h_8\}$, 计算新类 h_8 与 w_5 的距离

$$D(w_5,h_8)=\min\{d(w_5,h_6),d(w_5,h_7)\}=\min\{5,4\}=4,$$

将 h_8 与 w_5 聚为一类 $h_9=h_8\cup w_5$, h_9 的平台高度为 $f(h_9)=4$.

这样, h_9 已把所有的样本点聚为一类, 因此, 可以转到画聚类图步骤. 画出聚类图 (见图 2.3(a)).

这是一棵二分树, 见图 2.3(b).

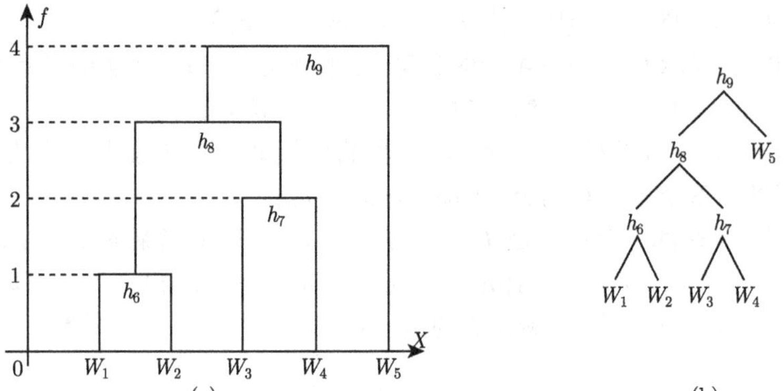

(a)　　(b)

图 2.3　最短距离法

有了聚类图, 就可以按要求进行分类. 可以看出, 在这五只基金中 w_5 的销售业绩最佳, w_3, w_4 的业绩良好, 而 w_1, w_2 的业绩较差.

完全类似于以上步骤, 但以最长距离法来计算类间距离, 就称为系统聚类法中的最长距离法. 由最长距离法计算上述例题, 得到的聚类图和二分树分别见图 2.4(a) 和图 2.4(b).

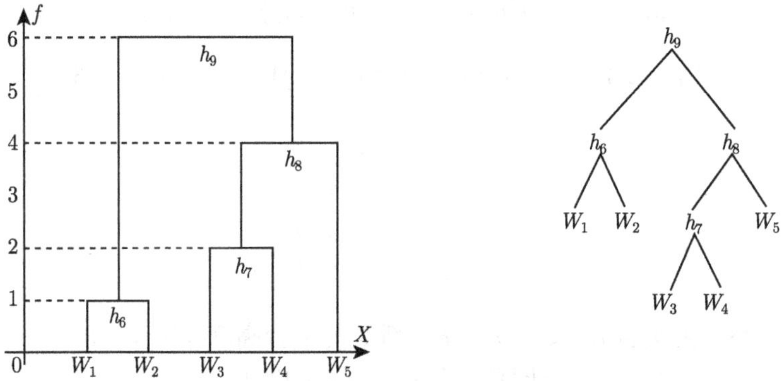

(a)　　(b)

图 2.4　最长距离法

在 R 软件中, hclust( ) 函数提供了系统聚类的计算, plot( ) 函数可画出系统聚类的树形图 (或称谱系图)

对于案例 2.1, 我们用 R 软件的聚类程序计算, 采用缺省的欧氏距离, 用最短距离法、最长距离法、类平均法、离差平方和法等方法进行聚类, 获得的计算结果见图 2.5.

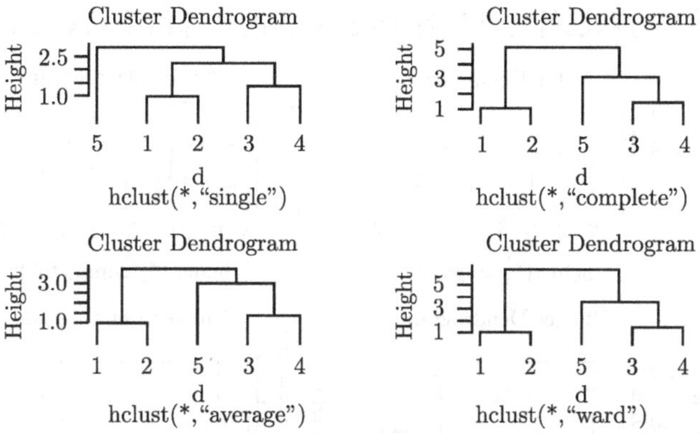

图 2.5　普通聚类图

也可以选择树状图或水平聚类图 2.6.

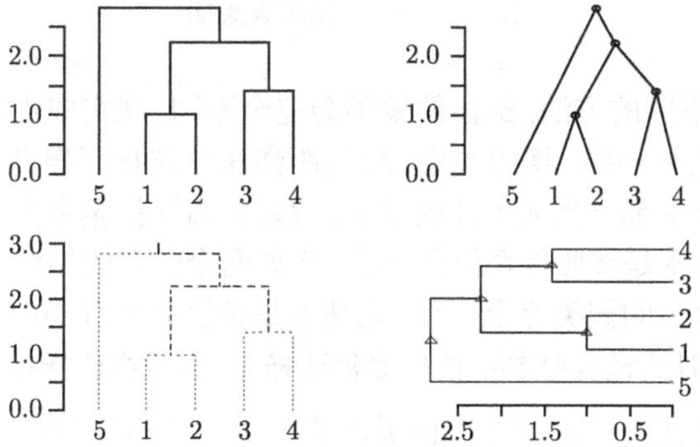

图 2.6　其它聚类图

案例 2.2　表 2.2 来自上证 ETF 基金 2015.2.6 数据, 试对基金进行分类.

表 2.2　ETF 基金实时行情表

ETF 基金	v_1(最新价) 元	v_2(涨幅)%
治理	0.974	−1.12
超大	2.092	−2.83
价值	3.5	−1.96
50	2.291	−1.08
央企	1.638	−1.92
民企	1.495	−1.45
责任	1.24	−1.35
周期	3.231	0.28
消费	3.3	−1.2

用 R 软件的聚类程序计算, 采用缺省的欧氏距离, 用最短距离法、最长距离法、

类平均法、离差平方和法等方法进行聚类, 获得的计算结果见图 2.7.

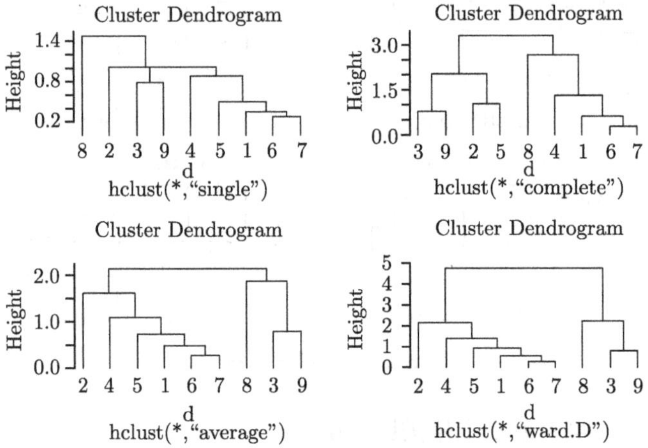

图 2.7　ETF 基金聚类图

图 2.7 表明, 不同的方法, 给出的聚类会完全不同. 现实中也是如此, 很多时候, 分类的结果都可能不一样. 图 2.7 中, 最短距离法分离出了第八只基金周期 ETF, 这是上述所有基金中唯一当天上涨的基金, 最远距离法把基金分为两类{2, 3, 5, 9}, {1, 4, 6, 7, 8}, 这基本是按照综合值分类的 (比如两个分量的绝对值和), 而类平均法和离差平方和法给出的聚类完全一样, 这基本是按照价格分类的, 因为 {3, 8, 9} 都是 3 元的基金. 统计方法往往都能给出多种选择, 具体怎样选择是需要经验积累的.

案例 2.3　续案例 1.2, 对于海南板块的股票数据, 采用缺省的欧氏距离, 用最短距离法、最长距离法、类平均法、离差平方和等方法进行聚类, 结果如图 2.8.

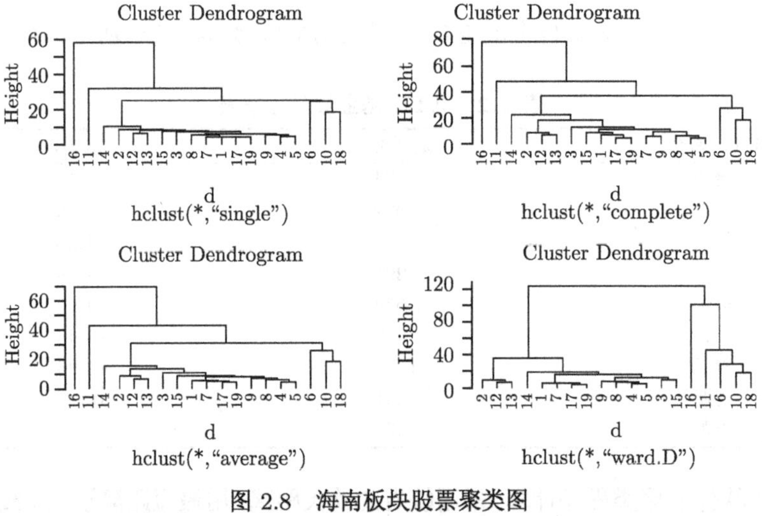

图 2.8　海南板块股票聚类图

各种方法的聚类有所不同, 但图 2.8 给出的四种聚类图中, 15 号股票海南椰岛都是单独的一类, 按照瓦尔德离差平方和法, 可以将海南板块的股票比较均匀的分为三类:

第一类: 2, 12, 13, 也就是海南海药, 康芝药业, 神农大丰, 属于药物和种子类股票;

第二类: 16, 11, 6, 10, 18, 即广晟有色, 海南瑞泽, 亚太实业, 海峡股份, 中海海盛, 属于矿业与运输、房地产、水运类股票;

第三类: 14, 1, 7, 17, 19, 9, 8, 4, 5, 3, 15, 即海南航空, 海虹控股, 罗牛山, 正和股份, 海南橡胶, 海南高速, 华闻传媒, 新大洲 A, 海马汽车, 海德股份, 海南椰岛, 属于交通、信息、农林、贸易、矿业类股票.

由于聚类方法很多, 加上指标的选择也不固定, 聚类的结果有时会差别很大, 对于不同的两个股票板块, 能否选择合适的指标, 实现聚类分离在市场中并不容易, 这个选题, 留着课后练习.

三、变量聚类法

在实际工作中, 变量聚类法的应用也是十分重要的. 在系统分析或评估过程中, 为避免遗漏某些重要因素, 往往在一开始选取指标时, 尽可能多地考虑所有的相关因素. 而这样做的结果, 则是变量过多, 变量间的相关度高, 给系统分析与建模带来很大的不便. 因此, 人们常常希望能研究变量间的相似关系, 按照变量的相似关系把它们聚合成若干类, 进而找出影响系统的主要因素.

1. 变量相似性度量

在对变量进行聚类分析时, 首先要确定变量的相似性度量, 常用的变量相似性度量有两种.

(1) 相关系数: 记变量 $x_j=(x_{1j},\cdots,x_{nj})'\in R^n$, $j=1,\cdots,p$. 则可以用两变量 x_j 与 x_k 的样本相关系数作为它们的相似性度量

$$r_{jk}=\frac{\sum_{i=1}^{n}(x_{ij}-\bar{x}_j)(x_{ik}-\bar{x}_k)}{\left[\sum_{i=1}^{n}(x_{ij}-\bar{x}_j)^2\sum_{i=1}^{n}(x_{ik}-\bar{x}_k)^2\right]^{1/2}},\tag{2.12}$$

在对变量进行聚类分析时, 利用相关系数矩阵是最多的. 在 R 软件中, 相关系数可以直接由函数 cor( ) 计算. 比如, 对于案例 2.1 的数据, 得到相关系数矩阵如下:

$$R=\begin{pmatrix}1 & 0.479\\ 0.479 & 1\end{pmatrix}.$$

(2) 夹角余弦: 也可以直接利用两变量 x_j 与 x_k 的夹角余弦 r_{jk} 来定义它们的相似性度量, 有

$$r_{jk}=\frac{\sum\limits_{i=1}^{n}x_{ij}x_{ik}}{\left[\sum\limits_{i=1}^{n}x_{ij}^2\sum\limits_{i=1}^{n}x_{ik}^2\right]^{1/2}},\tag{2.13}$$

易见, 相关系数就是对数据作中心化处理后的夹角余弦.

在 R 软件中, 可用 scale( ) 函数完成两向量夹角余弦的计算, 对于案例 2.1 的数据, 利用 R 程序得到夹角余弦为

```
          [,1]        [,2]
[1,] 1.0000000   0.8340361
[2,] 0.8340361   1.0000000
```

各种定义的相似度量均应具有以下两个性质.

① $|r_{jk}|\leqslant 1$, 对于一切 j,k;

② $r_{jk}=r_{kj}$, 对于一切 j,k.

$|r_{jk}|$ 越接近 1, x_j 与 x_k 越相关或越相似. $|r_{jk}|$ 越接近零, x_j 与 x_k 的相似性越弱.

2. 变量聚类

类似于样本集合聚类分析中最常用的最短距离法、最长距离法等, 变量聚类法, 采用了与系统聚类法相同的思路和过程. 在变量聚类问题中, 常用的有最大系数法、最小系数法等.

(1) 最大系数法

在最大系数法中, 定义两类变量的距离为

$$R(G_1,G_2)=\max_{\substack{x_j\in G_1\\x_k\in G_2}}\{r_{jk}\},\tag{2.14}$$

这时 $R(G_1,G_2)$ 等于两类中最相似的两变量间的相似性度量值.

(2) 最小系数法

在最小系数法中, 定义两类变量的距离为

$$R(G_1,G_2)=\min_{\substack{x_j\in G_1\\x_k\in G_2}}\{r_{jk}\},\tag{2.15}$$

这时, $R(G_1,G_2)$ 等于两类中相似性最小的两个变量间的相似性度量值.

案例 2.4 对于 2014.9.19 旅游板块的部分股票数据, 选取 9 个指标, 分别计算它们的相关系数如表 2.3.

表 2.3　各变量之间的相关系数表

	涨跌	总额	今开	最高	最低	市净率	内盘	量比	均价
涨跌	1.000	0.460	0.752	0.765	0.752	−0.096	−0.205	0.191	0.758
总额	0.460	1.000	0.414	0.425	0.415	0.226	0.539	0.212	0.421
今开	0.752	0.414	1.000	1.000	1.000	−0.039	−0.486	−0.247	1.000
最高	0.765	0.425	1.000	1.000	1.000	−0.035	−0.475	−0.238	1.000
最低	0.752	0.415	1.000	1.000	1.000	−0.040	−0.485	−0.247	1.000
市净率	−0.096	0.226	−0.039	−0.035	−0.040	1.000	0.303	−0.283	−0.038
内盘	−0.205	0.539	−0.486	−0.475	−0.485	0.303	1.000	0.377	−0.480
量比	0.191	0.212	−0.247	−0.238	−0.247	−0.283	0.377	1.000	−0.242
均价	0.758	0.421	1.000	1.000	1.000	−0.038	−0.480	−0.242	1.000

分别用最大系数法、类平均法、重心法、离差平方和法获得聚类图 2.9.

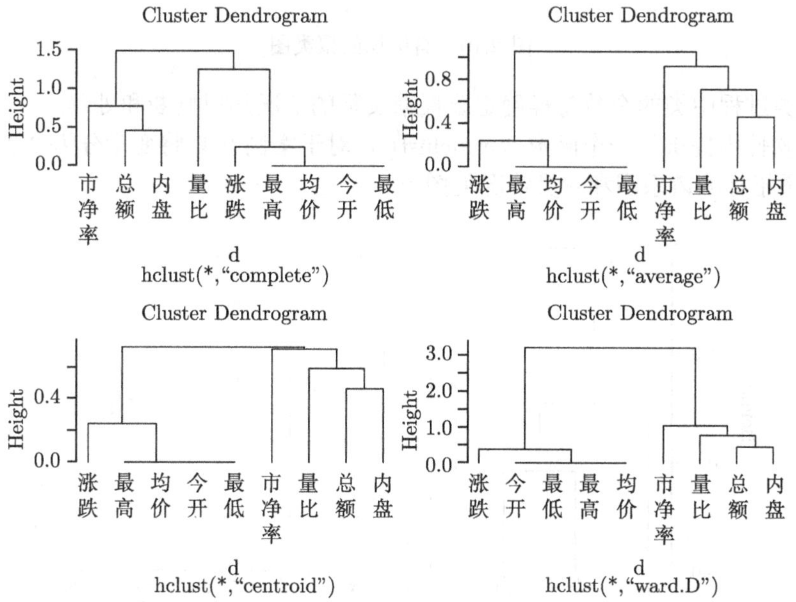

图 2.9　旅游板块股票聚类图

为了使聚类图更好看, 添加了一些注释, 例如, 对于最大系数法, 可得到图 2.10.

从这个谱系图容易看出: 变量最高、均价、今开、最低最先合并成一类, 接下来是变量涨跌被合并进来, 然后总额和内盘合并成一类, 接下来市净率合并进来, 由于距离超过 1 是负相关的部分, 因此, 大体上分为三类, 第一类是股价部分, 第二类是成交部分, 第三类是量比.

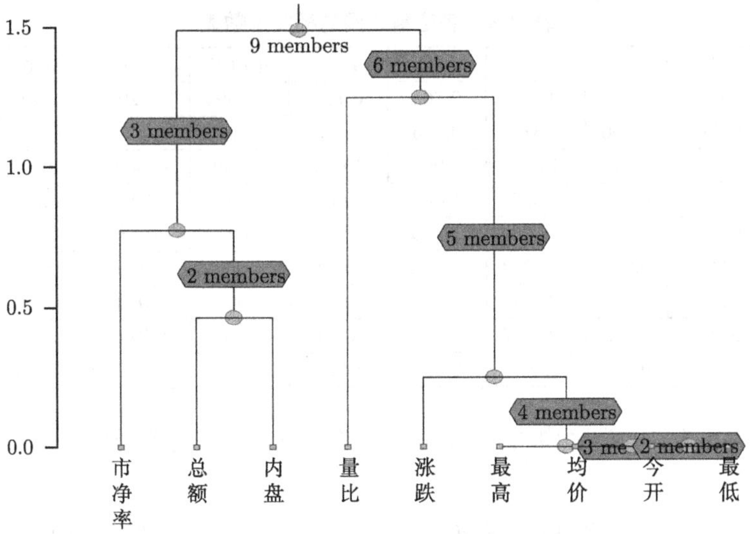

图 2.10　有标识的聚类图

聚类过程中类的个数怎样确定要根据实际的情况加以判断和处理.

R 软件中提供了一个函数 rect.hclust( ), 对于案例 2.4, 将变量分为 3 类, 得到 9 个变量指标的谱系图和聚类情况见图 2.11.

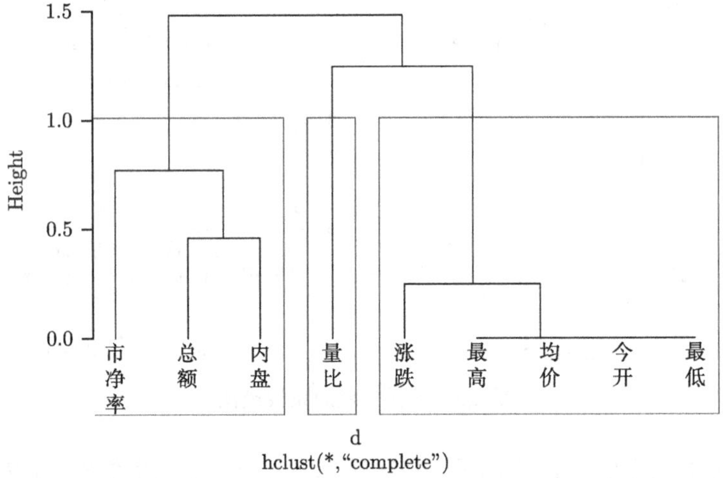

图 2.11　指定分类数的聚类图

案例 2.5　续案例 1.2, 对于海南板块的股票数据, 分别用最大系数法、类平均法、重心法、离差平方和法获得聚类图 2.12.

根据上述聚类图, 瓦尔德离差平方和聚类比较合理, 市值单独一类, 价格一类, 涨跌幅度一类, 交易量指标一类, 委比和换手一类, 很合符实际.

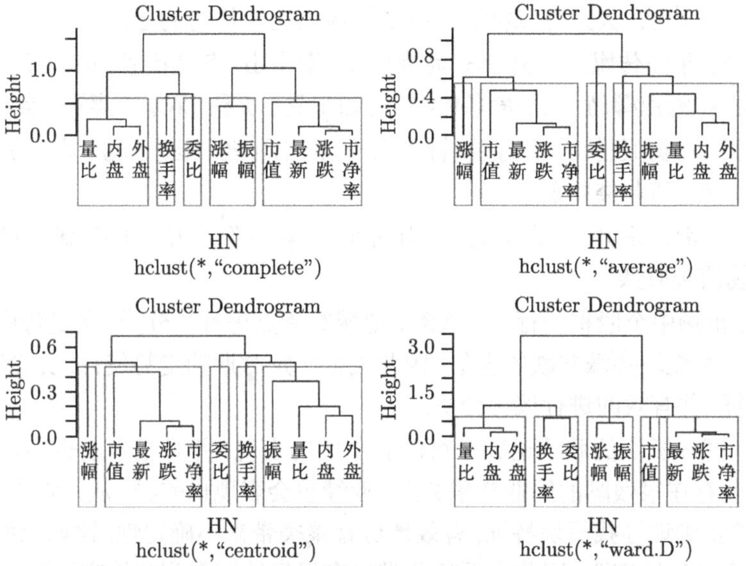

图 2.12　海南板块数据变量聚类图

如果我们将数据矩阵的行列互换 (当股票作为变量时, 应该采用日线这样的纵向数据, 不能继续使用截面数据, 统计中的样本是简单随机样本, 不能用不同类的数据作为同一个变量的样本数据), 通过变量聚类法, 也可以得到系统聚类的结果, 对于案例 2.5, 可以得到下面的聚类图 2.13.

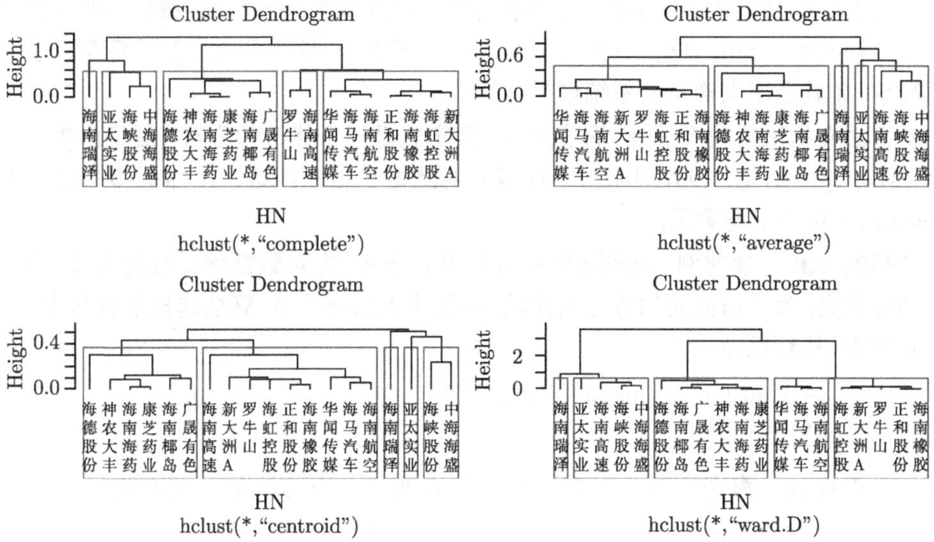

图 2.13　海南板块股票聚类图

按照类平均法, 大致可以将海南板块的股票比较均匀的分为三类:

第一类: 华闻传媒, 海马汽车, 海南航空, 罗牛山, 海虹控股, 正和股份, 海南橡胶, 新大洲 A, 海南椰岛, 属于信息传媒、交通工具、贸易、农林、煤炭、食品类股票.

第二类: 海德股份, 广晟有色, 神农大丰, 海南海药, 康芝药业, 属于房地产、有色、种子农化、药业类股票.

第三类: 海南瑞泽, 亚太实业, 海南高速, 海峡股份, 中海海盛, 属于建材、房地产、运输物流类股票.

其实, 市场中个股根据行业、概念、地域等特点进行了分类, 在走势中, 往往也会出现同一个板块齐涨共跌的现象, 因此根据一定时期的走势统计, 完全可以提取出分类特征, 并有效的进行聚类分析.

然而, 同一板块的股票也完全可能有不同的表现, 并且基本面也不尽相同, 由于一个行业存在很残酷的同业竞争关系, 业绩也会表现出差异, 从而在走势上出现分化. 这给正确地寻找板块特征, 有效地进行聚类带来不确定性, 比如上面的第二、三类中都含有房地产股, 因此上面的分类没有很好地提取到房地产股票的特征. 这是聚类分析需要多加注意的地方.

四、动态聚类法

系统聚类法一旦形成类后就不能改变, 但金融数据的动态性很强, 需要动态地考虑分类问题.

动态聚类又称逐步聚类法, 基本思想是: 先简单地分一下类, 然后按照某种最优原则修改不合理的分类, 直至类分得比较合理为止, 这种分类方法计算量较小方法简单, 尤其适用大样本的系统聚类分析.

下面介绍采用较多的 K-均值方法, 其实就是逐个修改的方法, 最早由麦克奎因 (Mac-Queen) 在 1967 年提出, 许多人对此做了很多改进. R 中有专门的函数 kmeans( ) 用于动态聚类.

案例 2.6 续前例, 为消除数据数量级的影响, 先对数据作标准化处理, 然后作动态聚类, 为了与前面的方法做比较, 类的个数选择为 5, 算法选择缺省状态. 在 R 软件中, 执行程序:

```
km <- kmeans(HN, 5, nstart = 20); km
```

得到如下的聚类结果:

海虹控股	海南海药	海德股份	新大洲 A	海马汽车	亚太实业
1	4	5	1	1	2
罗牛山	华闻传媒	海南高速	海峡股份	海南瑞泽	康芝药业
1	1	3	2	2	4

```
神农大丰   海南航空   海南椰岛   广晟有色   正和股份   中海海盛
       5          1          4          4          1          3
海南橡胶
       1
```

为了便于统计分类情况, 可以用 sort( ) 函数对分类按顺序排好序, 这时通过 R 命令 sort(km$cluster) 即可得到

```
海虹控股   新大洲 A   海马汽车     罗牛山   华闻传媒   海南航空
       1          1          1          1          1          1
正和股份   海南橡胶   亚太实业   海峡股份   海南瑞泽   海南高速
       1          1          2          2          2          3
中海海盛   海南海药   康芝药业   海南椰岛   广晟有色   海德股份
       3          4          4          4          4          5
神农大丰
       5
```

按照前面的平均分类方法, 将第 1, 4 两类并为一类, 2, 5 两类并为一类, 第 3 类单独为一类, 所分的三类与案例 2.5 中的分类完全相同.

练　习　2

1. 证明如下的结论:

(1) 两个距离的和所组成的函数仍为距离;

(2) 一个正常数乘上一个距离所组成的函数仍为距离;

(3) 设 d 为一距离, $w>0$ 为常数, 则 $d^*=d/(d+w)$ 仍是一个距离;

(4) 两个距离的乘积所组成的函数不一定是距离.

2. 下表列出了 12 个样本, 每个选择了两个指标, 试用绝对值距离结合最短距离法、最长距离法、类平均法、离差平方和法进行系统聚类, 并画出聚类图.

序号	1	2	3	4	5	6	7	8	9	10	11	12
x_1	0	0	2	2	4	4	5	6	6	7	−4	−2
x_2	6	5	5	3	4	3	1	2	1	0	3	2

3. 分别收集基金或股票板块数据, 在欧氏距离下分别用最长距离法、类平均法、重心法、离差平方和法给出聚类图.

4. 寻找两个板块的股票数据, 寻找合适的指标和距离函数, 编制 R 程序, 能否成功的实现股票的聚类分离?

5. 已知五个样本的距离矩阵为

$$(1)\begin{pmatrix} 0 & 3 & 6 & 7 & 4 \\ & 0 & 1 & 5 & 9 \\ & & 0 & 3 & 6 \\ & & & 0 & 2 \\ & & & & 0 \end{pmatrix};\quad (2)\begin{pmatrix} 0 & 1 & 2 & 3 & 4 \\ & 0 & 2 & 3 & 4 \\ & & 0 & 3 & 4 \\ & & & 0 & 4 \\ & & & & 0 \end{pmatrix};\quad (3)\begin{pmatrix} 0 & 4 & 4 & 4 & 4 \\ & 0 & 3 & 3 & 3 \\ & & 0 & 2 & 2 \\ & & & 0 & 1 \\ & & & & 0 \end{pmatrix}$$

试用最短距离法和最长距离法对这 5 个样本进行聚类, 并画出聚类图和二分树.

6. 对第 3 题收集的股票数据, 使用相关系数和最大系数法、类平均法、重心法、离差平方和法给出变量聚类图.

7. 收集中小板整个板块的数据, 按照变量聚类的方法, 对全部中小板股票进行聚类分析.

第3章 判别分析

判别分析(discriminant analysis) 是根据所研究的个体的观测指标来推断该个体所属类型的一种统计方法, 在自然科学和社会科学的研究中经常会碰到这种统计问题. 例如在金融统计中我们要根据某异常点的政策、消息、技术和资金等各项指标来判断该异常点属于哪一种类型.

投资者要根据标的资产的各种指标的分析来判断风险和投资收益；调查了某地区的土地生产率、劳动生产率、人均收入、费用水平、农村工业比重等指标, 要确定该地区属于哪一种经济类型地区, 等等. 该方法起源于 1921 年皮尔逊的种族相似系数法, 1936 年费歇 (Fisher) 提出线性判别函数, 并形成把一个样本归类到两个总体之一的判别法.

判别问题用统计的语言来表达, 就是已有 q 个总体 $X_1, X_2, \cdots, X_q$, 它们的分布函数分别为 $F_1(x), \cdots, F_q(x)$, 每个 $F_i(x)$ 都是 p 维函数. 对于给定的样本 X, 要判断它来自哪一个总体. 当然, 应该要求判别准则在某种意义下是最优的, 例如错判的概率最小或错判的损失最小等. 本章仅介绍最基本的几种判别方法, 即距离判别、费歇判别和贝叶斯 (Bayes) 判别.

一、距离判别

1. 两总体的情况

设有两个具有相同协方差阵 $\Sigma(\Sigma > 0)$ 的总体 X_1, X_2, 均值向量分别为 μ_1, μ_2, 对于一个新给定的样本 x 要判断它是来自于哪一个总体 (或者说要判断它属于哪一个总体).

一个最直观的想法是分别计算 x 与两个总体的距离 (这里用点 x 到 μ_i 的距离表示点 x 到总体 X_i 的距离) $d(x, \mu_i)$, $i = 1, 2$. 然后根据下列规则进行判别

$$\begin{cases} x \in X_1, & \text{当} d(x, \mu_1) \leqslant d(x, \mu_2), \\ x \in X_2, & \text{当} d(x, \mu_1) > d(x, \mu_2), \end{cases} \tag{3.1}$$

(当 $d(x, \mu_1) = d(x, \mu_2$ 时, x 可归属于 X_1, X_2 的任何一个, 为了方便叙述, 不妨将它归属 X_1). 在这里我们采用马氏距离.

为了简化 (3.1), 计算两个马氏距离平方之差

$$
\begin{aligned}
d^2(x,\mu_1)-d^2(x,\mu_2)&=(x-\mu_1)'\Sigma^{-1}(x-\mu_1)-(x-\mu_2)'\Sigma^{-1}(x-\mu_2)\\
&=-2[x-(\mu_1+\mu_2)/2]'\Sigma^{-1}(\mu_1-\mu_2)\\
&=-2W(x),
\end{aligned}
$$

其中

$$
W(x)=(x-\bar{\mu})'\Sigma^{-1}(\mu_1-\mu_2), \tag{3.2}
$$

$$
\bar{\mu}=\frac{1}{2}(\mu_1+\mu_2).
$$

于是在马氏距离之下规则 (3.1) 变为

$$
\begin{cases}
x\in X_1, & \text{当}W(x)\geqslant 0,\\
x\in X_2, & \text{当}W(x)<0,
\end{cases} \tag{3.3}
$$

$W(x)$ 是 x 的一个线性函数, 一般将 $W(x)$ 称为线性判别函数, 显然 p 维平面 $W(x)=0$ 把 p 维空间分成两部分, 即得到 p 维空间一个划分：

$$
R_1=\{x:W(x)\geqslant 0\},\quad R_2=\{x:W(x)<0\}, \tag{3.4}
$$

当样本 $x\in R_1$ 时, 则判断 $x\in X_1$；当样本 $x\in R_2$ 时, 则判断 $x\in X_2$.

对于上述判别规则 (3.3) 作几点说明, 它对于我们理解判别分析很重要.

(1) 按最小距离规则判别是会产生误判的, 为了说明问题, 不妨设 $p=1$ 且 $X_1\sim N(\mu_1,\sigma^2)$, $X_2\sim N(\mu_2,\sigma^2)$, $\mu_1<\mu_2$. 由图 3.1 可以看到：当 x 事实上取自 X_1, 但它的观察值却落在 $\bar{\mu}=(\mu_1+\mu_2)/2$ 的右边, 按上述的规则应把 x 判断为 X_2, 此时发生误判, 误判的概率正是图中的阴影部分的面积. 另外判别限 (或称阈值) 的选取是很重要的, 如果不以 $\bar{\mu}$ 为判别限, 而以另一点 ξ 为判别限, 这时将 X_1 误判为 X_2 的概率减小了, 但 X_2 误判为 X_1 的概率却增大了. 对于正态总体我们可直接验证最小距离判别的判别限 $\bar{\mu}$ 保证了这两个误判概率相同.

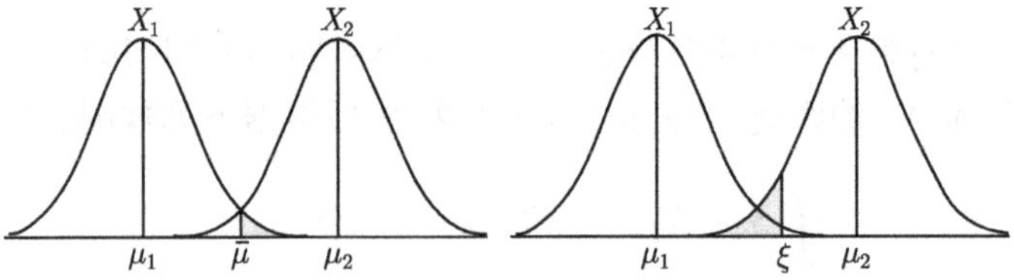

图 3.1　判别限选择示意图

(2) 从图 3.1 可看出, 当两个总体 X_1, X_2 十分接近时, 则无论用什么办法, 误判概率都很大, 这时判别是没有意义的, 因此在判别之前应对两总体的均值是否有显著差异进行检验.

(3) 由于落在 $\bar{\mu}$ 附近的点误判概率比较大, 有时可划出一个待判区域, 例如取 $(c,d)=\left(\bar{\mu}-\frac{1}{5}|\mu_1-\mu_2|,\ \bar{\mu}+\frac{1}{5}|\mu_1-\mu_2|\right)$ 作为待判区域, 就有

$$\begin{cases} x\in X_1, & \text{当}x\leqslant c,\\ x\in X_2, & \text{当}x\geqslant d,\\ \text{待判}, & \text{当}c<x<d. \end{cases} \tag{3.5}$$

(4) 以上判别函数及规则并没有涉及到具体的分布类型, 只要二阶矩存在就可以了.

如果两总体的均值向量及公共协方差阵未知, 瓦尔德和安德森 (Anderson) 提出用相应的估计来代替. 设 $x_i,\ i=1,2,\cdots,n_1$. $y_i,\ i=1,2,\cdots,n_2$, 分别是 X_1 和 X_2 的样本, 令

$$\bar{x}=\frac{1}{n_1}\sum_{i=1}^{n_1}x_i,\quad \bar{y}=\frac{1}{n_2}\sum_{i=1}^{n_2}y_i,$$

$$A_1=\sum_{i=1}^{n_1}(x_i-\bar{x})(x_i-\bar{x})',$$

$$A_2=\sum_{i=1}^{n_2}(y_i-\bar{y})(y_i-\bar{y})',$$

$$\Sigma=\frac{1}{n_1+n_2-2}(A_1+A_2), \tag{3.6}$$

那么判别函数可取为

$$W(x)=\left[x-\frac{1}{2}(\bar{x}+\bar{y})\right]'\Sigma^{-1}(\bar{x}-\bar{y}), \tag{3.7}$$

式 (3.7) 又称安德森判别函数 (统计量), 判别的规则与式 (3.3) 一样.

案例 3.1　生物统计学家经常提出由个体的 “大小” 及 “形状” 因子来进行判别的问题, 用 $x=(x_1,x_2)'$ 表示 “大小” 和 “形状” 两个因子. 现从正常人 x 和精神病患者 y 两个总体中各抽取了 25 人测量某些指标并变换为 “大小” 和 “形状” 数据, 列于表 3.1, 另外还新测定了一 “病员” 的 “大小” 和 “形状” 因子. 数据列在该表的最后一行, 试用最小距离法判别该 “病员” 是否患有精神病.

表 3.1　正常人和精神病患者的“大小”和“形状”数据

序号	正常人			精神病患者		
	x_1	x_2	$W(x)$	y_1	y_2	$W(x)$
1	22	6	4.8	24	38	0.6
2	20	14	2.8	19	36	−0.9
3	23	9	4.7	11	43	−5.0
4	23	1	5.9	6	60	−9.5
5	17	8	2.6	9	32	−4.1
6	24	9	5.1	10	17	−1.4
7	23	13	4.1	3	17	−4.0
8	18	18	1.4	15	56	−5.5
9	22	16	3.2	14	43	−3.9
10	19	18	1.8	20	8	3.7
11	20	17	2.3	8	46	−6.6
12	20	31	0.2	20	62	−4.5
13	21	9	3.9	14	36	−2.8
14	13	13	0.3	3	12	−3.3
15	20	14	2.8	10	51	−6.6
16	19	18	1.8	22	22	2.3
17	20	11	3.3	11	30	−3.0
18	18	17	1.6	6	30	−4.9
19	20	7	3.9	20	61	−4.4
20	23	6	5.1	20	43	−1.6
21	23	23	2.5	15	48	−4.3
22	25	9	5.4	2	53	−9.9
23	23	5	5.3	10	43	−5.4
24	21	12	3.5	13	19	−0.6
25	23	7	5.0	12	4	1.3
新病人	28	36	2.4			

从表 3.1 中的数据计算得

$$\bar{x} = \frac{1}{25}\sum_{i=1}^{25}(x_{1i}, x_{2i})' = (20.80, 12.44)',$$

$$\bar{y} = \frac{1}{25}\sum_{i=1}^{25}(y_{1i}, y_{2i})' = (12.68, 36.40)',$$

$$A_1 = \begin{pmatrix} 166 & -131.8 \\ -131.8 & 1006.16 \end{pmatrix}, \quad A_2 = \begin{pmatrix} 937.44 & 284.2 \\ 284.2 & 6910 \end{pmatrix},$$

$$\Sigma = \frac{A_1 + A_2}{n_1 + n_2 - 2} = \begin{pmatrix} 22.9883 & 3.175 \\ 3.175 & 164.92 \end{pmatrix},$$

$$\bar{x}-\bar{y}=(\ 8.12,\quad -23.96\ )',$$

$$\frac{1}{2}(\bar{x}+\bar{y})=(16.74,24.42)',$$

从而

$$\Sigma^{-1}=\begin{pmatrix} 0.0436 & -0.0008 \\ -0.0008 & 0.0061 \end{pmatrix}.$$

将上述结果代入线性判别函数 (3.7) 得

$$W(x)=0.3743x_1-0.1525x_2-2.5417.$$

当用原数据进行判断时, 25 个正常人的数据代入 $W(x)$ 后全部大于 0, 而 25 个精神病患者代入后有 4 个大于 0, 误判概率为 8%. 把新测定的 "病员" 数据代入后得 $W(x)>0$, 故该 "病员" 应判为正常人.

采用 R 程序编制两总体的判别函数 DA1, 运行后获得如下结果:

	1	2	3	4	5	6	7	8	9	10	11	12	13	14	15	16	17	18	19	20	21
blong	1	1	1	1	1	1	1	1	1	1	1	1	1	1	1	1	1	1	1	1	1

	22	23	24	25	26	27	28	29	30	31	32	33	34	35	36	37	38	39	40
blong	1	1	1	1	1	2	2	2	2	2	2	2	2	1	2	2	2	2	2

	41	42	43	44	45	46	47	48	49	50
blong	1	2	2	2	2	2	2	2	2	1

很明显, 前 25 个正常人回带都没有出现误判, 但对于后 25 个精神病患者出现 4 例误判, 分别是 26, 35, 41, 50, 一目了然.

上面讨论的是两总体具有相同的公共协方差阵的情况. 如果两总体 X_1, X_2 协方差阵 Σ_1,Σ_2 不相等, 此时判别函数

$$\begin{aligned} W(x) &= d^2(x,\mu_1)-d^2(x,\mu_2) \\ &= (x-\mu_1)'\Sigma_1^{-1}(x-\mu_1)-(x-\mu_2)'\Sigma_2^{-1}(x-\mu_2), \end{aligned} \tag{3.8}$$

是 x 的二次函数, 显然它比线性函数复杂得多.

对于上例, 我们直接使用上面定义的 R 函数

DA1(classX1, classX2)

获得如下运行结果:

	1	2	3	4	5	6	7	8	9	10	11	12	13	14	15	16	17	18	19	20	21
blong	1	1	1	1	1	1	1	1	1	1	1	2	1	2	1	1	1	1	1	1	2

	22	23	24	25	26	27	28	29	30	31	32	33	34	35	36	37	38	39	40
blong	1	1	1	1	2	2	2	2	2	2	2	2	2	1	2	2	2	2	2

	41	42	43	44	45	46	47	48	49	50
blong	1	2	2	2	2	2	2	2	2	2

易见, 对于精神病患者的误判减少两例, 但对正常人出现三次误判. 后者是不应该发生的, 把正常人误判为精神病患者对社会具有更大的危害性.

对于新的病例, 也可以根据这个程序进行判别, 判别结果和前面的计算一样, 认为新病员没有精神病.

2. 多总体的情况

设有 q 个总体 $X_1, X_2 \cdots, X_q$, 它们具有相同的正定协方差阵和不同的均值向量 $\mu_i, i=1,2,\cdots,q$. 那么判别函数可取为 (这里仍采用马氏距离)

$$W_{ij}(x)=\left[x-\frac{1}{2}(\mu_i+\mu_j)\right]'\Sigma^{-1}(\mu_i-\mu_j),\quad i,j=1,2,\cdots,q, \tag{3.9}$$

当 μ_i 和 Σ 都是未知时, 可用它们相应的估计代替.

案例 3.2　费歇鸢尾花 (Iris) 数据. 此数据有 4 个属性, 萼片的长度、萼片的宽度、花瓣长度和花瓣宽度, 数据共 150 个样本, 分为三类, 前 50 个数据是第一类 (Setosa), 中间的 50 个数据是第二类 (Versicolor), 最后 50 个数据是第三类 (Virginica). 试用距离判别对鸢尾花数据进行判别分析.

解　R 软件中鸢尾花数据可以直接调用, 数据的前四列是 4 个属性, 第五列标明类.

采用 R 程序编制多总体的判别函数进行判别后, 会输出如下结果:

	1	2	3	4	5	6	7	8	9	10	11	12	13	14	15	16	17	18	19	20	21
blong	1	1	1	1	1	1	1	1	1	1	1	1	1	1	1	1	1	1	1	1	1

	22	23	24	25	26	27	28	29	30	31	32	33	34	35	36	37	38	39	40
blong	1	1	1	1	1	1	1	1	1	1	1	1	1	1	1	1	1	1	1

	41	42	43	44	45	46	47	48	49	50	51	52	53	54	55	56	57	58	59
blong	1	1	1	1	1	1	1	1	1	1	2	2	2	2	2	2	2	2	2

	60	61	62	63	64	65	66	67	68	69	70	71	72	73	74	75	76	77	78
blong	2	2	2	2	2	2	2	2	2	2	2	3	2	3	2	2	2	2	2

	79	80	81	82	83	84	85	86	87	88	89	90	91	92	93	94	95	96	97
blong	2	2	2	2	2	3	2	2	2	2	2	2	2	2	2	2	2	2	2

	98	99	100	101	102	103	104	105	106	107	108	109	110	111	112
blong	2	2	2	3	3	3	3	3	3	3	3	3	3	3	3

	113	114	115	116	117	118	119	120	121	122	123	124	125	126	127
blong	3	3	3	3	3	3	3	3	3	3	3	3	3	3	3

	128	129	130	131	132	133	134	135	136	137	138	139	140	141	142
blong	3	3	3	3	3	3	3	3	3	3	3	3	3	3	3

	143	144	145	146	147	148	149	150
blong	3	3	3	3	3	3	3	3

易见, 71, 73, 84 被错判到第三类里, 回带的错判率为 3/150=2%.

案例 3.3　试对表 3.2 中的数据从上到下按照 3 总体各 6 样本进行判别分析.

表 3.2　海南板块 20120629 部分数据

股票	股价	涨跌	涨幅	内盘	量比
海南海药	19.3	0.61	3.26	1.03	0.83
海南瑞泽	15.8	−0.74	−4.47	7.26	14.9
神农大丰	15.61	0.22	1.43	0.49	0.29
康芝药业	12.48	0.23	1.88	0.49	0.43
海峡股份	12.18	−0.27	−2.17	10.46	23.3
海南椰岛	10.28	0.27	2.7	2.72	1.79
海南橡胶	6.87	0.11	1.63	6.1	1.76
海德股份	6.42	0.17	2.72	1.19	1.01
亚太实业	6.33	0.58	10.09	19.38	14.59
华闻传媒	6.18	0.04	0.65	1.86	0.83
海虹控股	5.81	0.2	3.57	6.07	1.13
正和股份	5.54	0.05	0.91	4.37	1.03
新大洲 A	4.97	0.07	1.43	2.53	0.37
海南航空	4.88	0.1	2.09	5	0.38
罗牛山	4.83	0.01	0.21	7.46	1.34
中海海盛	4.38	0.07	1.62	12.57	24.77
海南高速	3.46	0.02	0.58	5.75	3.52
海马汽车	3.26	0.06	1.87	2.12	1.7

对于多总体的情形, 通过 R 程序, 选择第 3 到第 6 列数据进行计算 (很明显这里股票是按照股价从高到低排列的, 因此去掉股价这列数据), 得到如下结果:

	1	2	3	4	5	6	7	8	9	10	11	12	13	14	15	16	17	18
blong	1	1	1	1	1	1	2	2	2	2	2	2	3	3	3	3	3	3

可见, 这里的判别结果没有任何误判.

除了最基本的距离判别外, 还有很多其它的判别方法, 下面仅介绍费歇判别和贝叶斯判别.

二、费歇判别

费歇判别的基本思想是投影, 即将表面上不易分类的数据通过投影到某个方向上, 使得投影后类与类之间得以分离的一种判别方法.

仅考虑两总体的情况, 设两个 p 维总体为 X_1, X_2, 且都有二阶矩存在. 费歇的判别思想是变换多元观测 x 到一元观测 y, 使得由总体 X_1, X_2 产生的 Y 尽可能的分离开来.

例如 (X_1, X_2) 为二维总体. 如图 3.2(a) 所示 "×" 为 X_1 的点, "▲" 为 X_2 的点, 它们分别在 x_1 轴和 x_2 轴上的投影有很大一部分是重叠在一起的, 故要用原变量 X_1, X_2 的取值范围来把 X_1, X_2 分离开来是困难的.

费歇提出把 Y 取为 $X = (X_1, X_2)'$ 的线性组合, 即 $Y = c_1X_1 + c_2X_2$, 它是三维空间中的一个平面 π, 只要适当地选取 c_1 与 c_2 使得 X_1 的点与 X_2 的点投影在 π 平面上尽可能的分离开来, 即在 y 轴上尽可能分离开来, 如图 3.2 的 (b) X_1 的 5 个点与 X_2 的 5 个点在 y 轴上已完全分离开了.

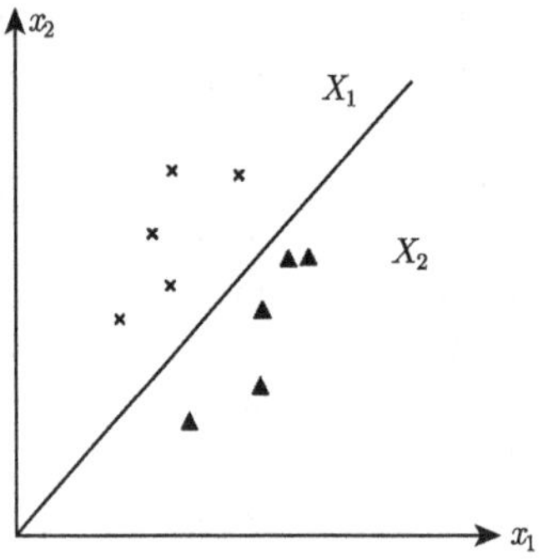

(a)

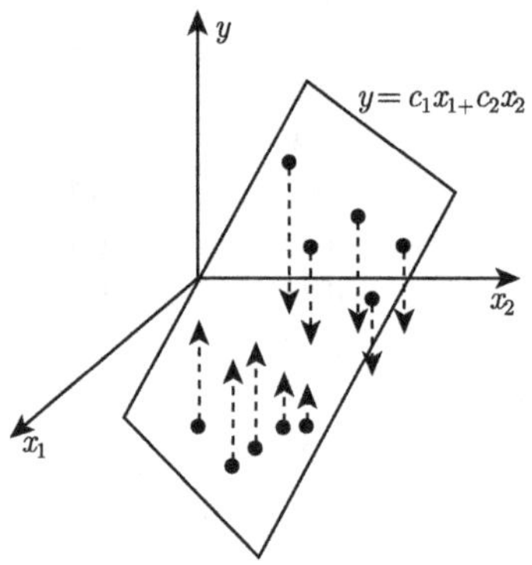

(b)

图 3.2

设在 p 维的情况下, X 的线性组合为 $Y = l'X$, 其中 l 为 p 维实向量. 设 X_1, X_2 的均值向量分别为 μ_1, μ_2(均为 p 维), 且有公共的协方差矩阵 $\Sigma(\Sigma > 0)$. 那么线性组合 $Y = l'X$ 的均值为

$$u_{y1} = E(Y|x \in X_1) = l'\mu_1, \quad u_{y2} = E(Y|x \in X_2) = l'\mu_2 \tag{3.10}$$

其方差为

$$\sigma_y^2 = \mathrm{var}(Y) = l'\Sigma l, \tag{3.11}$$

这里用到了方差的性质 $\mathrm{var}(l'X) = l'\mathrm{cov}(X)l$.

考虑比

$$\frac{(\mu_{y1}-\mu_{y2})^2}{\sigma_y^2}=\frac{[l'(\mu_1-\mu_2)]^2}{l'\Sigma l}=\frac{(l'\delta)^2}{l'\Sigma l},\tag{3.12}$$

其中 $\delta=\mu_1-\mu_2$ 为两总体均值向量差, 根据费歇的思想, 我们要选择 l 使得式 (3.12) 达到最大.

定理 3.1 x 为 p 维随机向量, 设 $y=l'x$, 当选取 $l=c\Sigma^{-1}\delta, c\neq 0$ 为常数时, 式 (3.12) 达到最大.

特别当 $c=1$ 时, 线性函数

$$Y=l'X=(\mu_1-\mu_2)'\Sigma^{-1}X,\tag{3.13}$$

称为费歇线性判别函数. 令

$$\begin{aligned}K&=\frac{1}{2}(\mu_{y1}-\mu_{y2})=\frac{1}{2}(l'\mu_1+l'\mu_2)\\&=\frac{1}{2}(\mu_1+\mu_2)'\Sigma^{-1}(\mu_1-\mu_2).\end{aligned}\tag{3.14}$$

定理 3.2 利用上面的记号, 取 $l'=(\mu_1-\mu_2)'\Sigma^{-1}$, 则有

$$\mu_{y1}-K>0,\quad \mu_{y2}-K<0\tag{3.15}$$

证明留作习题.

由定理 3.2 我们得到如下的费歇判别规则:

$$\begin{cases}x\in X_1, & \text{当 } x \text{ 使得}(\mu_1-\mu_2)'\Sigma^{-1}x\geqslant K,\\ x\in X_2, & \text{当 } x \text{ 使得}(\mu_1-\mu_2)'\Sigma^{-1}x< K,\end{cases}\tag{3.16}$$

实际中若出现 $(\mu_1-\mu_2)'\Sigma^{-1}x=K$ 时, 则可将 x 判给 X_1, 也可将 x 判给 X_2, 但要慎重处理, 为了方便我们把它归入 X_1. 注意到式 (3.16) 中 K 是由式 (3.14) 所定义, 那么由

$$\begin{aligned}W(x)&=(\mu_1-\mu_2)'\Sigma^{-1}x-K\\&=(\mu_1-\mu_2)'\Sigma^{-1}x-\frac{1}{2}(\mu_1+\mu_2)'\Sigma^{-1}(\mu_1-\mu_2)\\&=\left(x-\frac{1}{2}(\mu_1+\mu_2)\right)'\Sigma^{-1}(\mu_1-\mu_2),\end{aligned}\tag{3.17}$$

这样判别规则 (3.16) 便可写成

$$\begin{cases}x\in X_1, & \text{当 } x \text{ 使得}W(x)\geqslant 0,\\ x\in X_2, & \text{当 } x \text{ 使得}W(x)< 0\end{cases}\tag{3.18}$$

对比式 (3.17) 与式 (3.2), 容易发现它们完全是一样的. 此外, 当总体的参数未知时, 我们仍然同前几节一样用样本来对 μ_1, μ_2 及 Σ 进行估计, 注意到这里的费歇判别与最小距离判别一样不需要知道总体的分布类型, 但两总体的均值向量必须有显著的差异才行, 否则判别无意义.

案例 3.4　用费歇判别求解案例 3.1.

采用 R 程序编制多总体的判别函数, 输出结果如下:

	1	2	3	4	5	6	7	8	9	10	11	12	13	14	15	16	17	18	19	20	21	22
blong	1	1	1	1	1	1	1	1	1	1	1	1	1	1	1	1	1	1	1	1	1	1

	23	24	25	26	27	28	29	30	31	32	33	34	35	36	37	38	39	40	41
blong	1	1	1	1	2	2	2	2	2	2	2	2	1	2	2	2	2	2	1

	42	43	44	45	46	47	48	49	50
blong	2	2	2	2	2	2	2	2	1

易见, 对于精神病患者的回代验证, 仍然有 4 个误判, 和样本协方差相同的距离判别结果一致.

案例 3.5　通过行情软件采集到 2014.9.22 沪深股市交通设施板块和教育传媒板块各 35 支股票, 选择最新, 昨收, 最低, 买一价, 均价, 今开, 最高共 7 个指标, 试进行判别分析.

先用距离判别法, 协方差相同和不同的结果分别如下:

协方差相同时

	1	2	3	4	5	6	7	8	9	10	11	12	13	14	15	16	17	18	19	20	21	22
blong	2	2	1	1	1	1	1	1	1	1	1	1	1	1	1	1	1	1	1	1	1	1

	23	24	25	26	27	28	29	30	31	32	33	34	35	36	37	38	39	40	41
blong	1	1	1	1	1	1	1	1	1	1	1	1	1	2	2	2	2	1	1

	42	43	44	45	46	47	48	49	50	51	52	53	54	55	56	57	58	59	60
blong	2	2	2	2	1	2	2	2	1	2	2	2	2	2	2	2	2	2	2

	61	62	63	64	65	66	67	68	69	70
blong	2	2	2	2	2	2	2	2	2	1

协方差不同时

	1	2	3	4	5	6	7	8	9	10	11	12	13	14	15	16	17	18	19	20	21	22
blong	2	2	1	1	1	1	1	1	1	1	1	1	1	1	1	1	1	1	1	1	1	1

	23	24	25	26	27	28	29	30	31	32	33	34	35	36	37	38	39	40	41
blong	1	1	1	1	1	1	1	1	1	1	1	1	1	2	2	2	2	2	2

	42	43	44	45	46	47	48	49	50	51	52	53	54	55	56	57	58	59	60
blong	2	2	2	2	2	2	2	2	2	2	2	2	2	2	2	2	2	2	2

	61	62	63	64	65	66	67	68	69	70
blong	2	2	2	2	2	2	2	2	2	2

当协方差相同时, 交通设施有 2 个股票 (即深赤湾 A, 中集集团) 被误判, 误判百分比为 5.7%, 教育传媒中有 5 个股票 (华闻传媒, 电广传媒, 高乐股份, 珠江钢琴, 广电网络) 被误判, 误判百分比为 14.3%; 当协方差不相同时, 交通设施有 2 个数据被误判, 教育传媒则没有股票被误判.

从上面的结果分析, 协方差不同时的结果较好, 从统计的角度, 应该推测两个数据样本的协方差是不同的. 当然, 实际分析的时候, 需要通过统计假设检验来确定协方差是否相同.

对本案例, 通过协方差检验, 证实协方差是显著不同的, 显著水平 2.2e-16.

对于新的数据, 也可以根据这个程序进行判别, 我们选用交通设施中余下两支股票吉林高速, 大连港和教育传媒中余下的博瑞传播, 中南传媒, 皖新传媒, 吉视传媒, 出版传媒和人民网进行判别, 判别结果如下:

	1	2
blong	1	1

	1	2	3	4	5	6
blong	2	2	2	2	2	2

可见, 交通设施和教育传媒都没有误判, 全部正确.

采用费歇判别法, 结果分别如下:

	1	2	3	4	5	6	7	8	9	10	11	12	13	14	15	16	17	18	19	20	21	22
blong	2	2	1	1	1	1	1	1	1	1	1	1	1	1	1	1	1	1	1	1	1	1

	23	24	25	26	27	28	29	30	31	32	33	34	35	36	37	38	39	40	41
blong	1	1	1	1	1	1	1	1	1	1	1	1	1	2	2	2	2	1	1

	42	43	44	45	46	47	48	49	50	51	52	53	54	55	56	57	58	59	60
blong	2	2	2	2	1	2	2	2	1	2	2	2	2	2	2	2	2	2	2

	61	62	63	64	65	66	67	68	69	70
blong	2	2	2	2	2	2	2	2	2	1

交通设施有 2 个股票被误判, 教育传媒中有 5 个股票被误判, 与距离判别协方差相同时的结果是一样的.

对于新的数据,

	1	2	3	4	5	6
blong	2	2	2	1	1	2

教育传媒板块的 6 只股票出现 2 次误判.

由于费歇判别法要求具有相同的协方差, 因此当协方差不同时, 不能选用费歇判别法用于判别分析.

考虑到一天的数据偶然性较大, 下面考虑多日数据, 选择交通设施板块中的天津港, 厦门港务, 宁沪高速, 上海机场, 重庆路桥, 四川成渝和教育传媒中的凤凰传媒, 华谊兄弟, 电广传媒, 视觉中国, 时代出版, 中文传媒, 人民网在 2014.9.1–2014.9.22 的数据. 选择开盘 最高 最低 收盘 MA1 MA2 MA3 MA4 MA5 MA6(5, 10, 20, 30, 60, 120 日均线) 作为指标, 前 90 组数据代表 "交通设施" 后 90 组数据代表 "教育传媒".

采用协方差相同的距离判别和费歇判别, 全部 180 个样本, 都没有任何误判.

三、 贝叶斯判别

贝叶斯判别和贝叶斯估计的思想方法是一样的, 即假定对研究的对象已经有一定的认识, 这种认识常用先验概率来描述, 当我们取得一个样本后, 就可以用样本来修正已有的先验概率分布, 得出后验概率分布, 再通过后验概率分布进行各种统计推断.

1. 误判概率与误判损失

关于误判概率的概念在本章第一部分距离判别中已谈过. 设有两个总体 X_1 和 X_2, 根据某一个判别规则, 将实际上为 X_1 的个体判为 X_2 或者将实际上为 X_2 的个体判为 X_1 的概率就是误判概率, 一个好的判别规则应该使误判概率最小.

除此之外还有一个误判损失问题或者说误判产生的花费 (cost) 问题, 如把 X_1 的个体误判到 X_2 的损失比 X_2 的个体误判到 X_1 严重得多, 则人们在作前一种判断时就要特别谨慎. 譬如在药品检验中把有毒的样品判为无毒后果比无毒样品判为有毒严重得多, 因此一个好的判别规则还必须使误判损失最小.

为了说明问题, 我们仍以两个总体的情况来讨论. 设所考虑的两个总体: X_1 与 X_2 分别具有密度函数 $f_1(x)$ 与 $f_2(x)$, 其中 x 为 p 维向量. 记 Ω 为 x 的所有可能观测值的全体, 称它为样本空间, R_1 为根据我们的规则要判为 X_1 的那些 x 的全体, 而 $R_2 = \Omega - R_1$ 是要判为 X_2 的那些 x 的全体.

显然 R_1 与 R_2 互斥完备. 某样本实际是来自 X_1, 但被判为 X_2 的概率为

$$P(2|1) = P(x \in R_2|X_1) = \int_{R_2} \cdots \int f_1(x)\mathrm{d}x, \tag{3.19}$$

来自 X_2, 但被判为 X_1 的概率为

$$P(1|2) = P(x \in R_1|X_2) = \int \cdots \int_{R_1} f_2(x)\mathrm{d}x. \tag{3.20}$$

类似地, 来自 X_1 被判为 X_1 的概率, 来自 X_2 被判为 X_2 的概率分别为

$$P(1|1) = P(x \in R_1|X_1) = \int \cdots \int_{R_1} f_1(x)\mathrm{d}x, \tag{3.21}$$

$$P(2|2) = P(x \in R_2|X_2) = \int \cdots \int_{R_2} f_2(x)\mathrm{d}x. \tag{3.22}$$

又设 p_1, p_2 分别表示总体 X_1 和 X_2 的先验概率, 且 $p_1 + p_2 = 1$, 于是

$$\begin{aligned} P(\text{正确地判为 } X_1) &= P(\text{来自 } X_1,\ \text{被判为 } X_1) \\ &= P(x \in R_1|X_1) \cdot P(X_1) = P(1|1) \cdot p_1, \end{aligned} \tag{3.23}$$

$$\begin{aligned} P(\text{误判到 } X_1) &= P(\text{来自 } X_2,\ \text{被判为 } X_1) \\ &= P(x \in R_1|X_2) \cdot P(X_2) = P(1|2) \cdot p_2. \end{aligned} \tag{3.24}$$

类似地有

$$P(\text{正确地判为 } X_2) = P(2|2) \cdot p_2, \tag{3.25}$$

$$P(\text{误判到 } X_2) = P(2|1) \cdot p_1. \tag{3.26}$$

设 $L(1|2)$ 表示来自 X_2 误判为 X_1 引起的损失, $L(2|1)$ 表示来自 X_1 误判为 X_2 引起的损失, 并规定 $L(1|1) = L(2|2) = 0$.

将上述的误判概率与误判损失结合起来, 定义**平均误判损失**(expected cost of misclassification, 简记为 ECM) 如下:

$$\mathrm{ECM}(R_1, R_2) = L(2|1)P(2|1)p_1 + L(1|2)P(1|2)p_2, \tag{3.27}$$

一个合理的判别规则应使 ECM 达到极小.

2. 两总体的贝叶斯判别

由上面叙述知道, 我们要选择样本空间 Ω 的一个划分: R_1 和 $R_2 = \Omega - R_1$ 使得平均损失 (3.27) 式达到极小.

定理 3.3　极小化平均损失 (3.27) 的区域 R_1 和 R_2 为

$$R_1=\left\{x:\frac{f_1(x)}{f_2(x)}\geqslant\frac{L(1|2)}{L(2|1)}\cdot\frac{p_2}{p_1}\right\},\quad R_2=\left\{x:\frac{f_1(x)}{f_2(x)}<\frac{L(1|2)}{L(2|1)}\cdot\frac{p_2}{p_1}\right\}.\tag{3.28}$$

当 $\dfrac{f_1(x)}{f_2(x)}=\dfrac{L(1|2)\cdot p_2}{L(2|1)\cdot p_1}$ 时, 即 x 为边界点, 它可归入 R_1, R_2 的任何一个, 为了方便就将它归入 R_1.

证明从略.

由上述定理, 我们得到两总体的 Bayes 判别准则:

$$\begin{cases} x\in X_1, & \text{当 } x \text{ 使得}\dfrac{f_1(x)}{f_2(x)}\geqslant\dfrac{L(1|2)}{L(2|1)}\cdot\dfrac{p_2}{p_1},\\ x\in X_2, & \text{当 } x \text{ 使得}\dfrac{f_1(x)}{f_2(x)}<\dfrac{L(1|2)}{L(2|1)}\cdot\dfrac{p_2}{p_1}.\end{cases}\tag{3.29}$$

应用此准则时仅仅需要计算:

(1) 新样本点 $x_0=(x_{01},\cdots,x_{0p})'$ 的密度函数比 $f_1(x_0)/f_2(x_0)$;

(2) 损失比 $L(1|2)/L(2|1)$;

(3) 先验概率比 p_2/p_1.

损失和先验概率以比值的形式出现是很重要的, 因为确定两种损失的比值 (或两总体的先验概率的比值) 往往比确定损失本身 (或先验概率本身) 来得容易. 下面列举式 (3.29) 的三种特殊情况:

(1) 当 $p_2/p_1=1$ 时

$$\begin{cases} x\in X_1, & \text{当 } x \text{ 使得}\dfrac{f_1(x)}{f_2(x)}\geqslant\dfrac{L(1|2)}{L(2|1)},\\ x\in X_2, & \text{当 } x \text{ 使得}\dfrac{f_1(x)}{f_2(x)}<\dfrac{L(1|2)}{L(2|1)}.\end{cases}\tag{3.30}$$

(2) 当 $L(1|2)/L(2|1)=1$ 时

$$\begin{cases} x\in X_1, & \text{当 } x \text{ 使得}\dfrac{f_1(x)}{f_2(x)}\geqslant\dfrac{p_2}{p_1},\\ x\in X_2, & \text{当 } x \text{ 使得}\dfrac{f_1(x)}{f_2(x)}<\dfrac{p_2}{p_1}.\end{cases}\tag{3.31}$$

(3) 当 $p_1/p_2=L(1|2)/L(2|1)=1$ 时

$$\begin{cases} x\in X_1, & \text{当 } x \text{ 使得}\dfrac{f_1(x)}{f_2(x)}\geqslant 1,\\ x\in X_2, & \text{当 } x \text{ 使得}\dfrac{f_1(x)}{f_2(x)}<1.\end{cases}\tag{3.32}$$

对于具体问题, 如果先验概率或者其比值都难以确定, 就利用规则 (3.30), 同样如误判损失或者其比值难以确定, 就利用规则 (3.31), 如果上述两者都难以确定则利用规则 (3.32), 最后这种情况是一种无可奈何的办法, 当然判别也变得很简单: 若 $f_1(x) \geqslant f_2(x)$, 则判 $x \in X_1$, 否则判 $x \in X_2$.

我们将上述的两总体贝叶斯判别应用于正态总体 $X_i : N_p(\mu_i, \Sigma_i),\ i = 1, 2$, 分两种情况讨论.

1) $\Sigma_1 = \Sigma_2 (= \Sigma), (\Sigma > 0)$, 此时 X_i 的密度为

$$f_i(x) = (2\pi)^{-p/2}|\Sigma|^{-1/2}\exp\left\{-\frac{1}{2}(x-\mu_i)'\Sigma^{-1}(x-\mu_i)\right\}. \tag{3.33}$$

定理 3.4　设总体 $X_i : N_p(\mu_i, \Sigma),\ i = 1, 2$, 其中 $\Sigma > 0$, 则使平均误判损失极小的划分为

$$\begin{cases} R_1 = \{x : W(x) \geqslant \beta\}, \\ R_2 = \{x : W(x) < \beta\}, \end{cases} \tag{3.34}$$

其中

$$W(x) = \left[x - \frac{1}{2}(\mu_1 + \mu_2)\right]' \Sigma^{-1}(\mu_1 - \mu_2),$$

$$\beta = \ln\frac{L(1|2)\cdot p_2}{L(2|1)\cdot p_1}. \tag{3.35}$$

不难发现式 (3.35) 的 $W(x)$ 与费歇判别和最小距离判别的线性判别函数 (3.17), (3.2) 是一致的. 判别规则也只是判别限不一样.

如果总体的 μ_1, μ_2 及 Σ 未知, 与 (3.7) 一样, 用总体的样本算出 $\bar{x}_1, \bar{x}_2$ 和

$$\Sigma = \frac{1}{n_1 + n_2 - 2}(A_1 + A_2).$$

来代替 μ_1, μ_2 和 Σ. 判别函数 (3.35) 变成与 (3.7) 完全一样的安德森线性判别函数

$$W(x) = \left[x - \frac{1}{2}(\bar{x}_1 + \bar{x}_2)\right]' \Sigma^{-1}(\bar{x}_1 - \bar{x}_2),$$

判别的规则为

$$\begin{cases} x \in X_1, & 当\ x\ 使得 W(x) \geqslant \beta, \\ x \in X_2, & 当\ x\ 使得 W(x) < \beta, \end{cases} \tag{3.36}$$

其中 β 为式 (3.35) 所决定.

这里应该指出, 总体参数用其估计来代替, 所得到的规则, 仅仅只是最优 (在平均误判损失达到极小的意义下) 规则的一个估计, 这时对于一个具体问题来讲, 并没有把握判断得到的规则能够使平均误判损失达到最小, 但当样本的容量充分大

时, 估计 $\bar{x}_1, \bar{x}_2, S$ 分别和 μ_1, μ_2, Σ 很接近, 因此我们有理由认为 "样本" 判别规则的性质会很好.

2) $\Sigma_1 \neq \Sigma_2 (\Sigma_1 > 0, \Sigma_2 > 0)$

由于误判损失极小化的划分依赖于密度函数之比 $f_1(x)/f_2(x)$ 或等价于它的对数 $\ln(f_1(x)/f_2(x))$, 把协方差矩阵不等的两个多元正态密度代入这个比后, 包含 $|\Sigma_i|^{1/2}$, $(i=1,2)$ 的因子不能消去, 而且 $f_i(x)$ 的指数部分也不能组合成简单表达式, 因此对于 $\Sigma_1 \neq \Sigma_2$ 时, 由 (3.28) 可得判别区域

$$\begin{cases} R_1 = \{x : W(x) \geqslant K\}, \\ R_2 = \{x : W(x) < K\}, \end{cases} \tag{3.37}$$

其中

$$W(x) = -\frac{1}{2}x'(\Sigma_1^{-1} - \Sigma_2^{-1})x + (\mu_1'\Sigma_1^{-1} - \mu_2'\Sigma_2^{-1})x, \tag{3.38}$$

$$K = \ln\left(\frac{L(1|2)p_2}{L(2|1)p_1}\right) + \frac{1}{2}\ln\left(\frac{|\Sigma_1|}{|\Sigma_2|}\right) + \frac{1}{2}(\mu_1'\Sigma_1^{-1}\mu_1 - \mu_2'\Sigma_2^{-1}\mu_2), \tag{3.39}$$

显然, 判别函数 $W(x)$ 是二次函数, 它比 $\Sigma_1 = \Sigma_2$ 时的情况复杂得多. 如果 μ_i, Σ_i, $(i=1,2)$ 未知, 仍可采用其估计来代替.

案例 3.6 表 3.3 是某只股票周一和周五的最新价与涨跌幅数据, x_1 与 x_2 分别表示最新价和涨跌幅, 选取 6 个周一的数据, 8 个周五的数据, 它们的先验概率分别用 6/14 和 8/14 来估计, 并设误判损失相等, 试建立安德森线性判别函数.

表 3.3 周初与周末股票数据表

序号		1	2	3	4	5	6	7	8
周一	x_{11}	24.8	24.1	26.6	23.5	25.5	27.4		
	x_{12}	−2.0	−2.4	−3.0	−1.9	−2.1	−3.1		
	$W(x_{11}, x_{12})$	3.0165	2.8795	10.93	−0.032	4.811	12.097		
周五	x_{21}	22.1	21.6	22.0	22.8	22.7	21.5	22.1	21.4
	x_{22}	−0.7	−1.4	−0.8	−1.6	−1.5	−1.0	−1.2	−1.3
	$W(x_{21},\ x_{22})$	−6.9359	−5.660	−5.141	−2.699	−4.389	−7.195	−5.278	−6.409

由表 3.3 中的数据计算得

$$\bar{x}_1 = (25.3167, -2.4167)', \quad \bar{x}_2 = (22.025, -1.1875)',$$

$$\bar{x}_1 - \bar{x}_2 = (3.2917, -1.2292)', \quad \frac{1}{2}(\bar{x}_1 + \bar{x}_2) = (23.6708, -1.8021)',$$

$$A_1 = \begin{pmatrix} 11.0683 & -3.2883 \\ -3.2883 & 1.3483 \end{pmatrix}, \quad A_2 = \begin{pmatrix} 1.915 & -0.4425 \\ -0.4425 & 0.7488 \end{pmatrix},$$

$$\Sigma = \frac{1}{6+8-2}(A_1 + A_2) = \begin{pmatrix} 1.0819 & -0.3109 \\ -0.3109 & 0.1748 \end{pmatrix},$$

$$\Sigma^{-1} = \begin{pmatrix} 1.8910 & 3.3641 \\ 3.3641 & 11.7072 \end{pmatrix},$$

$$\beta = \frac{p_2}{p_1} = \ln\frac{8}{6} = 0.288,$$

将上述计算结果代入安德森线性判别函数得

$$2.0893x_1 - 3.3165x_2 - 55.4331.$$

为计算和验证方便, 取判别函数为

$$W(x) = W(x_1, x_2) = 2.0893x_1 - 3.3165x_2 - 55.4331,$$

判别限为 0.288, 将表 3.2 的数据代入 $W(x)$, 计算的结果添在表 3.3 中 $W(x_1, x_2)$ 相应的栏目中, 错判的只有一个, 即第 4 周周五的数据, 正确率为 92.9%.

对于此例, 同样可以采用 R 程序编制多总体的判别函数进行计算, 输出结果为:

	1	2	3	4	5	6	7	8	9	10	11	12	13	14
blong	1	1	1	2	1	1	2	2	2	2	2	2	2	2

易见第 4 号样本被错判.

如果采用协方差不同的算法, 这时使用贝叶斯判别函数 DAb(TrnX1, TrnX2, rate=8/6), (这里缺损的命令是协方差不同) 得到如下结果: 没有错判了!

	1	2	3	4	5	6	7	8	9	10	11	12	13	14
blong	1	1	1	1	1	1	2	2	2	2	2	2	2	2

实际中, 协方差是否相同, 通常需要进行统计检验, 但实际中, 直接选择效果最好的方法也是可行的, 而且往往检验的结果会印证数据分析的结果. 对于此例, 通过显著性检验, 协方差矩阵是显著不同的.

案例 3.7 采集 2014.10.14 的交通工具、旅游酒店板块的股票数据, 选取涨跌、涨幅、总手、量比、总额四个指标, 试进行贝叶斯判别分析.

首先进行协方差显著性检验, 发现两个板块的样本协方差显著不同, 因此采用协方差不同的贝叶斯判别, 得到

	1	2	3	4	5	6	7	8	9	10	11	12	13	14	15	16	17	18	19	20	21	22
blong	2	1	1	1	1	1	1	1	2	1	2	1	1	2	1	1	1	1	1	1	1	1

	23	24	25	26	27	28	29	30	31	32	33	34	35	36	37	38	39	40	41
blong	1	1	1	1	2	2	2	2	2	2	2	2	2	1	2	2	2	2	2

	42	43	44	45
blong	1	2	2	2

前 25 支股票是交通工具板块的股票, 后 20 支股票是旅游酒店板块的股票, 易见交通工具板块有 4 个错判, 旅游酒店有 3 个错判.

由于通过调整比率可以改变两个板块的错判率, 通过一段小程序连续的调整比率, 我们发现比率在 9/25 的时候可以实现交通工具板块完全无错判.

	1	2	3	4	5	6	7	8	9	10	11	12	13	14	15	16	17	18	19	20	21	22
blong	1	1	1	1	1	1	1	1	1	1	1	1	1	1	1	1	1	1	1	1	1	1

	23	24	25	26	27	28	29	30	31	32	33	34	35	36	37	38	39	40	41
blong	1	1	1	1	2	2	2	2	2	2	2	1	2	1	2	2	2	2	2

	42	43	44	45
blong	1	2	2	2

而当比率达到 583/25 时, 可以实现旅游酒店板块完全无错判.

	1	2	3	4	5	6	7	8	9	10	11	12	13	14	15	16	17	18	19	20	21	22
blong	2	2	2	2	2	2	1	1	2	1	2	1	2	2	2	2	1	1	2	2	1	1

	23	24	25	26	27	28	29	30	31	32	33	34	35	36	37	38	39	40	41
blong	2	1	1	2	2	2	2	2	2	2	2	2	2	2	2	2	2	2	2

	42	43	44	45
blong	2	2	2	2

3. 多总体的贝叶斯判别

贝叶斯判别的本质就是找到一种使得平均误判损失达到最小的判别方法.

如果样本有 k 类, 分别是 $X_1, X_2, \cdots, X_k$, 相应的先验概率设为 $p_1, p_2, \cdots, p_k$, 假定所有错判损失是相同的, 则判别区域可记为

$$R_i = \{x | p_i f_i(x) = \max_{1 \leqslant j \leqslant k} p_j f_j(x)\}, i = 1, 2, \cdots, k. \tag{3.40}$$

当 k 类总体的协方差阵相同, 即 $\Sigma_1 = \Sigma_2 = \cdots = \Sigma_k = \Sigma$, 此时概率密度函数为

$$f_j(x) = (2\pi)^{-p/2} |\Sigma|^{-1/2} \exp\left\{-\frac{1}{2}(x - \mu_j)' \Sigma^{-1} (x - \mu_j)\right\}, j = 1, 2, \cdots, k, \tag{3.41}$$

则计算函数

$$d_j(x) = \frac{1}{2}(x - \mu_j)' \Sigma^{-1} (x - \mu_j)\} - \ln p_j, j = 1, 2, \cdots, k, \tag{3.42}$$

在计算中, 上式的协方差 Σ 可用估计值 $\hat{\Sigma}$ 代替.

当 k 类总体的协方差阵不同, 此时的概率密度函数为

$$f_j(x) = (2\pi)^{-p/2}|\Sigma_j|^{-1/2}\exp\left\{-\frac{1}{2}(x-\mu_j)'\Sigma_j^{-1}(x-\mu_j)\right\}, j = 1, 2, \cdots, k, \quad (3.43)$$

计算函数为

$$d_j(x) = \frac{1}{2}(x-\mu_j)'\Sigma_j^{-1}(x-\mu_j)\} - \ln p_j - \frac{1}{2}\ln(|\Sigma_j|), j = 1, 2, \cdots, k, \quad (3.44)$$

实际计算中, 协方差 Σ_j 可用估计值 $\hat{\Sigma}_j$ 代替.

判别区域 (3.40) 等价于

$$R_i = \{x|d_i(x) = \min_{1\leqslant j\leqslant k} d_j(x)\}, i = 1, 2, \cdots, k. \quad (3.45)$$

案例 3.8　用贝叶斯判别对鸢尾花数据进行分析, 假设先验概率是相同的, 考虑方差不同的情况.

通过 R 程序计算, 得到如下的输出结果:

	1	2	3	4	5	6	7	8	9	10	11	12	13	14	15	16	17	18	19	20	21	22
blong	1	1	1	1	1	1	1	1	1	1	1	1	1	1	1	1	1	1	1	1	1	1

	23	24	25	26	27	28	29	30	31	32	33	34	35	36	37	38	39	40	41
blong	1	1	1	1	1	1	1	1	1	1	1	1	1	1	1	1	1	1	1

	42	43	44	45	46	47	48	49	50	51	52	53	54	55	56	57	58	59	60
blong	1	1	1	1	1	1	1	1	1	2	2	2	2	2	2	2	2	2	2

	61	62	63	64	65	66	67	68	69	70	71	72	73	74	75	76	77	78	79
blong	2	2	2	2	2	2	2	2	3	2	3	2	3	2	2	2	2	3	2

	80	81	82	83	84	85	86	87	88	89	90	91	92	93	94	95	96	97	98
blong	2	2	2	2	3	2	2	2	2	2	2	2	2	2	2	2	2	2	2

	99	100	101	102	103	104	105	106	107	108	109	110	111	112	113
blong	2	2	3	3	3	3	3	3	3	3	3	3	3	3	3

	114	115	116	117	118	119	120	121	122	123	124	125	126	127	128
blong	3	3	3	3	3	3	3	3	3	3	3	3	3	3	3

	129	130	131	132	133	134	135	136	137	138	139	140	141	142	143
blong	3	3	3	3	3	3	3	3	3	3	3	3	3	3	3

	144	145	146	147	148	149	150
blong	3	3	3	3	3	3	3

从计算结果发现, 只有第 69, 71, 73, 78, 84 号样本出现错判, 回带的判别正确率为 145/150=96.67%.

案例 3.9　续案例 3.3, 试对表 3.2 中的数据按照 3 总体各 6 样本进行贝叶斯判别分析.

在案例 3.3 中, 判别结果是没有任何误判. 但采用贝叶斯判别, 结果如下:

	1	2	3	4	5	6	7	8	9	10	11	12	13	14	15	16	17	18
blong	1	1	1	1	1	1	2	2	2	1	2	2	3	3	3	3	3	3

意外的是, 10 号华闻传媒出现了误判. 但如果考虑第二列, 就不会有误判了 (留作习题).

判别和聚类一样, 对变量和方法都很敏感, 变量选择的不同, 方法的不同, 都可能获得不同的判别结果, 这在实际中尤其需要留意. 因此, 从统计的角度, 任何方法都有局限, 需要开发不同的统计工具. 针对实际问题, 总会存在多种方法可供选择, 一定要通过多比较、多分析弄清各种统计方法的适用范围, 逐渐熟悉统计方法的选择和利用.

练　习　3

1. 证明定理 3.2.

2. 搜集两个板块的数据, 选择合适的变量, 进行距离判别和费歇判别.

3. 对表 3.2 的数据, 如果不用最后一列数据, 得到的贝叶斯判别分析结论是怎样的? 如果只选择部分列变量作判别分析呢? 要得到没有误判的结果, 最少用几列数据? 是哪几列?

4. 试比较距离判别、安德森判别、费歇判别和贝叶斯判别的异同.

5. 在两个投资品种之间进行判别: 基金 G_1 和债券 G_2, 选取的两个变量是: x_1 — 投资收益; x_2— 投资风险, 两个类的样本容量为 $n_1 = n_2 = 40$, 实际算得两个类的样本均值和样本协方差为:

$$\bar{x}_1 = \begin{pmatrix} 18.56 \\ 5.98 \end{pmatrix}, \quad \bar{x}_2 = \begin{pmatrix} 25.34 \\ 4.12 \end{pmatrix}, \quad S_1 = \begin{pmatrix} 8.120 & \\ 4.458 & 4.350 \end{pmatrix}, \quad S_1 = \begin{pmatrix} 9.661 & \\ 3.720 & 3.410 \end{pmatrix}$$

试建立 G_1, G_2 的贝叶斯判别函数.

6. 对第 2 题的数据, 进行贝叶斯判别分析.

7. 如何理解错判的不可避免?

8. 举例说明贝叶斯判别的统计意义.

第 4 章　主成分分析

主成分分析(principal component analysis) 是 1901 年皮尔逊对非随机变量引入的, 1933 年霍特林 (Hotelling) 将此方法推广到随机向量的情形, 主成分分析和聚类分析有很大的不同, 它有严格的统计理论作为基础.

主成分分析的主要目的是希望用较少的变量去解释原来资料中的大部分变异, 将我们手中许多相关性很高的变量转化成彼此相互独立或不相关的变量. 通常是选出比原始变量个数少, 能解释大部分资料中的变异的几个新变量, 即所谓主成分, 并用以解释资料的综合性指标. 由此可见, 主成分分析实际上是一种降维方法.

一、基本思想

如果用 $x_1, x_2, \cdots, x_p$ 表示 p 门课程的成绩, $c_1, c_2, \cdots, c_p$ 表示各门课程的权重, 那么加权之和就是

$$s = c_1x_1 + c_2x_2 + \cdots + c_px_p, \tag{4.1}$$

每个学生都对应一个这样的综合成绩, 记为 $s_1, s_2, \cdots, s_n$, n 为学生人数. 我们希望选择适当的权重能更好的区分学生的成绩.

如果这些值很分散, 表明区分得好, 即是说, 需要寻找这样的加权, 能使 $s_1, s_2, \cdots, s_n$ 尽可能的分散, 下面来看它的统计定义.

设 $X_1, X_2, \cdots, X_p$ 表示以 $x_1, x_2, \cdots, x_p$ 为样本观测值的随机变量, 如果能找到 $c_1, c_2, \cdots, c_p$, 使得

$$\mathrm{var}(c_1X_1 + c_2X_2 + \cdots + c_pX_p) \tag{4.2}$$

的值达到最大, 则由于方差反映了数据差异的程度, 因此也就表明我们抓住了这 p 个变量的最大变异. 当然, (4.2) 必须加上某种限制, 否则权值可选择无穷大而没有意义, 通常规定

$$c_1^2 + c_2^2 + \cdots + c_p^2 = 1, \tag{4.3}$$

在此约束下, 求 (4.2) 的最优解. 由于这个解是 p 维空间的一个单位向量, 它代表一个 “方向”, 它就是常说的主成分方向.

一个主成分不足以代表原来的 p 个变量, 因此需要寻找第二个乃至第三、四个主成分, 第二个主成分不应该再包含第一个主成分的信息, 统计上的描述就是让这两个主成分的协方差为零, 几何上就是这两个主成分的方向正交. 具体确定各个主成分的方法如下.

设 Z_i 表示第 i 个主成分, $i=1,2,\cdots,p$, 可设

$$\begin{cases} Z_1 = c_{11}X_1 + c_{12}X_2 + \cdots + c_{1p}X_p, \\ Z_2 = c_{21}X_1 + c_{22}X_2 + \cdots + c_{2p}X_p, \\ \qquad\vdots \\ Z_p = c_{p1}X_1 + c_{p2}X_2 + \cdots + c_{pp}X_p, \end{cases} \tag{4.4}$$

其中对每一个 i, 均有 $c_{i1}^2 + c_{i2}^2 + \cdots + c_{ip}^2 = 1$, 且 $(c_{11}, c_{12}, \cdots, c_{1p})$ 使得 $\mathrm{var}(Z_1)$ 的值达到最大; $(c_{21}, c_{22}, \cdots, c_{2p})$ 不仅垂直于 $(c_{11}, c_{12}, \cdots, c_{1p})$, 而且使 $\mathrm{var}(Z_2)$ 的值达到最大; $(c_{31}, c_{32}, \cdots, c_{3p})$ 同时垂直于 $(c_{11}, c_{12}, \cdots, c_{1p})$ 和 $(c_{21}, c_{22}, \cdots, c_{2p})$, 并使 $\mathrm{var}(Z_3)$ 的值达到最大; 以此类推可得全部 p 个主成分, 这项工作用笔算是很烦琐的, 但借助于计算机很容易完成. 剩下的是如何确定主成分的个数, 总结在下面几个注意事项中.

(1) 主成分分析的结果受量纲的影响, 由于各变量的单位可能不一样, 如果各自改变量纲, 比如某个变量将米换成厘米, 结果会不一样, 这是主成分分析的最大问题, 实际中可以先把各变量的单位标准化, 然后再使用协方差矩阵或相关系数矩阵进行分析, 从而完全避免受量纲的影响.

(2) 为使方差达到最大的主成分分析不用转轴 (由于统计软件常把主成分分析和因子分析放在一起, 后者往往需要转轴, 使用时应留意).

(3) 成分的保留: 用相关系数矩阵求主成分时, *Kaiser* 主张将特征值小于 1 的主成分予以放弃 (这也是 R 软件的默认值).

(4) 在实际研究中, 由于主成分的目的是为了降维, 减少变量的个数, 故一般选取少量的主成分, 只要它们能解释变异的 70%~80%(称累积贡献率) 就行了.

二、样本主成分

设有 p 个随机变量 $X_1, \cdots, X_p$, 它们在第 i 次试验中的取值为

$$x_{i1}, x_{i2}, \cdots, x_{ip}, \quad i = 1, \cdots, n.$$

将它们写成矩阵形式

$$X = (x_1, x_2, \ldots, x_p) = \begin{pmatrix} x_{11} & x_{12} & \cdots & x_{1p} \\ x_{21} & x_{22} & \cdots & x_{2p} \\ \vdots & \vdots & & \vdots \\ x_{n1} & x_{n2} & \cdots & x_{np} \end{pmatrix}, \tag{4.5}$$

(4.5) 即样本数据矩阵, 假定 X 已经标准化 (即 X 的每个分量 x_i 均已标准化, 如果未标准化, 需要作变量的标准化变换 $(x_{ij}-\bar{x}_j)/\sqrt{s_{jj}}$, 其中 $\bar{x}_j, s_j^2$ 为 x_j 的均值和样本方差).

考虑任意一个线性组合

$$z = c_1x_1 + \cdots + c_px_p, \quad \sum_{j=1}^{p} c_j^2 = 1, \tag{4.6}$$

将 z 视为一个新的变量. 于是 z 在第 i 次试验中的取值为

$$z_i = c_1x_{i1} + \cdots + c_px_{ip}, \quad i = 1, \cdots, n. \tag{4.7}$$

由于 x 已经标准化, 因此

$$\bar{z} = \frac{1}{n}\sum_{i=1}^{n}\sum_{j=1}^{p} c_jx_{ij} = \frac{1}{n}\sum_{j=1}^{p} c_j \sum_{i=1}^{n} x_{ij} = 0, \tag{4.8}$$

记 $l = (c_1, c_2 \cdots, c_p)'$, 则样本方差为

$$s^2 = \frac{1}{n-1}\sum_{i=1}^{n}(z_i-\bar{z})'(z_i-\bar{z}) = \frac{1}{n-1}\sum_{i=1}^{n} z_i'z_i = \frac{1}{n-1}(Xl)'(Xl). \tag{4.9}$$

对于新变量 z 来说, 如果在 n 次试验之下它的取值变化不大, 即是说 s^2 较小, 则这个新变量可以去掉. 反之, s^2 较大, 那么这个新变量有较大的变化, 它的作用比较明显. 注意到 z_i 的取值与 c_i 的选取有关. 因此总是希望所选择的 $c_i(i = 1, \cdots, p)$, 使 s^2 达到最大.

如果 $X'X$ 的特征值依次为 $\lambda_1 \geqslant \lambda_2 \geqslant \cdots \geqslant \lambda_p$, 它们所对应的标准化正交特征向量为 $\eta_1, \eta_2 \cdots, \eta_p$, 则 $s = (Xl)'(Xl)/(n-1)$ 的最大值在 $l = \eta_1$ 时达到, 且最大值为 $\lambda_1/(n-1)$. 此时新变量 z 即为

$$z = X\eta_1,$$

常记 $z_1 = X\eta_1$, 并称之为自变量的第一主成分. 一般地, 如果已经确定了 k 个主成分

$$z_i = X\eta_i, \quad i = 1, \cdots, k, \tag{4.10}$$

则第 $k+1$ 个主成分 $z_{k+1} = Xl$ 可由下面两个条件决定:

(1) $l'\eta_i = 0$, $i = 1, \cdots, k$, $l'l = 1$;

(2) 在条件 (1) 之下, 使 s^2 达到最大.

由二次型的条件极值可知, 第 $k+1$ 个主成分就是 $z_{k+1} = X\eta_{k+1}$, 这样, 总共可以找到 p 个主成分 $z_i = X\eta_i, i = 1, \cdots, p$.

将 $x_1,\cdots,x_p$ 变换为主成分 $z_1,\cdots,z_p$, 令

$$Z=(Z_1,Z_2,\ldots,Z_p)=\begin{pmatrix} z_{11} & z_{12} & \cdots & z_{1p} \\ z_{21} & z_{22} & \cdots & z_{2p} \\ \vdots & \vdots & & \vdots \\ z_{n1} & z_{n2} & \cdots & z_{np} \end{pmatrix}, \tag{4.11}$$

记 $Q=(\eta_1\vdots\eta_2\vdots\cdots\vdots\eta_p)_{p\times p}$, Q 为标准化正交阵, 且 $Z=XQ$, 这就是样本主成分. 其中

$$Z'Z=Q'X'XQ=Q'(X'X)Q=\Lambda=\begin{pmatrix} \lambda_1 & & 0 \\ & \ddots & \\ 0 & & \lambda_p \end{pmatrix}, \tag{4.12}$$

由 (4.12) 可知, $X'X$ 的特征值 λ_i 度量了第 i 个主成分 z_i 在 n 次试验中取值变化的大小.

对于样本主成分有如下的性质:

(1) $\mathrm{var}(Z_i)=\lambda_i/(n-1), i=1,2,\cdots,p$;

(2) $\mathrm{cov}(Z_i,Z_j)$=0, $i,j=1,2,\cdots,p$, $i\neq j$;

(3) 样本的总方差为 $\dfrac{1}{n-1}\sum_{i=1}^{p}\lambda_i$.

案例 4.1　已知样本数据矩阵分别为

$$X=(x_1,x_2,x_3)=\begin{pmatrix} 2 & 2 & 0 \\ 0 & 1 & 1 \\ 1 & 0 & 2 \end{pmatrix},\quad Y=(x_1,x_2,x_3,x_4)=\begin{pmatrix} 1 & 2 & 3 & 0 \\ 2 & 0 & 1 & 3 \\ 2 & 3 & 0 & 1 \\ 5 & 1 & 1 & 2 \end{pmatrix}$$

$$D=\begin{pmatrix} 18.24 & 10.61 & 12.37 & 15.52 & 19.67 \\ 17.98 & 10.28 & 11.68 & 15.3 & 19.42 \\ 18.04 & 10.33 & 11.66 & 15.36 & 19.21 \\ 18.04 & 10.46 & 11.76 & 15.57 & 17.96 \\ 18.89 & 10.81 & 11.79 & 15.61 & 18.09 \\ 19.3 & 10.93 & 11.96 & 15.84 & 18.26 \\ 18.85 & 10.81 & 11.8 & 15.84 & 18.26 \\ 18.74 & 10.63 & 11.56 & 15.67 & 18.34 \\ 18.51 & 10.46 & 11.42 & 15.13 & 18.03 \end{pmatrix}$$

第 3 个数据表来自沪深 300 中的 5 只成分股的 9 天日线数据, 试求出它们各自的全部样本主成分.

解　首先需要将 $\boldsymbol{X}$ 按列标准化, 得到

$$X^* = \begin{pmatrix} 1 & 1 & -1 \\ -1 & 0 & 0 \\ 0 & -1 & 1 \end{pmatrix}, \text{从而 } X^{*'}X^* = \begin{pmatrix} 2 & 1 & -1 \\ 1 & 2 & -2 \\ -1 & -2 & 2 \end{pmatrix},$$

所以

$$X^{*'}X^* - \lambda E = \begin{pmatrix} 2-\lambda & 1 & -1 \\ 1 & 2-\lambda & -2 \\ -1 & -2 & 2-\lambda \end{pmatrix} = -\lambda(\lambda^2 - 6\lambda + 6)$$

得特征根

$$\lambda_1 = \frac{6+\sqrt{12}}{2} = 4.73, \lambda_2 = \frac{6-\sqrt{12}}{2} = 1.27, \lambda_3 = 0,$$

将特征值分别代入 $(X^{*'}X^* - \lambda E)\eta = 0$, 并求解得到对应的 3 个特征向量为

$$\eta_1' = (-0.46, -0.63, 0.63), \quad \eta_2' = (0.89, -0.33, 0.33), \quad \eta_3' = (0, 0.71, 0.71).$$

因此三个主成分依次为:

$$X^*\eta_1 = (-1.72, 0.46, 1.26), \quad X^*\eta_2 = (0.24, -0.89, 0.65), \quad X^*\eta_3 = (0, 0, 0).$$

而对于 Y 和 D, 笔算就很麻烦了, 使用程序进行计算是必须的. 用 R 软件进行计算, 仍然需要先对数据按列进行标准化, 然后得到 $Y^{*'}Y^*$ 的 4 个特征值依次为 6.71, 3.43, 1.86, 0, 对应的特征向量矩阵

$$\begin{pmatrix} 0.46 & 0.25 & 0.85 & 0.03 \\ -0.49 & 0.63 & 0.05 & 0.6 \\ -0.37 & -0.72 & 0.4 & 0.42 \\ 0.64 & -0.12 & -0.34 & 0.68 \end{pmatrix},$$

从而得到它的全部样本主成分矩阵为

$$\begin{pmatrix} -1.84 & -0.85 & 0.24 & -8.64 \\ 1.25 & -0.8 & -0.78 & -6.9 \\ -0.59 & 1.42 & -0.45 & 1.88 \\ 1.18 & 0.23 & 0.99 & -3.23 \end{pmatrix},$$

而 D 标准化后, $D^{*'}D^*$ 的 5 个特征值依次为 23.17, 12.37, 2.67, 1.72, 0.05, 对应的特征向量矩阵

$$\begin{pmatrix} -0.54 & -0.13 & 0.59 & 0.23 & -0.53 \\ -0.58 & 0.09 & 0.24 & -0.12 & 0.77 \\ -0.15 & 0.74 & -0.01 & -0.58 & -0.29 \\ -0.5 & 0.2 & -0.7 & 0.45 & -0.12 \\ 0.32 & 0.62 & 0.33 & 0.62 & 0.16 \end{pmatrix},$$

从而得到它的全部样本主成分矩阵为

$$\begin{pmatrix} 0.47 & 2.72 & 0.23 & -0.42 & 0.02 \\ 2.37 & 0.34 & 0.12 & 0.43 & -0.02 \\ 1.95 & 0.14 & -0.04 & 0.4 & 0.02 \\ 0.49 & -0.53 & -1.17 & -0.65 & -0.06 \\ -1.42 & -0.39 & 0.21 & -0.26 & 0.13 \\ -2.51 & 0.38 & 0.52 & 0.05 & -0.13 \\ -1.81 & 0.01 & -0.46 & 0.32 & 0.09 \\ -0.67 & -0.76 & -0.22 & 0.61 & -0.03 \\ 1.14 & -1.92 & 0.81 & -0.49 & 0 \end{pmatrix},$$

可见, 最后一个主成分 (最后一列) 含有的信息已经很少, 所有信息基本上都集中到前两个主成分了. 后面我们通过贡献率来刻画这一个特征.

案例 4.2 通过 R 软件考察沪深全部 A 股股票组成的样本矩阵, 数据来自 2014 年 9 月 30 日的收盘数据, 剔除停盘和有其它缺失的股票样本, 然后选择 20 个实时指标 (最新、涨跌、涨幅、总手、换手率、现手、总额、昨收、今开、最高、最低、买一价、市净率、内盘、总额、均价、委比、委差、总市值、流通市值), 得到一个 2271 行 20 列的样本数据矩阵.

计算获得样本协方差矩阵的全部 20 个特征值如下:

1.712451e + 04	9.701664e + 03	4.411715e + 03	3.726661e + 03	2.699358e + 03
2.272522e + 03	1.958528e + 03	1.703190*e* + 03	1.081995e + 03	4.918712e + 02
1.764412e + 02	4.926274e + 01	1.300209e + 00	6.019790e − 01	2.968848e − 01
7.761689e − 02	1.789614e − 03	5.256917e − 12	5.386202e − 13	6.731178e − 14

易见, 条件数 $t = 2.544058\text{e} + 17$, 后面几个主成分几乎是零向量, 基本不含信息了, 尤其是最后三个主成分, 与前面主成分相比, 差别特别明显.

特别需要注意的是, 用 R 程序中的主成分函数 (princomp) 分析时, 得到的标准差

Standard deviations:

Comp.1	Comp.2	Comp.3	Comp.4	Comp.5
2.746000e + 00	2.066877e + 00	1.393783e + 00	1.281007e + 00	1.090239e + 00
Comp.6	Comp.7	Comp.8	Comp.9	Comp.10
1.000335e + 00	9.286590e − 01	8.660102e − 01	6.902464e − 01	4.653901e − 01
Comp.11	Comp.12	Comp.13	Comp.14	Comp.15
2.787350e − 01	1.472824e − 01	2.392754e − 02	1.628104e − 02	1.143366e − 02
Comp.16	Comp.17	Comp.18	Comp.19	Comp.20
5.846144e − 03	8.877099e − 04	1.868288e − 08	0.000000e + 00	0.000000e + 00

是根据相关系数矩阵获得的, 用命令 princomp(covmat=ZZ), 得到的标准差就会跟上面的特征值一致了 (验证留作课后练习).

R 程序计算预测值时, 由于行数太多, 窗口显示不全, 这个时候需要将运算结果输出到文件查看.

图 4.1 是碎石图 (主成分按大小秩序标记在图上).

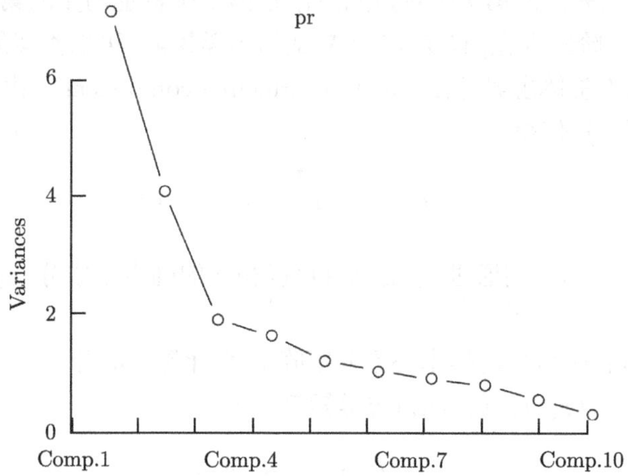

图 4.1　碎石图

还可以通过 R 软件作出散点图进行直观的分析 (留作课后练习).

三、特征值因子的筛选

实际中确定方程组 (4.4) 中的系数就是采用式 (4.12) 中的特性向量. 因此, 剩下的问题仅仅是将 $X'X$ 的特征值按由大到小的次序排列之后, 如何筛选这些特征值? 一个实用的方法是删去 $\lambda_{r+1}, \cdots, \lambda_p$ 后, 这些删去的特征值之和占整个特征值之和 $\Sigma\lambda_i$ 的 15%以下, 换句话说, 余下的特征值所占的比重 (定义为累积贡献率)

将超过 85%,

当然这不是一种严格的规定 (也有将累积贡献率定在 70%以上的), 近年来文献中关于这方面的讨论很多, 有很多比较成熟的方法, 但限于篇幅, 这里不一一介绍, 感兴趣的读者可参阅相关文献.

单纯考虑累积贡献率有时是不够的, 还需要考虑选择的主成分对原始变量的贡献值, 我们用相关系数的平方和来表示, 如果选取的主成分为 $Z_1, Z_2, \cdots, Z_r$, 则它们对原变量 X_i 的贡献值为

$$\rho_i = \sum_{j=1}^{r} r^2(Z_j, X_i) = \sum_{j=1}^{r} \frac{\lambda_j}{s_{ii}} \eta_{ij}^2. \tag{4.13}$$

因为 $X_i = \eta_{i1}Z_1 + \eta_{i2}Z_2 + \cdots + \eta_{ip}Z_p, i = 1, \cdots, p$, 对 $j = 1, \cdots, r$,

$$r(Z_j, X_i) = \frac{\mathrm{cov}(Z_j, X_i)}{\sqrt{\mathrm{var}(Z_j)}\sqrt{\mathrm{var}(X_i)}} = \sqrt{\frac{\lambda_j}{s_{ii}}}\eta_{ij},$$

这是主成分 Z_j 与原变量 X_i 的相关系数, 称为**因子载荷**(factor loading). 上式中, s_{ii} 是样本协方差阵 S 的第 i 个对角元, η_{ij} 是第 j 个特征向量的第 i 个分量.

如果 X 的二阶矩存在, 设 Σ 表示 X 的协方差矩阵, 可以类似的计算特征值和确定主成分, 称为**总体主成分**(population principal component). 由于 $\mathrm{var}(X) = \Sigma$, 如果存在正交阵 Q, 使得

$$Q'\Sigma Q = \mathrm{diag}(\lambda_1, \lambda_2, \cdots \lambda_p),$$

且 $\lambda_1 \geqslant \lambda_2 \geqslant \cdots \geqslant \lambda_p$, 则通过 Q 的列就可以相应的确定主成分. Q 的第 i 列就是 λ_i 的特征向量.

如果 Σ 未知, 也可以用样本协方差矩阵 S 来计算主成分.

例如, 设 $X = (x_1, x_2, x_3)$ 的协方差矩阵

$$\Sigma = \begin{pmatrix} 1 & -2 & 0 \\ -2 & 5 & 0 \\ 0 & 0 & 2 \end{pmatrix},$$

则可算得 $\lambda_1 = 5.83, \lambda_2 = 2, \lambda_3 = 0.17$, 对应特征向量分别为 $(-0.38,\ 0.92,\ 0)$, $(0,\ 0,\ 1)$,$(0.92,0.38,0)$. 如果我们仅取第一个主成分, 由于其累积贡献率已经达到 $\lambda_1/\Sigma\lambda_i$=72.875%, 已经很理想了, 但如果进一步计算主成分对原变量的贡献值, 容易发现

$$\rho_3 = r^2(z_1, x_3) = \frac{\lambda_1}{s_{33}}\eta_{31}^2 = 0,$$

可见, 第一个主成分对第三个变量的贡献值为 0, 这是因为 x_3 和 x_1, x_2 都不相关. 由于在第一个主成分中一点也不包含 x_3 的信息, 这时只选择一个主成分就不够了, 需要再取第二个主成分, 这时, 累积贡献率达到 97.872%, (z_1, z_2) 对三个原始变量 x_1, x_2, x_3 的贡献值分别为

$$\begin{aligned}
\rho_1 &= \frac{\lambda_1}{s_{11}}\eta_{11}^2 + \frac{\lambda_2}{s_{11}}\eta_{12}^2 = \frac{5.83}{1}0.38^2 + \frac{2}{1} \times 0 = 0.84, \\
\rho_2 &= \frac{\lambda_1}{s_{22}}\eta_{21}^2 + \frac{\lambda_2}{s_{22}}\eta_{22}^2 = \frac{5.83}{5}0.92^2 + \frac{2}{5} \times 0 = 0.99, \\
\rho_3 &= \frac{\lambda_1}{s_{33}}\eta_{31}^2 + \frac{\lambda_2}{s_{33}}\eta_{32}^2 = \frac{5.83}{2} \times 0 + \frac{2}{2} \times 1 = 1,
\end{aligned}$$

都比较高, 因而效果良好.

案例 4.3　研究纽约股票市场上五种股票的周回升率. 这里, 周回升率= (本星期五市场收盘价−上星期五市场收盘价)/上星期五市场收盘价. 从 1975 年 1 月到 1976 年 12 月, 对这五种股票作了 100 组独立观测. 因为随着一般经济状况的变化, 股票有集聚的趋势, 因此, 不同股票周末回升率是彼此相关的.

设 $x_1, x_2, \cdots, x_5$ 分别为五只股票的周回升率, 则从数据算得

$$\bar{x}' = (0.0054, 0.0048, 0.0057, 0.0063, 0.0037),$$

$$R = \begin{pmatrix} 1.00 & 0.58 & 0.51 & 0.39 & 0.46 \\ 0.58 & 1.00 & 0.60 & 0.39 & 0.32 \\ 0.51 & 0.60 & 1.00 & 0.44 & 0.43 \\ 0.39 & 0.39 & 0.44 & 1.00 & 0.52 \\ 0.46 & 0.32 & 0.43 & 0.52 & 1.00 \end{pmatrix},$$

这里 R 为标准化变量

$$\tilde{x}_i = \frac{x_i' - \bar{x}'}{\sqrt{s_{ii}}}, \quad i = 1, 2, 3, 4, 5.$$

的协方差矩阵, 也就是相关系数矩阵. R 的特征值和前两个标准正交特征向量为

$$\begin{aligned}
&\lambda_1 = 2.86, \lambda_2 = 0.81, \lambda_3 = 0.54, \lambda_4 = 0.45, \lambda_5 = 0.34, \\
&\eta_1' = (0.46, 0.46, 0.47, 0.42, 0.42), \\
&\eta_2' = (0.24, 0.51, 0.25, -0.52, -0.59).
\end{aligned}$$

标准化变量的前两个主成分为

$$\begin{aligned}
z_1 &= 0.46\tilde{x}_1 + 0.46\tilde{x}_2 + 0.47\tilde{x}_3 + 0.42\tilde{x}_4 + 0.42\tilde{x}_5, \\
z_2 &= 0.24\tilde{x}_1 + 0.51\tilde{x}_2 + 0.25\tilde{x}_3 - 0.52\tilde{x}_4 - 0.59\tilde{x}_5,
\end{aligned}$$

它们的累积贡献率为

$$\frac{\lambda_1+\lambda_2}{\lambda_1+\lambda_2+\lambda_3+\lambda_4+\lambda_5}\times 100\% = 73\%.$$

这两个主成分具有重要的实际解释, 第一主成分大约等于这五种股票周回升率和的一个常数倍, 通常称为股票市场主成分, 简称市场主成分; 第二主成分代表化学股票 (在 z_2 中系数为正的第二、三只股票都是化学工业上市企业) 和石油股票 (在 z_2 中系数为负的两只股票恰好都为石油板块的上市企业) 的一个对照, 称之为工业主成分. 这说明, 这些股票周回升率的大部分变差来自市场活动和与它不相关的工业活动.

关于股票价格的这个结论与经典的证券理论吻合. 至于其它主成分解释较为困难, 很可能表示每种股票自身的变差, 好在它们的贡献率很小, 可以忽略不计.

为了和上例对照, 下面考虑中国市场的周回升率.

案例 4.4 选取中国南车、浦发银行、华夏银行、民生银行、招商银行、保利地产、中国联通、上汽集团、中国石化等 9 支股票, 计算 2010.07.02—2014.10.17 共 220 组周回升率数据, 试进行主成分分析.

首先获得这些股票数据的相关系数矩阵如下:

	中国南车	浦发银行	华夏银行	民生银行	招商银行	保利地产	中国联通	上汽集团	中国石化
中国南车	1.0000000	0.3945061	0.4011931	0.3506617	0.4284802	0.4267059	0.3854214	0.3386593	0.2973216
浦发银行	0.3945061	1.0000000	0.8382566	0.7532916	0.8345815	0.4861500	0.4159281	0.3068499	0.5056026
华夏银行	0.4011931	0.8382566	1.0000000	0.7596295	0.8119557	0.5103934	0.4293399	0.3249910	0.4765326
民生银行	0.3506617	0.7532916	0.7596295	1.0000000	0.7329851	0.4483261	0.4252008	0.2690313	0.4321608
招商银行	0.4284802	0.8345815	0.8119557	0.7329851	1.0000000	0.5373029	0.4480820	0.2946729	0.5628736
保利地产	0.4267059	0.4861500	0.5103934	0.4483261	0.5373029	1.0000000	0.3593746	0.2916604	0.3375472
中国联通	0.3854214	0.4159281	0.4293399	0.4252008	0.4480820	0.3593746	1.0000000	0.2685284	0.4519108
上汽集团	0.3386593	0.3068499	0.3249910	0.2690313	0.2946729	0.2916604	0.2685284	1.0000000	0.1745448
中国石化	0.2973216	0.5056026	0.4765326	0.4321608	0.5628736	0.3375472	0.4519108	0.1745448	1.0000000

计算得到全部特征值和三个标准正交特征向量

$$\lambda_1=4.84, \lambda_2=1, \lambda_3=0.8, \lambda_4=0.67, \lambda_5=0.55, \lambda_6=0.53, \lambda_7=0.28, \lambda_8=0.18, \lambda_9=0.15,$$
$$\eta_1' = (0.27, 0.4, 0.4, 0.37, 0.41, 0.3, 0.28, 0.2, 0.29),$$
$$\eta_2' = (0.51, -0.24, -0.2, -0.25, -0.2, 0.21, 0.22, 0.65, -0.14),$$
$$\eta_3' = (-0.11, 0.19, 0.22, 0.19, 0.09, 0.08, -0.62, 0.38, -0.57).$$

标准化变量的前三个主成分为

$$z_1=0.27\tilde{x}_1+0.4\tilde{x}_2+0.4\tilde{x}_3+0.37\tilde{x}_4+0.41\tilde{x}_5+0.3\tilde{x}_6+0.28\tilde{x}_7+0.2\tilde{x}_8+0.29\tilde{x}_9,$$
$$z_2=0.51\tilde{x}_1-0.24\tilde{x}_2-0.2\tilde{x}_3-0.25\tilde{x}_4-0.2\tilde{x}_5+0.21\tilde{x}_6+0.22\tilde{x}_7+0.65\tilde{x}_8-0.14\tilde{x}_9,$$
$$z_3=-0.11\tilde{x}_1+0.19\tilde{x}_2+0.22\tilde{x}_3+0.19\tilde{x}_4+0.09\tilde{x}_5+0.08\tilde{x}_6-0.62\tilde{x}_7+0.38\tilde{x}_8-0.57\tilde{x}_9.$$

它们的累积贡献率为

$$\frac{\lambda_1+\lambda_2+\lambda_3}{\lambda_1+\lambda_2+\cdots+\lambda_8+\lambda_9}\times 100\%=73.8\%.$$

这三个主成分具有重要的实际解释, 第一主成分中, 9 支股票的影响大致相当, 可以称为股票市场主成分, 简称市场主成分; 第二主成分代表银行股票 (在 z_2 中系数为负的第二、三、四、五只股票都是银行股) 和车辆工业股票 (在 z_2 中系数为正的第一、八只股票) 的一个对照, 称之为银行与车辆主成分; 第三主成分代表银行股票与通信石化股票的一个对照, 称之为银行与通信石化主成分. 这说明, 这些股票周回升率的大部分变差来自市场活动和与它不相关的银行股与车辆通信石化股的对照情况.

案例 4.5　选取 2012 年 4 月 13 日上证 50 成分股, 为准确把握每支股票的财务状况, 特选以下八个变量作为衡量指标: x1-总资产 (万); x2-主营收入; x3-投资收益; x4-每股净资; x5-每股收益; x6-流动比率 (%); x7-资产负债率 (%); x8-净资产收益率 (%).

因为包钢股份、中金黄金、山东黄金、金钼股份这四支股票部分信息缺失, 特将其剔除, 故有效样本为 46.

在 R 软件中, 对原始数据进行无量纲化处理. 即对原始数据标准化, 构造相关系数矩阵 (表 4.1).

表 4.1　相关系数表

	x1	x2	x3	x4	x5	x6	x7	x8
x1	1.00	−0.028	0.076	−0.133	−0.075	−0.418	−0.449	0.081
x2	−0.028	1.000	0.056	−0.036	−0.067	0.002	0.171	−0.084
x3	0.076	0.056	1.000	0.219	0.012	−0.314	−0.308	−0.130
x4	−0.133	−0.036	0.219	1.000	0.854	0.137	−0.253	0.189
x5	−0.075	−0.067	0.012	0.854	1.000	0.332	−0.150	0.561
x6	−0.418	0.002	−0.314	0.137	0.332	1.000	0.585	0.238
x7	−0.449	0.171	−0.308	−0.253	−0.150	0.585	1.000	−0.08
x8	0.081	−0.084	−0.130	0.189	0.561	0.238	−0.08	1.000

然后进行主成分分析, 得到标准差分别为: 1.52, 1.46, 1.09, 0.98, 0.79, 0.7, 0.52, 0.21, 方差贡献率分别为: 0.29, 0.26, 0.15, 0.12, 0.08, 0.06, 0.03, 0.01, 可见, 前 3 个主成分的累计贡献率才勉强超过 70%. 因子载荷矩阵如下:

	Z_1	Z_2	Z_3	Z_4	Z_5	Z_6	Z_7	Z_8
x_1	0.224	0.386	0.410	0.362		0.697		
x_2		−0.117	−0.441	0.860	−0.125	−0.134	0.122	
x_3		0.356	−0.559	−0.111	0.696	0.228		
x_4	−0.491	0.307	−0.325		−0.353	0.121	−0.182	−0.614
x_5	−0.604	0.231			−0.130		−0.150	0.729
x_6	−0.409	−0.429			0.135	0.446	0.650	
x_7		−0.604			0.178	0.310	−0.699	
x_8	−0.399	0.115	0.456	0.316	0.553	−0.359		−0.273

前四个主成分的累积贡献率达到了 82%, 表明提取前四个主成分可以基本反映全部 8 个指标所具有的信息, 这样既减少了指标变量的个数, 又便于对问题进行全面分析和研究.

同时可以得到主成分表达式

$$Z_1 = 0.224x_1 - 0.491x_4 - 0.604x_5 - 0.409x_6 - 0.399x_8$$
$$Z_2 = 0.386x_1 - 0.117x_2 + 0.356x_3 + 0.307x_4 + 0.231x_5 - 0.429x_6 - 0.604x_7 + 0.115x_8$$
$$Z_3 = 0.410x_1 - 0.441x_2 - 0.559x_3 - 0.325x_4 + 0.456x_8$$
$$Z_4 = 0.362x_1 + 0.860x_2 - 0.111x_3 + 0.316x_8$$

由此可以计算主成分得分并进行排序. 在主成分分析中, 主成分得分是根据主成分表达式将标准化后的数据代入而得到的. 先求出各主成分的得分 f1, f2, f3, f4, 以各主成分的方差贡献率 α_i 作为权数, 构造综合评价函数 $f = \sum_{i=1}^{4} \alpha_i f_i$, 就可得到主成分的综合得分 f 并进行排序. 主成分得分及排名如表 4.2.

表 4.2 主成分得分排名

	f1	f2	f3	f4	f	排名
工商银行	2.135235	3.040826	2.571729	1.634336	1.998736	1
农业银行	2.060097	2.057814	2.483958	1.169885	1.64799	2
交通银行	1.029803	1.423434	1.153762	0.214102	0.870907	3
光大银行	1.395735	0.736852	0.735373	−0.168	0.686304	4
中国人寿	1.43656	3.153931	−3.15768	−1.16857	0.639136	5
民生银行	0.616832	1.26535	0.78698	−0.02525	0.626898	6
招商银行	−0.00641	1.682812	0.645979	0.029517	0.543676	7
浦发银行	0.163827	1.548204	0.555645	−0.09172	0.529051	8
海通证券	1.217396	0.748468	−0.20012	−0.79008	0.424307	9
北京银行	0.320756	1.181385	0.208702	−0.37891	0.391004	10
中国太保	0.555029	1.803149	−1.15605	−0.8402	0.364786	11
兴业银行	−0.74476	1.920122	0.449272	−0.02479	0.358237	12
华夏银行	0.094248	1.374419	0.049227	−0.36692	0.354647	13
中信证券	0.39199	1.591562	−0.74303	−0.70089	0.339959	14

续表

	f1	f2	f3	f4	f	排名
中国石油	0.821129	−0.2219	−2.21921	3.356107	0.249157	15
中国平安	−0.97145	3.321283	−1.98912	−0.71889	0.218139	16
大秦铁路	0.569543	−0.04201	0.235627	−0.39562	0.140502	17
中国国航	0.687494	−0.4157	0.171837	−0.19185	0.090357	18
中国联通	1.577349	−0.95262	−0.52815	−0.34431	0.081797	19
长江电力	1.051291	−0.54543	−0.07836	−0.53982	0.08179	20
中国石化	0.56941	−0.97664	−2.33973	4.362315	0.079305	21
紫金矿业	0.481275	−0.94264	0.793244	−0.07719	−0.00238	22
中国铝业	1.277702	−1.10361	−0.56144	−0.6031	−0.0804	23
宝钢股份	0.573518	−0.89997	−0.51729	−0.2727	−0.18301	24
葛洲坝	0.363483	−1.4186	0.186906	−0.33009	−0.28292	25
三一重工	−1.15318	−1.04013	1.564153	0.630453	−0.29918	26
中国南车	0.53026	−1.8564	0.323687	−0.10749	−0.30389	27
西部矿业	0.253736	−1.09046	−0.10603	−0.68166	−0.31328	28
中煤能源	−0.27425	−0.71596	−0.02255	−0.445	−0.32527	29
中国北车	0.670475	−1.90266	0.029618	−0.25208	−0.33687	30
中国建筑	0.531895	−1.84245	−0.20301	0.209315	−0.34018	31
兖州煤业	−0.95605	−0.22792	0.069471	−0.19908	−0.34907	32
特变电工	0.218638	−1.26453	−0.07609	−0.57908	−0.35276	33
阳泉煤业	−0.37605	−1.07363	0.377171	−0.1901	−0.35931	34
中国重工	0.404052	−1.72736	0.14738	−0.35062	−0.36139	35
中国神华	−1.5307	0.318585	−0.21588	0.052423	−0.38205	36
海南橡胶	0.25157	−1.55184	0.213302	−0.67282	−0.38755	37
海螺水泥	−1.57835	0.045934	0.400922	−0.05703	−0.3893	38
潞安环能	−0.99382	−0.70176	0.455648	−0.02995	−0.40775	39
上汽集团	−1.04991	−0.32468	−1.08518	0.410131	−0.50063	40
金地集团	0.536628	−2.00626	−0.32874	−0.77987	−0.51939	41
包钢稀土	−3.14706	−0.37431	2.271251	1.106128	−0.53449	42
五矿发展	0.025428	−1.45074	−0.78173	−0.45061	−0.54735	43
保利地产	−0.79718	−1.4559	0.208527	−0.2087	−0.60913	44
江西铜业	−1.77202	−0.55961	−0.31823	−0.27689	−0.73884	45
贵州茅台	−7.46118	1.471574	−0.46172	0.13516	−1.81029	46

这个结果可以用于分析选定主成分后, 各个股票对主成分的综合贡献率, 从而发现主成分的合理解释, 也可以对股票的重要性进行排序.

下面同样对本例通过 R 软件画出碎石图及散点图 (图 4.2, 图 4.3 和图 4.4).

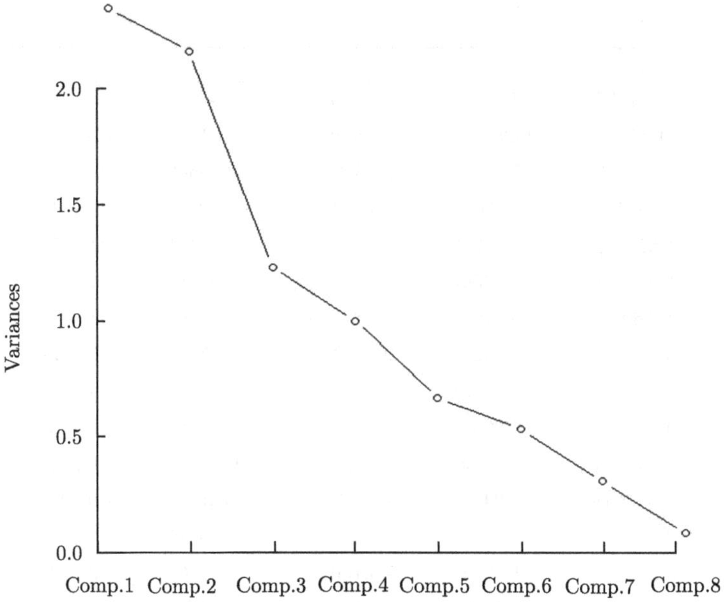

图 4.2　上证 50 股票数据主成分分析碎石图

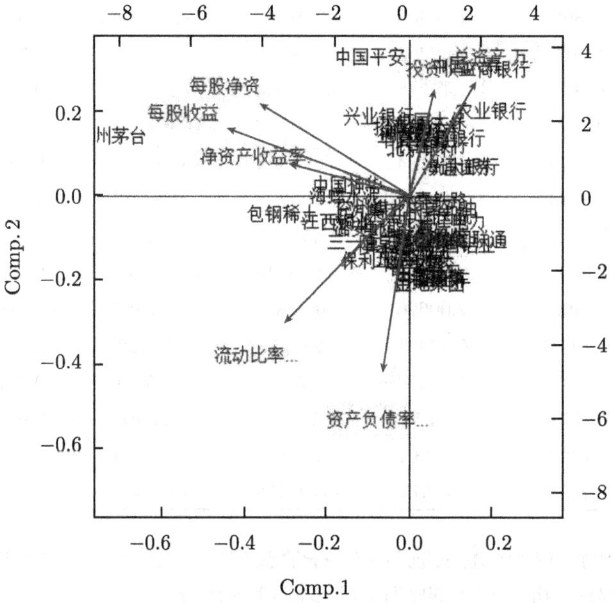

图 4.3　上证 50 第 1, 2 主成分散点图

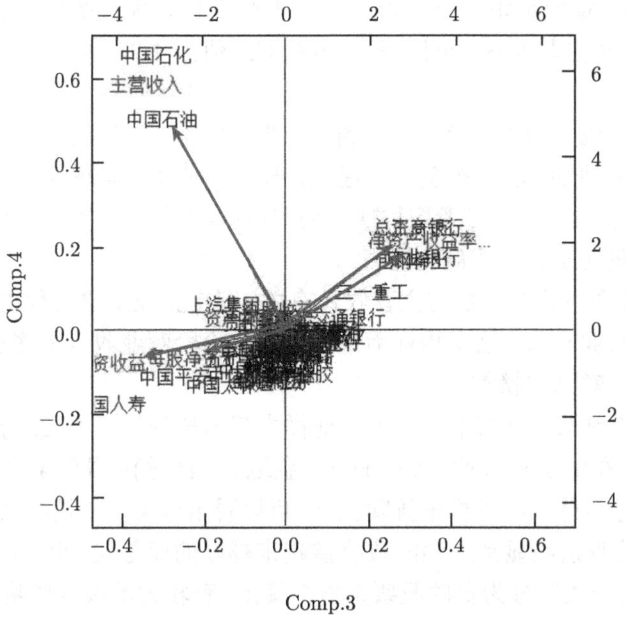

图 4.4　上证 50 第 3, 4 主成分散点图

第一主成分主要与两个指标的系数有关, 分别是每股净资、每股收益. 这两个指标是衡量一个公司财务的投资权益的重要指标. 投资权益是指当期持有的金融资产 (包括但不限于股票、债券、期权、票据等金融工具) 按月末市场价值确认的金额, 即按权益法核算的当期投资净收益. 由于其与第一主成分呈负相关, 故绝对值越大, 说明当期的投资净收益越多. 由表 4.3 中贵州茅台的第一主成分绝对值最大, 即说明其当期投资权益最大; 之所以主成分得分最低, 是因为第一主成分所占权重及得分都是最大的, 故其总得分最低排在最后一名; 但从散点图可以看出, 贵州茅台自成一类, 是投资权益明显高于其他股票的一个类群.

第二主成分主要与流动比率和资产负债率有关. 其中: **流动比率** (Current Ratio, CR) 指流动资产总额和流动负债总额之比, 是用来表示资金流动性的, 即企业短期债务偿还能力的数值, 基准值是 2. **资产负债率**(Debt Asset Ratio) 是指公司年末的负债总额同资产总额的比率. 表示公司总资产中有多少是通过负债筹集的, 该指标是评价公司负债水平的综合指标. 同时也是一项衡量公司利用债权人资金进行经营活动能力的指标, 也反映债权人发放贷款的安全程度. 计算公式为: 资产负债率 = 负债总额/资产总额 ×100%(负债总额: 指公司承担的各项负债的总和, 包括流动负债和长期负债. 资产总额: 指公司拥有的各项资产的总和, 包括流动资产和长期资产.) 这个比率对于债权人来说越低越好. 流动比率高的企业并不一定偿还短期债务的能力就很强, 但结合资产负债率等指标, 我们可以看出第二主成分主要是衡量一个公司的负债和资金流动情况的, 数值负向越大说明负债情况越严重, 资金流动性越好. 如金地集团, 负债率为 55%, CR 值为 1.77, 介于 1.5 和 2 之间, 流动性一般偏上.

影响第三主成分的主要是投资收益. 这里, 投资收益是指企业在一定的会计期间对外投资所取得的回报. 投资收益越大, 第三主成分负向越大. 虽然净资产收益率对 f3 也有很大影响, 但二者均体现了公司财务的盈利能力. 所以我们总结第三主成分主要衡量的是公司的盈利能力.

最后, 第四个主成分主要与主营收入有关, 即指企业从事某种主要生产、经营活动所取得的营业收入. 这个指标衡量了公司某阶段营业收入的多少. 如中石化、中石油营业收入额高居榜首.

结合散点图和表 4.2 排名, 46 个上证样本基本被分为三大类, 分别为: 金融行业 (如银行、证券); 工业行业 (如中石化、金地、上汽等); 贵州茅台.

若将贵州茅台作为特殊样本排除在外, 可以看出分类主要是按照主成分得分情况, 得分为正的股票明显是近期财政收益越来越好的蓝筹股, 市盈率很低, 风险已经很小了, 而另一类得分为负的股票则值得警惕, 有较大的投资风险.

因为主成分得分负数项超过半数, 说明虽然现在股市仍然处于低迷期, 大部分股票仍将继续走低.

四、主成分分类

主成分分析也可以用于分类, 下面我们用一个例子来说明.

案例 4.6 对深圳 27 个指数进行分类 (数据来自沪深股市 2010.6.1—2012.2.8 收盘价): 1. 成分指数 cf, 2. 中小板 zx, 3. 创业板 cy, 4. 深圳 B 指 bz, 5. 农林指数 ll, 6. 采掘指数 cj, 7. 制造指数 zc, 8. 食品指数 sp, 9. 纺织指数 fz, 10. 木材指数 mc, 11. 造纸指数 cz, 12. 石化指数 sh, 13. 电子指数 dz, 14. 金属指数 js, 15. 机械指数 jx, 16. 医药指数 yy, 17. 水电指数 sd, 18. 建筑指数 jz,19. 运输指数 ys, 20.IT 指数 it, 21. 批零指数 pl, 22. 金融指数 jr, 23. 地产指数 dc, 24. 服务指数 fw, 25. 传播指数 cb, 26. 沪深 300hs, 27. 基金指数 jj.

解 我们采用相关系数矩阵先进行主成分分析, 由于前两个主成分的累积贡献率已经达到 89.8%, 因此选定前两个主成分. 载荷矩阵如表 4.3.

通过载荷矩阵加以分析, 可以发现第一个主成分是综合因子, 除传播与食品板块外, 影响每一个板块, 但第二个主成分对成指、中小、B 指、制造、石化、电子、金属、机械、批零、沪深 300 等板块贡献较小. 而这些都是相对不太活跃的指数板块, 因此反映的是活跃板块.

可以据此进行分类, 为了更直观, 先画出第一主成分和第二主成分的载荷散点图 4.5, 易见, 只有 25 和 8 号是明显的离群点, 因此可以分两类, 离群的 8, 25 号为一类, 其它归入另一类. 25 号是传播指数, 8 号是食品板块指数, 仔细分析该时段的股市运行情况, 发现在大盘盘整的该段时间, 这两个板块是最活跃的, 走出了一段独立行情.

表 4.3　前两个主成分的载荷

	Z1	Z2		Z1	Z2		Z1	Z2
cf	−0.21	−0.02	mc	−0.20	0.13	ys	−0.19	0.28
zx	−0.21	0.04	cz	−0.20	0.18	it	−0.20	0.14
cy	−0.18	0.16	sh	−0.21	−0.01	pl	−0.20	0.09
bz	−0.20	0.00	dz	−0.21	−0.08	jr	−0.19	0.17
ll	−0.19	−0.18	js	−0.20	−0.03	dc	−0.18	0.25
cj	−0.18	−0.23	jx	−0.21	0.01	fw	−0.20	−0.14
zc	−0.21	−0.05	yy	−0.20	0.11	cb	−0.09	−0.40
sp	−0.11	−0.56	sd	−0.20	0.14	hs	−0.20	0.07
fz	−0.20	−0.16	jz	−0.20	−0.20	jj	−0.18	−0.20

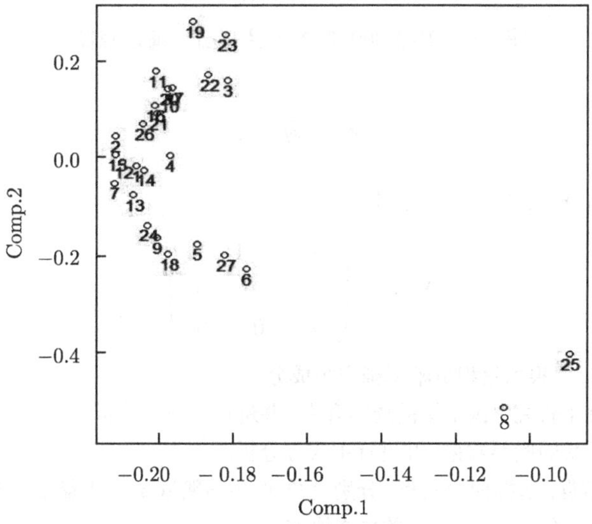

图 4.5　第 1, 2 主成分载荷散点图

案例 4.7　考虑 2011 年沪深 300 数据, 通过主成分分析, 画出第 1, 2 主成分散点载荷图 4.6.

易见通过第一主成分, 可以直观的把沪深 300 成分股分为两类.

通过主成分进行分类还没有比较成熟的理论, 由于主成分本身存在解释的困难, 因此分类特征很难把握, 但数据中存在的潜在分类特征, 用传统的方法是无法分类的, 因此关于这方面的深入研究与实际应用, 需要更多的模拟和实证.

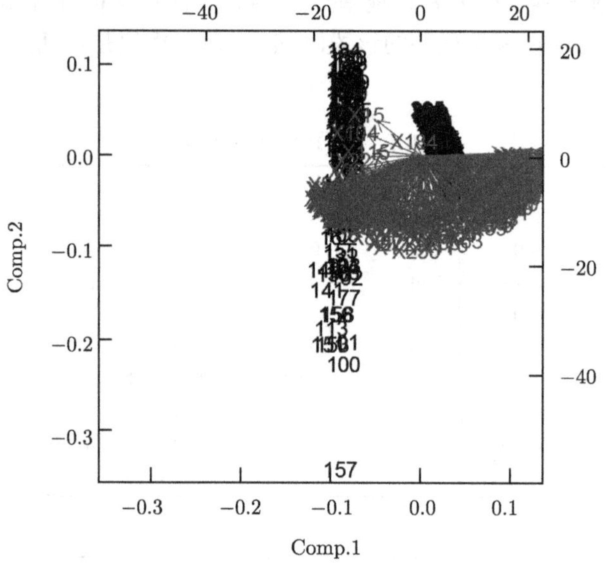

图 4.6　沪深 300 第 1, 2 主成分载荷散点图

练　习　4

1. 设 $X=(x_1,x_2,x_3)$ 已中心化, 且

$$X'X=\begin{pmatrix}1&-1&1\\-1&3&0\\1&0&3\end{pmatrix}$$

试求出全部主成分, 并根据累积贡献率确定主成分.

2. 参照案例 4.3 研究中国市场的周回升率, 并进行主成分分析.

3. 收集某个板块的股票数据, 并进行主成分分析.

4. 研究基金数据, 选择四个变量, 分别是总量 x_1、现量 x_2、内盘 x_3 和外盘 x_4, 共获得 58 个样本, 算得 $x=(x_1,x_2,x_3,x_4)$ 的样本协方差为

$$S=\begin{pmatrix}19.94&&&\\10.50&23.56&&\\6.59&19.71&20.95&\\8.63&7.97&3.93&7.55\end{pmatrix}$$

试进行样本主成分分析.

5. 搜集上证全部股票 5 分钟 K 线数据, 进行主成分分析, 并解释保留主成分的含义.

6. 搜集数据, 通过主成分进行分类.

7. 证明样本主成分的三个性质.

第5章 因子分析

因子分析(factor analysis) 是由英国心理学家斯皮尔曼 (Spearman) 在 1904 年提出来的, 他成功地解决了智力测验得分的统计分析, 长期以来, 教育心理学家不断丰富、发展了因子分析理论和方法, 并应用这一方法在行为科学领域进行了广泛的研究.

因子分析可以看成主成分分析的推广, 它也是多元统计分析中常用的一种降维方法, 因子分析所涉及的计算与主成分分析也很类似, 但差别也是很明显的:

(1) 主成分分析把方差划分为不同的正交成分, 而因子分析则把方差划归为不同的起因因子;

(2) 因子分析中特征值的计算更多选择从相关系数矩阵出发, 且必须将主成分转换成因子;

(3) 主成分分析往往变量是先有的, 我们通过主成分进行降维, 是从众多的变量中提取信息集中的主成分, 而因子分析往往因子在前, 这些因子是不能直接观测的(在心理统计分析中称为潜变量 latent variable), 我们通过观测与之相关的变量 (显变量 manifest variable), 通过因子分析提取出这些因子. 后者存在变量选择问题.

因子分析有确定的模型, 观察数据在模型中被分解为公共因子、特殊因子和误差三部分. 初学因子分析的最大困难在于理解它的模型, 我们先看如下三个引例.

引例 1 为了解学生的知识和能力, 对学生进行了抽样命题考试, 考题包括的面很广, 但总的来讲可归结为学生的语文水平、数学推导、艺术修养、历史知识、生活知识等五个方面, 我们把每一个方面称为一个 (公共) 因子, 显然每个学生的成绩均可由这五个因子来确定, 即可设想第 i 个学生考试的分数 X_i 能用这五个公共因子 $F_1, F_2, \cdots, F_5$ 的线性组合表示出来.

$$X_i = \mu_i + a_{i1}F_1 + a_{i2}F_2 + \cdots + a_{i5}F_5 + U_i, \quad i = 1, 2, \cdots, N \tag{5.1}$$

线性组合系数 $a_{i1}, a_{i2}, \cdots, a_{i5}$ 称为**因子载荷**(factor loadings), 它分别表示第 i 个学生在这五个因子方面的能力; μ_i 是总平均, U_i 是第 i 个学生的能力和知识不能被这五个因子包含的部分, 称为特殊因子, 常假定 $U_i \sim N(0, \sigma_i^2)$.

不难发现, 这个模型与回归模型在形式上是很相似的, 但这里 $F_1, F_2, \cdots, F_5$ 的值却是未知的, 有关参数的意义也有很大的差异.

因子分析的首要任务就是估计因子载荷 a_{ij} 的方差 σ_i^2, 然后给因子 F_i 一个合理的解释, 若难以进行合理的解释, 则需要进一步作因子旋转, 希望旋转后能发现比较合理的解释.

引例 2 诊断时, 医生检测了病人的五个生理指标: 收缩压、舒张压、心跳间隔、呼吸间隔和舌下温度, 但依据生理学知识, 这五个指标是受植物神经支配的, 植物神经又分为交感神经和副交感神经, 因此这五个指标可用交感神经和副交感神经两个公共因子来确定, 从而也构成了因子模型.

引例 3 霍金 (Holjinger) 和斯文否 (Swineford) 在芝加哥郊区对 145 名七、八年级学生进行了 24 项心理测验, 通过因子分析, 这 24 个心理指标被归结为 4 个公共因子, 即: 词语因子、速度因子、推理因子和记忆因子.

特别需要说明的是这里的因子和试验设计里的因子 (或因素) 是不同的, 它比较抽象和概括, 往往是不可以单独测量的.

一、因子分析模型

设有 p 个原始变量 $X_i, i=1,2,\cdots,p$, 它们可能相关, 也可能独立, 将 X_i 标准化得到新变量 Z_i, 则可以建立因子分析模型如下:

$$Z_i = a_{i1}F_1 + a_{i2}F_2 + \cdots + a_{im}F_m + U_i, \quad i=1,2,\cdots,p, \tag{5.2}$$

其中 $F_j, j=1,2,\cdots,m$ 出现在每个变量的表达式中, 称为**公共因子**(common factor), 它们的含义要根据具体问题来解释, $U_i, i=1,2,\cdots,p$ 仅与变量 Z_i 有关, 称为**特殊因子**(specific variance), 系数 $a_{ij}, i=1,2,\cdots,p$ 称为因子载荷, $A=(a_{ij})$ 称为载荷矩阵.

可以将 (5.2) 式表示为如下的矩阵形式

$$Z = AF + U, \tag{5.3}$$

其中

$$Z=(Z_1,Z_2,\cdots,Z_p)', \quad F=(F_1,F_2,\cdots,F_m)', \quad U=(U_1,U_2,\cdots,U_p)', \quad A=(a_{ij})_{p\times m}.$$

对此模型通常需要假设

(1) 各特殊因子之间以及特殊因子与所有公共因子之间均相互独立, 即

$$\begin{cases} \mathrm{cov}(U) = \Sigma = \mathrm{diag}(\sigma_1^2, \sigma_2^2, \cdots, \sigma_p^2), \\ \mathrm{cov}(F,U) = 0. \end{cases} \tag{5.4}$$

(2) 各公共因子都是均值为 0, 方差为 1 的独立正态随机变量, 其协方差矩阵为单位阵 I_m, 即 $F \sim N(0, I_m)$. 当因子 F 的各个分量相关时, $\mathrm{cov}(F)$ 不再是对角阵, 这样的模型称为斜交因子模型, 本书不考虑这种模型, 感兴趣的读者可参考相关文献.

m 个公共因子对第 i 个变量方差的贡献称为**共性方差**(common variance) 或贡献值, 记为 h_i^2, 并且

$$h_i^2 = a_{i1}^2 + a_{i2}^2 + \cdots + a_{im}^2, \tag{5.5}$$

第 j 个公共因子对原变量的总贡献为 $a_{1j}^2+a_{2j}^2+\cdots+a_{mj}^2$, 而特殊因子的方差称为**特殊方差**(specific variance) 或者特殊值 (即 (5.4)) 式中的 σ_i^2, $i=1,2,\cdots,p$), 从而第 i 个变量的方差有如下分解

$$\mathrm{var}Z_i=h_i^2+\sigma_i^2, i=1,2,\cdots,p. \tag{5.6}$$

因子分析的一个基本问题是如何估计因子载荷, 亦即如何求解因子模型 (5.2), 我们下面仅仅介绍最常用的基于样本相关矩阵 R 的主成分解.

设 $\lambda_1\geqslant\lambda_2\geqslant\cdots\geqslant\lambda_p$ 为样本相关矩阵 R 的特征根, $\eta_1,\eta_2,\cdots,\eta_p$ 为相应的标准正交化特征向量. 设 $m<p$, 则样本相关矩阵 R 的主成分因子分析的载荷矩阵 A 为

$$A=(\sqrt{\lambda_1}\eta_1,\sqrt{\lambda_2}\eta_2,\cdots,\sqrt{\lambda_m}\eta_m), \tag{5.7}$$

特殊因子的方差用 $R-AA'$ 的对角元来估计, 即

$$\sigma_i^2=1-\sum_{j=1}^m a_{ij}^2. \tag{5.8}$$

案例 5.1(续案例 4.3, 纽约周回升率)　我们考虑样本相关矩阵 $\boldsymbol{R}$ 的前两个样本主成分, 对 $m=1$ 和 $m=2$, 因子分析主成分解见表 5.1.

表 5.1　因子分析主成分解

变量	一个因子		两个因子		
	因子载荷估计 F_1	特殊方差	因子载荷估计		特殊方差
			F_1	F_2	
1	0.78	0.38	0.78	0.22	0.34
2	0.77	0.40	0.77	0.46	0.19
3	0.8	0.36	0.8	0.22	0.31
4	0.71	0.49	0.71	−0.47	0.27
5	0.71	0.5	0.71	−0.53	0.22
公共因子对原变量的总贡献	2.85		2.85	0.81	
累积贡献率	0.57		0.57	0.73	

对 $m=2$, 残差矩阵 $R-AA'-\mathrm{cov}(U)$ 为

$$\begin{pmatrix} 0 & -0.13 & -0.16 & -0.07 & 0.02 \\ -0.13 & 0 & -0.12 & 0.05 & 0.01 \\ -0.16 & -0.12 & 0 & -0.02 & -0.02 \\ -0.07 & 0.05 & -0.02 & 0 & -0.23 \\ 0.02 & 0.01 & -0.02 & -0.23 & 0 \end{pmatrix},$$

由两个因子解释的总方差比一个因子大很多. 然而, 对 $m=2$, 残差矩阵负元素较多, 这表明 AA' 产生的数比 R 中对应元素 (相关系数) 要大.

第一个因子 F_1 代表了一般经济条件, 称为市场因子, 所有股票在这个因子上的载荷都比较大, 且大致相等, 第二个因子是化学股和石油股的一个对照, 两者分别有比较大的负载荷和正载荷.

可见 F_2 使不同的工业部门的股票产生差异, 通常称之为工业因子. 归纳起来, 我们有如下结论: 股票回升率由一般经济条件、工业部门活动和各公司本身特殊活动三部分决定, 这与案例 4.3 的结论基本一致.

案例 5.2(续案例 4.4, 上证周回升率) 考虑样本相关矩阵 R 的前三个样本主成分, 对 $m=1$、$m=2$ 和 $m=3$, 因子分析主成分解见表 5.2.

表 5.2 上证股票因子分析主成分分解

变量	一个因子		两个因子			三个因子			
	因子载荷估计 F_1	特殊方差	因子载荷估计		特殊方差	因子载荷估计			特殊方差
			F_1	F_2		F_1	F_2	F_3	
1	−0.58	0.66	−0.58	0.52	0.39	−0.58	0.52	−0.1	0.38
2	−0.88	0.22	−0.88	−0.24	0.16	−0.88	−0.24	0.17	0.13
3	−0.88	0.22	−0.88	−0.2	0.18	−0.88	−0.2	0.19	0.14
4	−0.82	0.32	−0.82	−0.25	0.26	−0.82	−0.25	0.17	0.23
5	−0.9	0.19	−0.9	−0.2	0.15	−0.9	−0.2	0.08	0.15
6	−0.67	0.56	−0.67	0.21	0.51	−0.67	0.21	0.07	0.51
7	−0.62	0.62	−0.62	0.22	0.57	−0.62	0.22	−0.55	0.26
8	−0.45	0.8	−0.45	0.65	0.37	−0.45	0.65	0.34	0.25
9	−0.65	0.58	−0.65	−0.14	0.56	−0.65	−0.14	−0.51	0.3
公共因子对原变量的总贡献	4.84		4.84	1.01		4.84	1.01	0.8	
累积贡献率	0.54		0.54	0.65		0.54	0.65	0.74	

对 $m=3$, 残差矩阵 $R-AA'-\mathrm{cov}(U)$ 为

$$\begin{pmatrix} 0.00 & 0.02 & 0.01 & 0.01 & 0.02 & -0.06 & -0.15 & -0.22 & -0.06 \\ 0.02 & 0.00 & -0.02 & -0.06 & -0.02 & -0.06 & 0.02 & 0.01 & -0.01 \\ 0.01 & -0.02 & 0.00 & -0.05 & -0.04 & -0.05 & 0.03 & -0.01 & -0.03 \\ 0.01 & -0.06 & -0.05 & 0.00 & -0.07 & -0.06 & 0.06 & 0.00 & -0.05 \\ 0.02 & -0.02 & -0.04 & -0.07 & 0.00 & -0.02 & -0.02 & 0.00 & -0.01 \\ -0.06 & -0.06 & -0.05 & -0.06 & -0.02 & 0.00 & -0.06 & -0.17 & -0.03 \\ -0.15 & 0.02 & 0.03 & 0.06 & -0.02 & -0.06 & 0.00 & 0.04 & -0.20 \\ -0.22 & 0.01 & -0.01 & 0.00 & 0.00 & -0.17 & 0.04 & 0.00 & 0.16 \\ -0.06 & -0.01 & -0.03 & -0.05 & -0.01 & -0.03 & -0.20 & 0.16 & 0.00 \end{pmatrix},$$

由三个因子解释的总方差比一个因子大很多. 但对 $m=3$, 残差矩阵负元素较多, 这表明 AA' 产生的数比 R 中对应元素 (相关系数) 要大.

第一个因子 F_1 代表了一般经济条件, 称为市场因子, 所有股票在这个因子上的载荷都比较大, 且大致相等, 第二个因子代表银行股票和车辆工业股票的一个对照, 两者分别有比较大的负载荷和正载荷; 第三个因子代表银行股票与通信石化股票的一个对照, 两者分别有比较大的正载荷和负载荷. 这与案例 4.4 的结论基本一致.

二、因子旋转

上面主成分解是不唯一的, 因为对 A 作任何正交变换都不会改变原来的 AA', 即设 Q 为 m 阶正交矩阵, $B=AQ$ 则有 $BB'=AA'$, 载荷矩阵的这种不唯一性表面看是不利的, 但我们却可以利用这种不变性, 通过适当的因子变换, 使变换后新的因子具有更鲜明的实际意义或可解释性,

比如, 我们可以通过正交变换使 B 中有尽可能多的元素等于或接近于 0, 从而使因子载荷矩阵结构简单化, 便于做出更有实际意义的解释.

由于正交变换是一种旋转变换, 如果我们选取方差最大的正交旋转, 即将各个因子旋转到某个位置, 使每个变量在旋转后的因子轴上的投影向最大、最小两极分化, 从而使每个因子中的高载荷只出现在少数的变量上, 最后得到的旋转因子载荷矩阵中, 每列元素除几个值外, 其余的均接近于 0.

1. 考虑两个因子的平面正交旋转

设因子载荷矩阵为

$$A=(a_{ij}),\quad i=1,2,\cdots,p,j=1,2, \tag{5.9}$$

取正交矩阵

$$Q=\begin{pmatrix}\cos\phi & -\sin\phi\\ \sin\phi & \cos\phi\end{pmatrix}, \tag{5.10}$$

这是逆时针旋转, 如作顺时针旋转, 只需将 (5.10) 次对角线上的两个元素对换即可. 并记

$$B=AQ=(b_{ij}),\quad i=1,2,\cdots,p,j=1,2, \tag{5.11}$$

称 B 为旋转因子载荷矩阵, 此时模型 (5.3) 变为

$$Z=B(Q'F)+U, \tag{5.12}$$

同时, 公共因子 F 也随之变为 $Q'F$, 现在希望通过旋转, 将变量分为主要由不同因子说明的两个部分, 因此, 要求 $(b_{11}^2,b_{21}^2,\cdots,b_{p1}^2)'$ 和 $(b_{12}^2,b_{22}^2,\cdots,b_{p2}^2)'$ 这两列数据分别求得的方差尽可能的大.

下面考虑相对方差

$$V_j = \frac{1}{p}\sum_{i=1}^{p}(b_{ij}^2/h_i^2)^2 - \left(\frac{1}{p}\sum_{i=1}^{p}b_{ij}^2/h_i^2\right)^2, j=1,2, \tag{5.13}$$

取 b_{ij}^2 是为了消除 b_{ij} 符号的影响, 除以 h_i^2 是为了消除各个变量对公共因子依赖程度不同的影响, 正交旋转的目的是为了使总方差 $G = V_1 + V_2$ 达到最大. 令 $dV/d\phi = 0$, 经计算, ϕ 应满足

$$\tan 4\phi = (D_0 - 2A_0B_0/p)/(C_0 - (A_0^2 - B_0^2)/p), \tag{5.14}$$

其中

$$\begin{cases} A_0 = \sum_{i=1}^{p} u_i, \quad B_0 = \sum_{i=1}^{p} v_i, \\ C_0 = \sum_{i=1}^{p}(u_i^2 - v_i^2), \quad D_0 = 2\sum_{i=1}^{p} u_i v_i, \\ u_i = \left(\frac{a_{i1}}{h_i}\right)^2 - \left(\frac{a_{i2}}{h_i}\right)^2, \quad v_i = \frac{2a_{i1}a_{i2}}{h_i^2}. \end{cases} \tag{5.15}$$

当 $m=2$ 时, 还可以通过图解法, 凭直觉将坐标轴旋转一个角度 ϕ, 一般的作法是, 先对变量聚类, 利用这些类很容易确定新的公共因子.

2. 当公共因子数 $m>2$ 时

可以每次考虑不同的两个因子的旋转, 从 m 个因子中每次选两个旋转, 共有 $m(m-1)/2$ 种选择, 这样共有 $m(m-1)/2$ 次旋转, 做完这 $m(m-1)/2$ 次旋转就算完成了一个循环, 然后重新开始第二个循环, 每经一个循环, A 阵的各列的相对方差和 V 只会变大, 当第 k 次循环后的 $V^{(k)}$ 与上一次循环的 $V^{(k-1)}$ 比较变化不大时, 就停止旋转.

设某三个变量的样本相关矩阵为

$$R = \begin{pmatrix} 1 & -1/3 & 2/3 \\ -1/3 & 1 & 0 \\ 2/3 & 0 & 1 \end{pmatrix},$$

试从 R 出发, 作因子分析.

(1) 求 R 的特征根及其相应的特征向量. 由特征方程 $\det(R-\lambda I)=0$ 可得三个特征根, 依大小次序记为 $\lambda_1 = 1.745$, $\lambda_2 = 1$, $\lambda_3 = 0.255$, 由于前面两个特征根的累计方差贡献率已达 91.5%, 因而只要取两个公共因子就行了, 容易求得前两个特征值对应的特征向量为:

$$\eta_1' = (0.707, -0.316, 0.632),$$
$$\eta_2' = (0, 0.894, 0.447).$$

(2) 求因子载荷矩阵 A

由 (5.7) 即可算出

$$A=\begin{pmatrix}0.934 & 0\\ -0.418 & 0.894\\ 0.835 & 0.447\end{pmatrix},$$

因此得到因子分析的线性模型为 $z=AF, F=(F_1,F_2)'$ 为公共因子.

(3) 对载荷矩阵 A 作正交旋转

第一步, 对 A 作正规化处理, 先计算各公共因子对第 i 变量的贡献值

$$\begin{aligned}h_1^2&=(0.934)^2=0.872,\\ h_2^2&=(-0.418)^2+(0.894)^2=0.974,\\ h_3^2&=(0.835)^2+(0.447)^2=0.897,\end{aligned}$$

从而可以将 A 正规化为 A^*

$$A^*=\begin{pmatrix}a_{11}/h_1 & a_{12}/h_1\\ a_{21}/h_2 & a_{22}/h_2\\ a_{31}/h_3 & a_{32}/h_3\end{pmatrix}=\begin{pmatrix}1 & 0\\ -0.423 & 0.906\\ 0.882 & 0.472\end{pmatrix}.$$

第二步, A^* 作方差最大正交旋转, 用 A^* 阵中的第 1, 2 列元素, 计算 (5.15) 中的各系数值如下:

$$\begin{aligned}u_1&=(a_{11}/h_1)^2-(a_{12}/h_1)^2=1,\\ u_2&=(a_{21}/h_2)^2-(a_{22}/h_2)^2=-0.642,\\ u_3&=(a_{31}/h_3)^2-(a_{32}/h_3)^2=0.555,\\ v_1&=2(a_{11}/h_1)(a_{12}/h_1)=0,\\ v_2&=2(a_{21}/h_2)(a_{22}/h_2)=-0.766,\\ v_3&=2(a_{31}/h_3)(a_{32}/h_3)=0.833.\end{aligned}$$

$$A_0=\sum_{i=1}^{3}u_i=0.913,\quad B_0=\sum_{i=1}^{3}v_i=0.067,$$

$$C_0=\sum_{i=1}^{3}(u_i^2-v_i^2)=0.44, D_0=2\sum_{i=1}^{3}u_iv_i=1.91$$

故由 (5.14) 得 $\tan 4\phi=11.42$, 从而解得 $\phi=21°15$, 于是得到正交矩阵

$$Q_1=\begin{pmatrix}0.932 & -0.362\\ 0.362 & 0.932\end{pmatrix}$$

和旋转因子载荷矩阵

$$B_1 = AQ_1 = \begin{pmatrix} 0.87 & -0.34 \\ -0.07 & 0.98 \\ 0.94 & 0.11 \end{pmatrix},$$

由 (5.13) 得到 $G_1 = V_1 + V_2 = 0.191 + 0.188 = 0.379$. 一般情况还需再对 B_1 作正交旋转, 并一直到 V 的增加不大为止, 本例仅取两个公共因子, 只需要一次旋转即可.

案例 5.3　选取 2013 年第四季度恒生金融板块的 22 只股票的财务数据, 见表 5.3, 试进行因子分析.

前两个特征值为 4.44 和 2.21, 其余七个均小于 1, 两个公共因子对样本方差的累计贡献率为 0.739, 于是, 我们选 $m = 2$, 因子载荷、贡献值和特殊方差的估计列入表 5.4 中.

因为 $AA' + \text{cov}U$ 与 R 比较接近, 所以从直观上, 我们可以认为两个因子的模型给出了数据较好的拟合. 另一方面, 九个共性方差除了第二、三个外, 都比较大, 表明了这两个公共因子基本解释了变量方差的绝大部分. 不过由于第二个变量的共性方差太小, 可以考虑增加因子.

现在进行方差极大旋转, 通过 R 程序得到旋转矩阵为

$$Q = \begin{pmatrix} 0.848 & 0.531 \\ -0.531 & 0.848 \end{pmatrix},$$

从而根据 $-\sin\phi$=0.531 解得 $\phi = -32°02$, 旋转后的因子载荷及贡献值已经列入表 5.4 中.

很明显, 变量 6, 7, 8, 9 在 $Q'F_1$ 上有大载荷, 而在 $Q'F_2$ 上的载荷较小或可忽略. 相反, 变量 1, 3, 4, 5 在 $Q'F_2$ 上有大载荷, 而在 $Q'F_1$ 上的载荷却是可以忽略. 因此, 我们有理由称 $Q'F_1$ 为规模营收因子, $Q'F_2$ 为收益比率因子.

三、因子得分

得到公共因子和因子载荷后, 需要反过来考察每个样本的得分情况, 从而对样本进行评价和分类.

估计因子得分的方法有很多, 这里介绍回归法, 这种方法是汤普森 (Thompson) 在 1939 年提出来的, 又称汤普森法. 在因子模型中, 可以将因子表示成变量的线性回归方程

$$F_i = b_{i1}X_1 + b_{i2}X_2 + \cdots + b_{ip}X_p, i = 1, 2, \cdots, m, \tag{5.16}$$

表 5.3　恒生金融指数股票数据

名称	每股收益	净资产收益率	股东权益比	净利润同比	主营收入同比	总资产	流动负债	主营利润	净利润
汇丰控股	6.51	0.09	3.78	57.57	98.88	267131802	174132403	2024000	1620400
恒生银行	13.95	0.25	16.74	44.46	107.92	114373005	84542298	1841000	2667800
东亚银行	2.78	0.1	11.42	95.88	110.53	75395399680	61155101901	714300006	661300019
国浩集团	19.39	0.12	14.38	87.98	182.8	1599211827	303178112	82484102	81172499
新鸿基公司	0.18	0.16	0.14	−63.32	−41.62	2762150093	498829978	85390003	38020000
中国光大控股	0.43	−0.17	2.19	−35.47	−29.08	3483983872	252148403	75665901	73659802
永亨银行	3.33	0.45	4.48	−44.1	−49.89	20110416	17237306	98418	100750
香港交易所	3.95	0.22	14.87	95.53	95.32	8594300109	5753799885	543900006	455200000
大新金融	2.29	0.47	−11.71	−44.99	−46.31	17530882	13153582	82099	68020
建设银行	0.61	0.22	5.38	−38.03	−48.06	1485921382	1346566042	15518600	11971100
中国太平	0.3	0.14	2.44	−44.7	−16.52	27499678925	4162264269	118937203	51791398
中信银行	0.56	0.43	6.43	−34.29	−45.68	343694490	314436608	2724500	2039100
创兴银行	1.28	0.07	4.85	101.74	109.38	8518809	7340214	62519	55742
工商银行	0.51	0.23	4.13	−42	−48.37	1872335258	1608678502	17778600	13834701
中国平安	2.86	1.19	8.23	−10.67	−36.36	317257190	290892109	2735100	1791000
中国财险	0.74	−0.02	27.43	−26.68	−40.24	31748301	6009200	966300	762900
大新银行集团	0.65	0.23	−11.32	−42.39	−46.33	16115933184	13315344794	77228698	81268902
中银香港	1.06	0.23	0.55	−46.24	−47.88	183466099	150026906	1372800	1125200
中国人寿	0.72	0.11	4.32	46.44	−33.36	198403494	4623600	1858100	1619800
交通银行	0.59	0.54	4.33	−40.34	−48.01	571760179	515302298	4505200	3482700
招商银行	1.54	0.23	5.94	−41.97	−46.45	381062912	335426893	3482200	2627100
中国银行	0.37	0.23	3.07	−42.11	−50.67	1325620634	1186933043	10990000	8072100

表 5.4　因子分析表

变量	因子载荷估计		旋转后因子载荷估计		共性方差	特殊方差
	F_1	F_2	$Q'F_1$	$Q'F_2$		
1	0.33	0.8	−0.15	0.86	0.75	0.25
2	−0.3	−0.1	−0.2	−0.25	0.1	0.9
3	0.39	0.51		0.64	0.41	0.59
4	0.75	0.51	0.37	0.83	0.82	0.18
5	0.72	0.63	0.28	0.92	0.92	0.08
6	0.81	−0.5	0.95		0.9	0.1
7	0.83	−0.47	0.95		0.91	0.09
8	0.91	−0.3	0.93	0.23	0.91	0.09
9	0.92	−0.29	0.94	0.24	0.93	0.07
特征值	4.44	2.21				
累计贡献	0.49	0.739	0.49	0.739		

从而据此计算因子得分 F_i. 上式可以写成矩阵形式 $F = BX$. 假定变量 X, F 均已标准化, 由因子载荷矩阵 $A = (a_{ij})_{p\times m}$, 易知

$$\begin{aligned} a_{ij} &= \mathrm{cov}(X_i, F_j) = \mathrm{cov}(X_i, b_{j1}X_1 + b_{j2}X_2 + \cdots + b_{jp}X_p) \\ &= \sum_{k=1}^{p} r_{ik}b_{jk}, i = 1, 2, \cdots, p, j = 1, 2, \cdots, m \end{aligned} \tag{5.17}$$

从而得到 $A = RB'$, 这里 R 为相关系数矩阵. 因而得到 (5.16) 的系数估计 $\hat{B} = A'R^{-1}$.

R 软件中可以通过内置的因子分析函数 factanal( ) 方便地得到因子得分, 但该函数不是基于主成分法计算载荷和方差, 而是通过极大似然法. 为此, 下面先介绍因子分析的极大似然法.

考虑因子分析模型 (5.3), 设公共因子 $F \sim N_m(0, I)$, 特殊因子 $U \sim N_p(0, \Sigma)$, 且相互独立, 来自总体 $N_p(\mu, D)$ 的 p 维观测向量记为 $X_{(i)}, i = 1, 2, \cdots, n$(样本矩阵 X 的行向量, 注意与列向量 X_i 的区别), 则可以通过样本的联合分布得到似然函数 $L(\mu, D)$, 由于 $D = AA' + \Sigma$, 可取 $\mu = \bar{X}$, 因此似然函数仅为 A, Σ 的函数, 通过对 A, Σ 求导数并令其为零, 得到似然方程:

$$\hat{D}\Sigma^{-1}\Lambda = A(I + A'\Sigma^{-1}A), \Sigma = \mathrm{diag}(\hat{D} - AA') \tag{5.18}$$

由此即可得到 A, Σ 的极大似然估计, 其中 $\hat{D}$ 是样本的极大似然估计

$$\hat{D} = \frac{1}{n}\sum_{i=1}^{n}(X_{(i)} - \bar{X})(X_{(i)} - \bar{X})'. \tag{5.19}$$

约内斯克 (Joreskog) 和罗莱 (Lawley) 在 1967 年提出了一种较为实用的迭代法, 使极大似然法成为主流, R 中的因子分析函数 factanal 就是采用的这种算法.

这种迭代法的基本思想是：先取一个初始矩阵

$$\Sigma_0 = \mathrm{diag}(\hat{\sigma}_1^2, \hat{\sigma}_2^2, \cdots, \hat{\sigma}_p^2),$$

从而得到 $\Sigma_0^{-1/2}\hat{D}\Sigma_0^{-1/2}$, 对此矩阵求出特征值和特征向量, 从而可求得载荷矩阵 A_0, 代入 (5.18) 的第二式, 得到 Σ_1, 如此循环, 直到 (5.18) 的第一式满足为止.

案例 5.4(续案例 5.3)　试计算恒生金融板块股票的因子得分.

通过 R 程序容易得到恒生金融板块股票的因子得分如表 5.5:

表 5.5　因子得分表

序号	名称	Factor1	Factor2
1	汇丰控股	−0.81898588	1.5108931
2	恒生银行	−0.86019123	1.6595719
3	东亚银行	3.51351300	0.7042954
4	国浩集团	−0.64412650	2.6394362
5	新鸿基公司	0.06337295	−0.6199545
6	中国光大控股	0.12222959	−0.4497855
7	永亨银行	−0.27585892	−0.6349041
8	香港交易所	2.28448036	0.7898973
9	大新金融	−0.28634735	−0.5936488
10	建设银行	−0.19315329	−0.6334671
11	中国太平	0.12418629	−0.2953761
12	中信银行	−0.27324895	−0.5832135
13	创兴银行	−0.86336944	1.6639720
14	工商银行	−0.17833407	−0.6434165
15	中国平安	−0.31329431	−0.4366296
16	中国财险	−0.30502448	−0.4917478
17	大新银行集团	0.23511426	−0.7142756
18	中银香港	−0.27197188	−0.6171496
19	中国人寿	−0.32851969	−0.3702839
20	交通银行	−0.25396505	−0.6221394
21	招商银行	−0.26731887	−0.5943355
22	中国银行	−0.20918654	−0.6677385

为了直观起见, 我们将得分用图形的方式表示出来, 见图 5.1.

易见 4 号股票国浩集团第二个因子得分是最高的, 而 3 号东亚银行和 8 号香港交易所第一个因子得分较高, 图中还可以看出, 大部分股票集中在左下角, 这成为又一种分类特征, 可以据此进行聚类.

案例 5.5　试用因子分析对上证 50 成分股进行分析 (数据采集于 2012 年 4 月 5 日盘中).

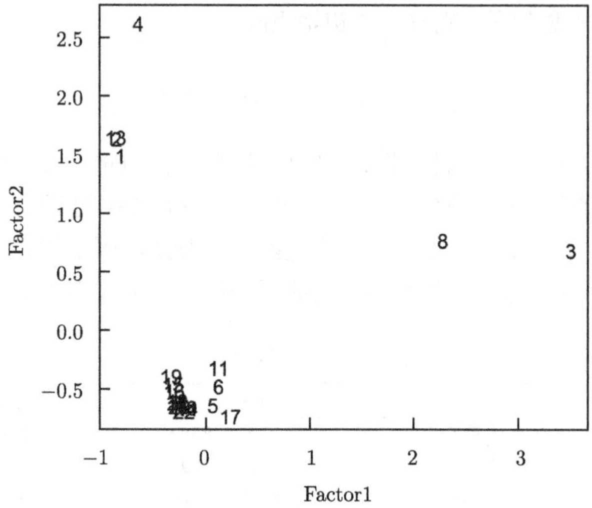

图 5.1　恒生金融股票因子得分散点图

通过 R 软件中现成的因子分析函数 factanal( ) 分析本例. 由于前两个因子的累积贡献率已经达到 0.999, 故选择两个因子进行计算, 得到的特殊方差和载荷因子列入表 5.6.

表 5.6　特殊方差与因子载荷表

	最新	昨收	今开	最高	最低	委买价	委卖价	均价	市净率
特殊方差	0.005	0.005	0.005	0.005	0.005	0.005	0.005	0.005	0.005
因子 1	0.999	0.997	0.997	0.998	0.997	0.999	0.999	0.998	0.848
因子 2									0.525

可见, 第二个因子就是市净率因子, 而第一个因子是综合因子.

还可以计算全部股票的因子得分, 下面直观的用散点图 5.2 把因子得分显示出来.

从图上易见 40 号包钢稀土各项指标都突出, 接下来是 17 号中国平安和 34 号山东黄金.

案例 5.6　为了寻找潜力股, 我们设定一个潜力因子, 显然这个因子是潜变量, 通过分析, 一般认为该因子跟静态指标关系更大, 比如总资产、营业利润、营业收入、净利润、利润总额、每股收益、每股净资、净益率等指标都与它有关, 我们针对深圳 100 成分股利用这 7 个显变量寻找潜力因子 (数据采集于 2015 年 11 月 9 日盘中).

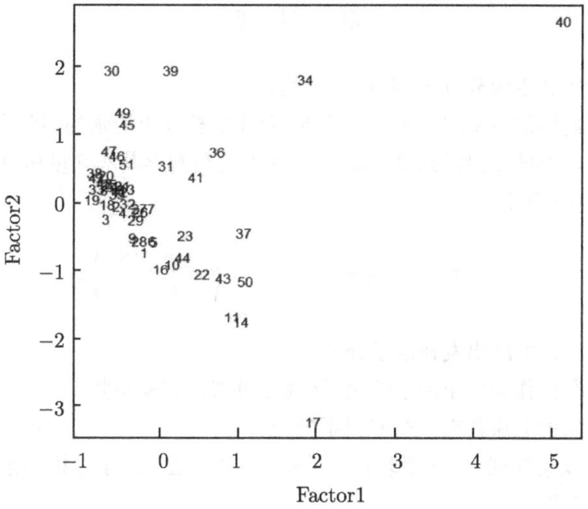

图 5.2　上证 50 因子得分散点图

仍然通过因子分析函数 factanal( ) 分析本例. 选择两个因子进行计算, 得到的特殊方差和载荷因子列入表 5.7.

表 5.7　上证 100 因子分析表

变量	因子载荷估计		旋转后因子载荷估计		特殊方差
	F_1	F_2	$Q'F_1$	$Q'F_2$	
总资产	0.639	−0.46	0.786	—	0.382
营业利润	0.961	−0.26	0.925	0.368	0.009
营业收入	0.44	−0.26	0.508	—	0.739
净利润	0.968	−0.23	0.909	0.402	0.012
利润总额	0.962	−0.27	0.928	0.367	0.005
每股收益	0.758	0.65	0.215	0.974	0.005
每股净资	0.518	0.44	0.151	0.661	0.54
净益率	0.545	0.47	0.155	0.7	0.487
累计贡献	0.566	0.728	0.49	0.739	

第一个因子就是我们寻找的潜力因子, 但累积贡献不够大, 旋转以后的载荷容易发现后面三个变量的贡献不大, 去掉这三个变量, 再做因子分析, 选择一个因子, 累计贡献率达到 0.751.

通过因子得分, 潜力因子得分最高的依次为平安银行 5.49 国信证券 3.22 广发证券 3.03 美的集团 3.

练 习 5

1. 对比因子分析和主成分分析, 指出它们的异同.

2. 能否将因子旋转的技术用于主成分分析, 使主成分有更清晰的实际含义.

3. 为研究某一股票的交投活跃度, 选取 50 个交易日观察其成交量和换手, 按样本数据求得其平均值和协方差矩阵为

$$\bar{x}_1 = 134, \quad \bar{x}_2 = 92, \quad S = \begin{pmatrix} 90 & 48 \\ 48 & 45 \end{pmatrix},$$

求出相关系数阵 R, 并由 R 出发作因子分析.

4. 用例 4.4 的数据作含两个因子的因子分析, 并算出残差矩阵.

5. 选择某个板块的股票数据, 试进行因子分析.

6. 参照例 4.6 收集深圳 27 个板块指数的数据, 然后进行因子分析, 通过分析说明因子旋转对于分类是否有帮助?

7. 请设计 2 个潜变量, 比如潜力股、热门股, 通过实时行情或静态指标寻找合适的变量, 然后收集数据进行因子分析, 尽可能获得预设的潜变量.

第6章　线性模型

金融市场中, 很多变量是相互依存的, 但它们又没有严格的函数关系, 如何刻画它们之间的相关关系, 回归分析是使用最多的统计方法之一, 本书主要结合指数公式编制特有的线性模型形式, 探讨金融证券市场指数与成分股的变量关系, 进而探讨指数跟踪和套期保值问题. 着重结合 R 软件介绍线性模型的实际应用.

一、线性模型及参数的最小二乘估计

一般地, 设有 p 个影响因素 $X_1, X_2, \cdots, X_p$, 与因变量 Y 有如下相关关系

$$Y = \beta_0 + \beta_1 x_1 + \cdots \beta_p x_p + \varepsilon, \tag{6.1}$$

$$\varepsilon \sim (0, \sigma^2), \tag{6.2}$$

称 (6.1)~(6.2) 式为多元线性回归模型, 线性函数

$$f(x_1, x_2, \cdots, x_k) = \beta_0 + \beta_1 x_1 + \cdots + \beta_k x_k. \tag{6.3}$$

称为多元线性回归函数, $\beta_i, i = 0, 1, \cdots, p$ 称为回归系数. 它们与 σ^2 均未知.

设 $(x_{i1}, x_{i2}, \cdots, x_{ip}, y_i), i = 1, 2, \cdots, n$ 为 $(X_1, X_2, \cdots, X_p, Y)$ 的试验数据, 且

$$\begin{cases} y_i = \beta_0 + \beta_1 x_{i1} + \cdots + \beta_p x_{ip} + \varepsilon_i, i = 1, 2, \cdots, n, \\ E\varepsilon_i = 0, \mathrm{var}\varepsilon_i = \sigma^2, i = 1, 2, \cdots, n, \\ \mathrm{cov}(\varepsilon_i, \varepsilon_j) = 0, i \neq j, i, j = 1, 2, \cdots, n. \end{cases} \tag{6.4}$$

记 $\beta = (\beta_0, \beta_1, \cdots, \beta_p)'$, $Y = (y_1, y_2, \cdots, y_n)'$, $\varepsilon = (\varepsilon_1, \varepsilon_2, \cdots, \varepsilon_n)'$,

$$X = \begin{pmatrix} 1 & x_{11} & x_{12} & \cdots & x_{1p} \\ 1 & x_{21} & x_{22} & \cdots & x_{2p} \\ \vdots & \vdots & \vdots & \cdots & \vdots \\ 1 & x_{n1} & x_{n2} & \cdots & x_{np} \end{pmatrix},$$

则 (6.4) 式表示为:

$$\begin{cases} Y = X\beta + \varepsilon, \\ E\varepsilon = 0, \mathrm{cov}(\varepsilon) = \sigma^2 I_n. \end{cases} \tag{6.5}$$

这就是通常所说的**线性模型**(linear model), 它是统计学中极其重要的研究分支之一, 式中 X 是一个纯量矩阵, 称为设计矩阵或结构矩阵, 在回归分析中一般假设 X 为列满秩, 即 $\text{rank}(X)=p+1$; $E\varepsilon=0$ 是 n 维零向量 (下同, 请读者注意在不同场合 0 的含义, 根据上下文很容易区分), I_n 是 n 阶单位矩阵.

设 $\hat{\beta}=(\hat{\beta}_0,\hat{\beta}_1,\cdots,\hat{\beta}_p)'$ 是 β 的估计量, 则称

$$\hat{y}=\hat{\beta}_0+\hat{\beta}_1x_1+\cdots+\hat{\beta}_px_p. \tag{6.6}$$

为线性回归方程. 记

$$\hat{y}_i=\hat{\beta}_0+\hat{\beta}_1x_{i1}+\cdots+\hat{\beta}_px_{ip},\quad i=1,2,\cdots,n, \tag{6.7}$$

$\hat{Y}=(\hat{y}_1,\hat{y}_2,\cdots,\hat{y}_n)'$, 则

$$\hat{Y}=X\hat{\beta}. \tag{6.8}$$

残差平方和为

$$\begin{aligned}S_E^2=S_E^2(\hat{\beta})&=\sum_{i=1}^{n}(y_i-\hat{\beta}_0-\hat{\beta}_1x_1-\hat{\beta}_2x_2-\cdots-\hat{\beta}_px_p)^2\\&=\left\|Y-X\hat{\beta}\right\|^2=Y'Y-2Y'X\hat{\beta}+\hat{\beta}'X'X\hat{\beta},\end{aligned} \tag{6.9}$$

对给定的观测数据 $(x_{i1},x_{i2},\cdots,x_{ip},y_i),i=1,2,\cdots,n$, $\hat{\beta}$ 其实就是下面最优化问题

$$\min_{\beta} S_E^2(\beta) \tag{6.10}$$

的最优解. 因此 $\hat{\beta}$ 为

$$\frac{\partial}{\partial\beta}S_E^2(\beta)=0 \tag{6.11}$$

的解. 由 (6.11) 式可得 (这里要用到矩阵微商, 参见相关文献, 此处从略)

$$X'Y=X'X\beta, \tag{6.12}$$

(6.12) 称之为正规方程. 因为 $\text{rank}(X'X)=\text{rank}(X)=p+1$, 所以 $(X'X)^{-1}$ 存在, 故得到 β 的 LS 估计

$$\hat{\beta}=(X'X)^{-1}X'Y, \tag{6.13}$$

从而, (6.8) 式为

$$\hat{Y}=X\hat{\beta}=X(X'X)^{-1}X'Y. \tag{6.14}$$

需要注意的是 (6.13) 具有**两重性**.

如果 $y_1, y_2, \cdots, y_n$ 换成随机变量 Y 的一组样本 $Y_1, Y_2, \cdots, Y_n$, 则 $\hat{\beta}$ 是随机向量, 为回归系数向量 $\beta = (\beta_0, \beta_1, \cdots, \beta_p)'$ 的估计量; 同样 $y_1, y_2, \cdots, y_n$ 可以看成 $Y_1, Y_2, \cdots, Y_n$ 的观测值, 从而 (6.13) 式又是一个纯量向量, 是回归系数向量 $\beta = (\beta_0, \beta_1, \cdots, \beta_p)'$ 的一个估计值. 有些时候为了方便, 不从符号上去区分它们, 读者在看其它参考书时需要留意.

二、最小二乘估计的性质

性质 6.1　$\hat{\beta} \sim (\beta, \sigma^2(X'X)^{-1})$

证明　由 (6.5) 式知

$$Y \sim (X\beta, \sigma^2 I_n),$$

而 $\hat{\beta} = (X'X)^{-1}X'Y$ 为 Y 的各分量 $Y_1, Y_2, \cdots, Y_n$ 的线性组合, 所以

$$\begin{aligned} E\hat{\beta} &= E(X'X)^{-1}X'Y = (X'X)^{-1}X'EY \\ &= (X'X)^{-1}X'X\beta = \beta, \end{aligned}$$

而利用事实 $\mathrm{cov}(AX, BY) = A\mathrm{cov}(X, Y)B'$(参见相关文献), 易知

$$\begin{aligned} \mathrm{cov}(\hat{\beta}) &= (X'X)^{-1}X'\mathrm{cov}(Y)X(X'X)^{-1} \\ &= \sigma^2(X'X)^{-1}X'I_nX(X'X)^{-1} = \sigma^2(X'X)^{-1}, \end{aligned}$$

得证.

特别地, 当 $p = 1$, 得到通常的一元线性回归模型, 这时有

$$\beta = (\beta_0, \beta_1)', \quad \hat{\beta} = (\hat{\beta}_0, \hat{\beta}_1)', \quad X = \begin{pmatrix} 1 & 1 & \cdots & 1 \\ x_1 & x_2 & \cdots & x_n \end{pmatrix}'$$

$$X'X = \begin{pmatrix} n & n\bar{x} \\ n\bar{x} & \sum\limits_{i=1}^{n} x_i^2 \end{pmatrix}, \quad (X'X)^{-1} = \begin{pmatrix} \dfrac{1}{n} + \dfrac{\bar{x}^2}{l_{xx}} & -\dfrac{\bar{x}}{l_{xx}} \\ -\dfrac{\bar{x}}{l_{xx}} & \dfrac{1}{l_{xx}} \end{pmatrix},$$

其中 $l_{xx} = \sum\limits_{i=1}^{n}(x_i - \bar{x})^2$, 由性质 6.1, $E\hat{\beta}_0 = \beta_0, E\hat{\beta}_1 = \hat{\beta}_1$,

$$\mathrm{cov}(\hat{\beta}_0, \hat{\beta}_0) = \mathrm{var}\hat{\beta}_0 = \sigma^2\left(\frac{1}{n} + \frac{\bar{x}^2}{l_{xx}}\right), \quad \mathrm{cov}(\hat{\beta}_1, \hat{\beta}_1) = \mathrm{var}\hat{\beta}_1 = \frac{\sigma^2}{l_{xx}},$$
$$\mathrm{cov}(\hat{\beta}_0, \hat{\beta}_1) = -\frac{\bar{x}}{l_{xx}}\sigma^2.$$

由此可知

$$E\hat{y} = E\hat{\beta}_0 + xE\hat{\beta}_1 = \beta_0 + \beta_1 x,$$

$$\mathrm{var}\hat{y} = \mathrm{var}\hat{\beta}_0 + x^2\mathrm{var}\hat{\beta}_1 + 2x\mathrm{cov}(\hat{\beta}_0, \hat{\beta}_1) = \left(\frac{1}{n} + \frac{(x - \bar{x})^2}{l_{xx}}\right)\sigma^2.$$

$H = X(X'X)^{-1}X'$, 称为投影矩阵, 由于 $HY = \hat{Y}$, 即 H 作用在 Y 上的结果是给 Y 加个帽子, 故又称**帽子矩阵**(hat matrix), H 是对称幂等矩阵, 即 $H = H'$, $H = H^2$. $(I_n - H)$ 也是对称幂等矩阵. H 具有重要的性质: $X'H = X'$, $HX = X$.

记 $e = Y - \hat{Y}$, 称为残差向量, 则 $e = (I_n - H)Y = (I_n - H)\varepsilon$.

性质 6.2　$e \sim (0, \sigma^2(I_n - H))$.

证明　由 $e = (I_n - H)\varepsilon$ 和 (6.5) 式知

$$Ee = (I_n - H)E\varepsilon = 0, \quad \mathrm{cov}(e) = (I_n - H)\mathrm{cov}(\varepsilon)(I_n - H) = \sigma^2(I_n - H),$$

得证.

性质 6.3　$\mathrm{cov}(\hat{\beta}, e) = 0$.

证明

$$\begin{aligned}\mathrm{cov}(\hat{\beta}, e) &= \mathrm{cov}((X'X)^{-1}X'Y, (I_n - H)Y) = (X'X)^{-1}X'\mathrm{cov}(Y)(I_n - H)', \\ &= (X'X)^{-1}X'\mathrm{cov}(\varepsilon)(I_n - H) = \sigma^2(X'X)^{-1}X'(I_n - H) = 0,\end{aligned}$$

性质 6.4　设 $S_E^2 = \sum_{i=1}^{n}(y_i - \hat{y}_i)^2$ 则 $ES_E^2 = \sigma^2(n-p-1)$, 从而 $\hat{\sigma}^2 = \dfrac{S_E^2}{(n-p-1)}$ 是 σ^2 的无偏估计量.

证明　由性质 6.2 得

$$\begin{aligned}ES_E^2 &= \mathrm{tr}\,\mathrm{cov}(e) = \sigma^2\mathrm{tr}(I_n - H) = \sigma^2(n - \mathrm{tr}(H)) \\ &= \sigma^2(n - \mathrm{tr}(I_{p+1})) = \sigma^2(n - p - 1),\end{aligned}$$

所以

$$E\hat{\sigma}^2 = \frac{ES_E^2}{(n-p-1)} = \sigma^2.$$

与一元线性回归一样, 仍用 S_T^2、S_R^2 分别表示总偏差平方和、回归平方和, 即

$$S_T^2 = \sum_{i=1}^{n}(y_i - \bar{y})^2, \quad S_R^2 = \sum_{i=1}^{n}(\hat{y}_i - \bar{y})^2.$$

则有下列平方和分解公式.

性质 6.5

$$S_T^2 = S_R^2 + S_E^2 \tag{6.15}$$

证明

$$\begin{aligned}S_T^2 &= \sum_{i=1}^{n}(y_i - \bar{y})^2 = \sum_{i=1}^{n}(y_i - \hat{y}_i + \hat{y}_i - \bar{y})^2 = S_E^2 + S_R^2 + 2\sum_{i=1}^{n}(y_i - \hat{y}_i)(\hat{y}_i - \bar{y}) \\ &= S_E^2 + S_R^2 + 2\sum_{i=1}^{n}(y_i - \hat{y}_i)\hat{y}_i - \bar{y}\sum_{i=1}^{n}(y_i - \hat{y}_i),\end{aligned}$$

由于 $\hat{\beta}$ 满足 $\dfrac{\partial}{\partial\beta_0}S_E^2(\beta)=0$, 得 $\sum\limits_{i=1}^{n}(y_i-\hat{y}_i)=0$, 而

$$\begin{aligned}\sum_{i=1}^{n}(y_i-\hat{y}_i)\hat{y}_i&=\hat{Y}'(Y-\hat{Y})=\hat{Y}'Y-Y'H'HY\\&=\hat{Y}'Y-Y'H'Y=\hat{Y}'Y-\hat{Y}'Y=0,\end{aligned}$$

故 $S_T^2=S_R^2+S_E^2$.

性质 6.6　假定误差 ε 服从多元正态分布, 则 e 与 $\hat{\beta}$ 独立, S_E^2 与 $\hat{\beta}$ 独立.

证明　因为 $\varepsilon\sim N(0,\sigma^2I_n)$, 而 $e=(I_n-H)\varepsilon$, $\hat{\beta}=\beta+(X'X)^{-1}X'\varepsilon$, $S_E^2=e'e=\varepsilon'(I_n-H)\varepsilon$, 容易验证: $(X'X)^{-1}X'(I_n-H)=0$ 所以 e 与 $\hat{\beta}$ 独立且 S_E^2 与 $\hat{\beta}$ 独立 (参见相关文献).

由于下面性质的证明较复杂, 在此仅给出结论, 证明参见相关文献.

性质 6.7　假定误差 ε 服从多元正态分布, 则有

(1) S_R^2 与 S_E^2 独立;

(2) $\dfrac{S_E^2}{\sigma^2}\sim\chi^2(n-p-1)$;

(3) 若 $\beta_1=\beta_2=\cdots=\beta_p=0$, 则 $\dfrac{S_T^2}{\sigma^2}\sim\chi^2(n-1)$, $\dfrac{S_R^2}{\sigma^2}\sim\chi^2(p)$.

三、线性模型的显著性检验

自变量 $X_1,X_2,\cdots,X_p$ 与 Y 之间是否有密切的线性相关关系, 需要对线性模型进行显著性检验. 需要指出的是即便 $X_1,X_2,\cdots,X_p$ 与 Y 之间有着密切的线性关系, 也不意味着每个变量 $X_i(i=1,2,\cdots,p)$ 对 Y 都有显著的影响.

因此, 还必须检验每个变量 $X_i(i=1,2,\cdots,p)$ 对 Y 的影响的显著性, 对那些影响不显著的自变量应从模型中逐个剔除, 这个过程叫做变量选择, 后面要专章叙述. 通过这个过程后, 重新建立只包含对 Y 有显著影响的自变量的回归方程.

1. 模型的显著性检验

与一元线性回归情况类似, 如果整个 $X_1,X_2,\cdots,X_p$ 对 Y 的影响不显著, 那么模型 (6.1) 中的系数 $\beta_i=0(i=1,2,\cdots,p)$. 因此, 问题归结为检验

$$H_0:\beta_1=\beta_2=\cdots=\beta_p=0, \tag{6.16}$$

由性质 6.5 可知, 在 H_0 成立条件下, 对确定的 S_T^2, $\dfrac{S_R^2}{S_E^2}$ 不会太大, 也就是说 $\dfrac{S_R^2}{S_E^2}$ 较大是一个小概率事件, 故可选择拒绝域的形式为 $\left\{\dfrac{S_R^2}{S_E^2}>c\right\}$, 再由性质 6.7 知, 当

H_0 成立时, 有

$$F=\frac{(n-p-1)S_R^2}{pS_E^2}\sim F(p,n-p-1),\tag{6.17}$$

所以当 H_0 成立时, 对给定的显著水平 α 可求得临界值

$$c=\frac{p}{n-p-1}F_{1-\alpha}(p,n-p-1),\tag{6.18}$$

此检验方法称为 F 检验法.

仍可利用回归平方和 S_R^2 在总离差平方和 S_T^2 中所占比例大小衡量 Y 与 X_1, $X_2,\cdots,X_p$ 之间线性相关的密切程度. 称

$$R=\sqrt{\frac{S_R^2}{S_T^2}}=\sqrt{\frac{\sum\limits_{i=1}^{n}(\hat{y}_i-\bar{y})^2}{\sum\limits_{i=1}^{n}(y_i-\bar{y})^2}}.\tag{6.19}$$

为样本复相关系数或多元相关系数. $0\leqslant R\leqslant 1$, R 越接近于 1, 说明 Y 与 $X_1,X_2,\cdots,X_p$ 之间的线性相关关系越显著; R 越接近于 0, 说明 Y 与 $X_1,X_2,\cdots,X_p$ 之间的线性相关关系越不显著. 因此, 对给定显著性水平 $\alpha(0<\alpha<1)$, 当 R 的样本值 $r>r_\alpha(n-p)$(相关系数临界值, 可通过 R 程序计算) 时, 认为 Y 与 $X_1,X_2,\cdots,X_p$ 之间的线性关系显著, 否则认为 Y 与 $X_1,X_2,\cdots,X_p$ 之间的线性相关性不显著.

2. 系数的显著性检验

当 Y 与 $X_1,X_2,\cdots,X_p$ 之间有显著的线性关系时, 还必须检验每个变量 $X_i(i=1,2,\cdots,p)$ 的显著性. 如果 X_i 对 Y 的作用不显著, 那么 β_i 应为零, 也就是要对

$$H_{0i}:\beta_i=0, i=1,2,\cdots,p\tag{6.20}$$

进行检验, 其拒绝域形式为 $\left\{\left|\hat{\beta}_i\right|>c_i\right\}$. 如果假定误差 ε 服从多元正态分布, 由性质 6.1 可知

$$\hat{\beta}\sim N_{p+1}(\beta,\sigma^2(X'X)^{-1}),$$

记 $C=(X'X)^{-1}=(c_{ij})_{(p+1)\times(p+1)}$, 则

$$\hat{\beta}_i\sim N(\beta_i,\sigma^2 c_{ii}),\quad i=1,2,\cdots,p,\tag{6.21}$$

从而

$$\frac{(\hat{\beta}_i-\beta_i)}{\sigma\sqrt{c_{ii}}}\sim N(0,1),\tag{6.22}$$

$$\frac{(\hat{\beta}_i-\beta_i)^2}{\sigma^2 c_{ii}} \sim \chi^2(1). \tag{6.23}$$

由性质 6.6 知 S_E^2 与 $\hat{\beta}_i$ 独立, 从而 $\dfrac{(\hat{\beta}_i-\beta_i)^2}{\sigma^2 c_{ii}}$ 与 S_E^2 独立, 再由性质 6.7 得, 当 H_{0i} 成立时, 有

$$F_i = \frac{(n-p-1)\hat{\beta}_i^2}{c_{ii}S_E^2} \sim F(1,n-p-1) i=1,2,\cdots,p, \tag{6.24}$$

$$T_i = \frac{\sqrt{n-p-1}\hat{\beta}_i}{\sqrt{c_{ii}}S_E} \sim t(n-p-1) i=1,2,\cdots,p. \tag{6.25}$$

于是, 对给定的显著性水平 $\alpha(0<\alpha<1)$, 拒绝域的临界值为

$$c_i = S_E\sqrt{\frac{c_{ii}F_{1-\alpha}(1,n-p-1)}{n-p-1}}, \tag{6.26}$$

或

$$c_i = \frac{S_E\sqrt{c_{ii}}}{\sqrt{n-p-1}} t_{1-\alpha/2}(n-p-1). \tag{6.27}$$

如果检验结果是接受 H_{0i}, 即 $\beta_i=0$, 则应将 x_i 从回归方程

$$\hat{y} = \hat{\beta}_0 + \hat{\beta}_1 x_1 + \cdots + \hat{\beta}_p x_p.$$

中剔除, 重新用最小二乘法估计回归系数, 建立新的回归方程

$$\hat{y} = \hat{\beta}_0^* + \hat{\beta}_1^* x_1 + \cdots + \hat{\beta}_{i-1}^* x_{i-1} + \hat{\beta}_{i+1}^* x_{i+1} + \cdots + \hat{\beta}_p^* x_p, \tag{6.28}$$

一般地, $\hat{\beta}_j^* \neq \hat{\beta}_j$, 但有如下关系

$$\hat{\beta}_j^* = \hat{\beta}_j - \frac{c_{ij}}{c_{ii}}\hat{\beta}_i, j\neq i, j=0,1,\cdots,p. \tag{6.29}$$

注意, 在剔除不显著自变量时, 考虑到自变量之间的交互作用对 Y 的影响, 每次只剔除一个自变量, 如果有几个自变量检验都不显著, 则先剔除其中 F_i 值最小的那个自变量. 当剔除 x_i, 并利用 (6.29) 式建立新的回归方程 (6.28) 后, 还必须对剩下的 $p-1$ 个自变量 $x_1, x_2, \cdots, x_{i-1}, x_{i+1}, \cdots, x_p$ 再用上述方法检验它们的显著性. 如果不显著, 则还需逐个剔除直至保留下的自变量对 Y 都有显著的作用为止.

案例 6.1(续案例 4.6, 深圳各板块指数)　金融指数和地产指数是两个影响比较大的指数, 我们调查它们对成分指数的影响, 下面通过多元线性回归模型建立这种影响关系如下.

用 Y_{cf} 表示因变量深圳成分指数, 自变量 X_{jr} 表示金融指数, X_{dc} 表示地产指数, 通过 R 程序进行回归分析, 得到回归方程

$$Y_{cf} = 1519.38 + 5.87X_{jr} + 4.26X_{dc}$$

显著性检验表明, 两个变量与因变量都是显著相关的. 此方程的 $\hat{\beta}_1, \hat{\beta}_2$ 有明确的含义. 如, $\hat{\beta}_1 = 5.87$ 表示金融指数每上涨一点成分指数增加 5.87 点; $\hat{\beta}_2 = 4.26$, 表示地产指数每增加一点, 成分指数增加 4.26 点.

有了点估计, 我们还可以获得参数的区间估计, 如果置信水平为 95%, 可以得到 $\hat{\beta}_1, \hat{\beta}_2$ 的置信区间分别为 (4.99, 6.74), (3.66, 4.86).

案例 6.2(沪深 300 指数跟踪)　中国的首个股指期货品种沪深 300 股指期货合约 2010 年 4 月 16 日起正式上市交易, 沪深 300 指数是该股指期货的标的指数, 具有重要的研究价值. 根据指数的编制方法, 容易知道沪深 300 指数是 300 只成分股股价的加权平均, 权重是与成分股的股本有关的, 也就是说沪深 300 指数就是各个成分股的线性函数, 试根据市场搜集的数据, 建立沪深 300 指数与各个成份股的线性回归方程.

考虑到沪深 300 成分股每半年调整一次, 会有一些成分股被剔除, 同时增加同量的新成分股, 因此数据的收集时段不能超过半年, 这样才能避免中途更换变量的问题. 如果采用日线, 数据量将是问题, 会出现 $n < p$ 的问题, 虽然统计学已经可以处理高维数据问题, 但由于这里数据的搜集不存在任何困难, 我们仍然可以用最简单的增加数据的方式解决这个问题. 比如采用分时数据, 比如 1 小时线, 30 分钟线甚至 5 分钟线等, 这是比较根本的解决方案, 数据量倍增, 数据不再是制约分析的瓶颈. 但仔细分析容易发现, 时间间隔太短, 对于大盘股而言, 很多数据都没有变化, 同样会因为信息少而给分析带来不便.

这里选取 2012 年 8 月 24 日到 2012 年 10 月 11 日的沪深 300 指数及其成分股的 15 分钟 k 线的收盘价, 共计 480 个样本数据, 300 个自变量, 1 个因变量, 数据量不是问题. 在这段时间, 有的股票并不是每一天都开盘, 对于缺失的数据各自用上一时段的数据补齐.

利用 R 软件计算这类问题比较简单, 获得经验回归方程如下:

$$\begin{aligned}\hat{y} =& 491.4 + 0.79x_1 + 1.92x_2 - 0.47x_3 + 2.94x_4 - 1.17x_5 + 1.81x_6 - 1.06x_7 + 2.61x_8\\ &-4.39x_9 - 1.06x_{10} - 0.85x_{11} + 2.43x_{12} - 1.49x_{13} + \cdots + 1.04x_{299} - 3.32x_{300}.\end{aligned}$$

残差平方和为 64.78, 拟合的效果很不错. 因此尽管没能得到实际的指数公式, 但按照上述模型获得的指数走势跟实际指数的走势基本一致, 我们称之为指数跟踪.

但上述模型系数检验时, 大量的变量未能通过显著性检验, 检查相关系数矩阵的特征值, 发现最大特征值为 133.82, 最小特征值仅 0.000169, 可见变量间存在非常严重的**多重共线性**(multicollinearity).

多重共线性在大数据处理中随处可见, 意即变量间存在高度相关 (共线), 从而导致样本协方差矩阵奇异或不稳定, 这样依赖协方差矩阵逆的最小二乘估计就会出现问题. 首先是协方差矩阵不可逆导致解的存在性问题, 其次由于最小特征值近似于零, 会导致最小二乘估计的方差趋向无穷, 在无偏估计范围内寻找参数的估计变得无意义. 这个问题留待第 8 章继续讨论.

在金融统计分析中, 很多变量之间的关系是已知的, 但传统的线性回归理论无法揭示这样的结果, 比如案例 6.2 中沪深 300 指数就是成分股走势的一个线性组合, 它受所有成分股走势的影响都应该是正的, 而且不应该有常数项. 但市场的实际运行过程中, 上涨的股票如果影响大于下跌的股票, 指数仍然会上涨, 如果在一个周期中都如此, 那么指数与这些下跌的股票表现出负相关就不可避免, 传统的回归分析很难从数据中洞察变量间的实质相依关系.

解决这个问题的方法有两种, 一是继续增加数据量, 二是采用下一节介绍的正回归方法. 首先我们来看一个案例.

案例 6.3(上证 50 指数跟踪)　2015 年 2 月 9 日, 上证 50ETF 期权正式上市, 标志着期权时代到来, 上证 50 是上海股票期权的标的指数.

为了获得尽量多的样本, 选取 2015 年 8 月 4 日到 2015 年 11 月 12 日的上证 50 成分股及指数的 5 分钟 k 线的收盘价, 可通过证券软件的高级导出功能获得每一个成分股和指数的 5 分钟 k 线数据, 比如西南财经金点子财富管理终端, 可选择独立行情进入, 不用注册, 在打开的行情界面下部选择板块, 在上拉菜单中选择指数板块, 再选择上证 50, 然后在窗口右上角点数据管理, 选择数据导出中的高级导出, 窗口上面会提醒需要导出的数据是否完整, 如果不完整, 需要先下载数据, 然后再导出. 导出的文件存在上证 50 子目录中, 共计 50 个成分个股的 csv 文件. 把上证 50 指数的 csv 导出文件放在主目录, 然后在主目录下启动 R 软件. 随后就可用编制好的 R 程序进行自动处理. 处理结束后获得的数据文件共计 3168 个样本数据, 50 个自变量, 1 个因变量. 对于缺失的数据, R 程序会自动用上一个有效数字填补. 由于数据量大, 手工处理日期对齐都很麻烦, 但 R 程序可以自动比照日期整理数据.

利用 R 程序计算, 可获得上证 50 指数与成分股之间的经验回归方程如下:

$$\begin{aligned}\hat{y} =& 6.27x_1 + 6.22x_2 + 3.54x_3 + 18.43x_4 + 1.08x_5 + 7.02x_6 + 5x_7 + 9.57x_8 \\ &+ 3.89x_9 + 4.51x_{10} + 1.49x_{11} + 1.94x_{12} + 0.94x_{13} + 0.9x_{14} + 0.35x_{15} \\ &+ 1.55x_{16} + 0.73x_{17} + 2.1x_{18} + 0.3x_{19} + 1.33x_{20} + 1.16x_{21} + 0.79x_{22}\end{aligned}$$

$$+1.98x_{23}+4.33x_{24}+3.59x_{25}+0.39x_{26}+0.8x_{27}+1.52x_{28}+3.73x_{29}$$
$$+1.39x_{30}+7x_{31}+6.54x_{32}+1.82x_{33}+14.06x_{34}+6.2x_{35}+11.04x_{36}$$
$$+3.27x_{37}+14.16x_{38}+1.96x_{39}+1.12x_{40}+9.96x_{41}+1.58x_{42}+5.65x_{43}$$
$$+0.93x_{44}+10.7x_{45}+3.09x_{46}+2.47x_{47}+14.1x_{48}+5.6x_{49}+1.61x_{50}.$$

检验结果表明所有系数都高度显著 (全部是 *** 通过检验, 显著水平在 1 ‰以下), 而且所以系数均为正, 尽管仍然不是实际的指数公式, 但按照上述模型获得的指数走势跟实际指数的走势基本一致, 也就是说指数跟踪的效果很好. 见图 6.1.

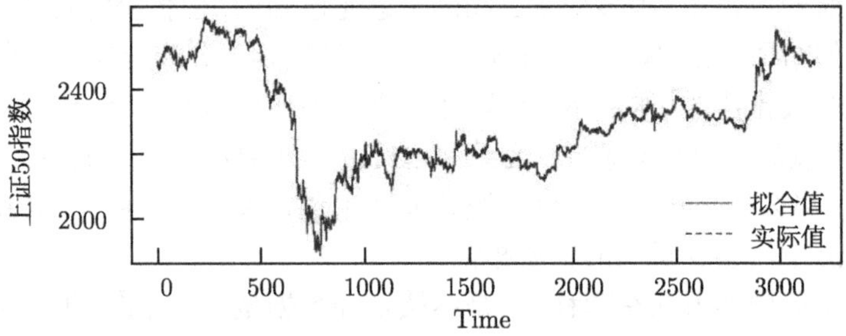

图 6.1　上证 50 指数跟踪示意图

为了进一步说明回归公式对指数实际走势的跟踪效果, 我们用前 1000 个样本拟合模型, 得到的模型系数如下:

$X1$	$X2$	$X3$	$X4$	$X5$	$X6$	$X7$
5.9861893	7.1646849	4.0574058	17.7172723	1.4304218	7.0583024	4.2278322
$X8$	$X9$	$X10$	$X11$	$X12$	$X13$	$X14$
9.6422996	3.5766773	4.8369669	1.1169353	1.9607343	1.0537129	0.7494933
$X15$	$X16$	$X17$	$X18$	$X19$	$X20$	$X21$
0.4347036	1.9768985	0.8896202	2.0390037	0.3017161	1.3130689	0.9990651
$X22$	$X23$	$X24$	$X25$	$X26$	$X27$	$X28$
0.8248362	2.1822145	5.0004662	3.6172041	0.3361702	0.9593778	1.5153505
$X29$	$X30$	$X31$	$X32$	$X33$	$X34$	$X35$
3.3133016	1.4463231	7.4389091	6.3269261	2.3958322	15.2349221	6.4662337
$X36$	$X37$	$X38$	$X39$	$X40$	$X41$	$X42$
12.1490320	2.4931847	14.0433409	1.7351617	1.0139643	9.9032572	1.4374317
$X43$	$X44$	$X45$	$X46$	$X47$	$X48$	$X49$
5.7399967	0.6945110	9.9171819	3.0984506	2.5333449	13.2559186	5.4496236
$X50$						
1.4942670						

易见, 所有系数仍然为正, 而且经过显著性检验, 所有系数都高度显著. 残差平方和 RSS=291.99, 残差图见图 6.2.

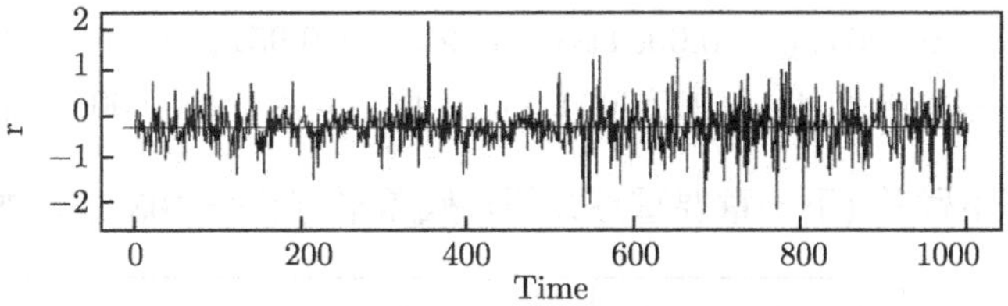

图 6.2 上证 50 指数前 1000 数据预测残差图

用此模型预测随后的 2168 个指数走势, 得到如下的预测指数跟踪图 6.3.

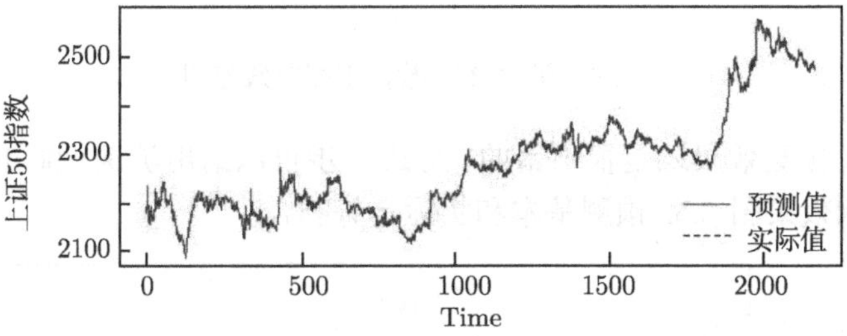

图 6.3 上证 50 指数预测指数跟踪示意图

从 2015 年 9 月 1 日到 11 月 12 日两个多月的时间, 通过回归模型跟踪上证 50 指数的走势非常成功, 说明通过数据拟合的模型用于指数跟踪是完全可行的.

四、正回归

根据指数的编制方法, 回归系数出现负值虽然真实的反应了一段时间内, 指数与部分成分股的实际相关关系, 但毕竟这种负相关是不对的, 因为指数公式中, 每个成分股对指数的贡献都是正的, 也就是说他们都是正相关的. 这时需要考虑带正系数约束的最小二乘问题, 在一定的周期内, 传统的回归方法很难从数据中洞察变量间的实质相依关系.

R 软件中的数据包 nnls 提供了非负系数的计算结果, 虽然大部分都是正系数, 但仍然有些变量的系数为零, 这也是不符合要求的, 因为对于指数公式, 所有成分股的权重都不会是零. 如果成分股对成分指数无贡献, 该成分股的存在就不合理了. 通过修改模型并利用 nnls 算法可以得到我们需要的正回归结果.

案例 6.4(续案例 6.2, 沪深 300 指数跟踪) 为了避免出现零系数, 这里采用的方法: 限定最低门限, 参考沪深 300 指数的编制方法, 用成分股的最小市值/成分股总市值 =692636/1854621409=0.000373465, 以此为阈值, 利用 nnls 计算, 得到所有

系数均为正的回归系数. 通过该程序获得经验回归方程如下:

$$\begin{aligned}\hat{y}= &0.58x_1+3.95x_2+0.0004x_3+0.37x_4+0.0004x_5+1.18x_6+0.0004x_7+0.56x_8\\&+0.0004x_9+0.0004x_{10}+0.0004x_{11}+0.46x_{12}+0.95x_{13}+\cdots+0.35x_{117}\\&+0.0004x_{118}+0.0004x_{119}+0.0004x_{120}+0.4x_{121}+\cdots+0.0004x_{300},\end{aligned}$$

相应的, 可算出残差 (下一章要重点介绍), 残差平方和是 108.2, 并画出残差图 6.4.

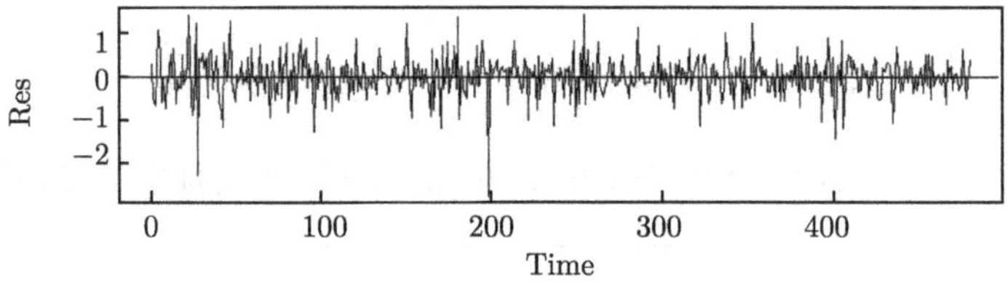

图 6.4　沪深 300 数据正回归残差图

图上可见预测效果还是很不错的. 更进一步可以给出沪深 300 指数实际走势和正回归预测效果图 6.5. 预测基本和实际走势吻合.

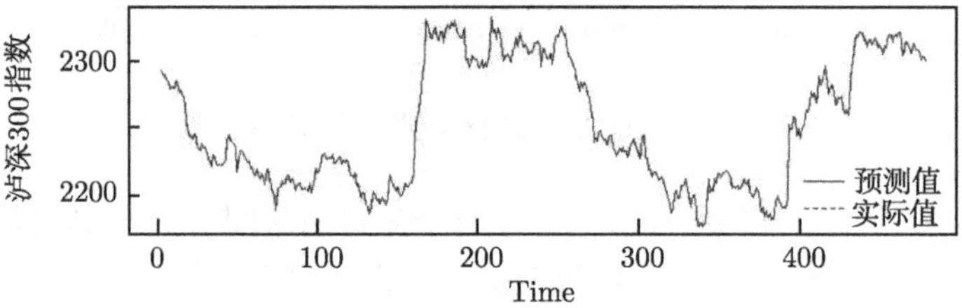

图 6.5　实际走势和预测效果图

案例 6.5(汇率跟踪与一篮子货币分析)　通过大智慧行情软件, 下载 2010.11—2015.11 连续 61 个月的主要货币的汇率行情, 通过最小二乘拟合, 得到经验回归公式:

人民币 =0.1631 美元 −0.05 澳元 −0.1367 欧元 −0.0053 英镑 +0.583 新西兰元 +0.0002 加元 +0.0038 瑞士法郎 +0.7063 丹麦克朗 −0.4467 日元 +0.1933 挪威克朗 +0.0002 瑞典克朗

(6.30)

易见人民币受美元、新西兰元、丹麦克朗、挪威克朗、瑞典克朗的正向影响较大, 受欧元、日元的负向影响较大, 英镑、加元、澳元、瑞士法郎对人民币的影响甚微.

2005 年 7 月 21 日中国人民银行宣布, 放弃人民币钉住美元汇率制度, 实行以市场供求为基础、参考一篮子货币进行调节、有管理的浮动汇率制度. 能否根据汇率市场数据, 推算篮子货币是很有意思的大数据分析选题. 下面我们分别考虑 2011–2015 五年的经验回归公式, 探讨其中的变化.

2011 年

人民币 =0.1339 美元 +0.0193 澳元 +0.0286 欧元 −0.0072 英镑 +0.003 新西兰元 −0.0562 加元 −0.005 瑞士法郎 −0.16 丹麦克朗 +2.3459 日元 +0.2594 挪威克朗 −0.0867 瑞典克朗

(6.31)

2012 年

人民币 =0.1316 美元 −0.0005 澳元 +0.0545 欧元 +0.0216 英镑 +0.0214 新西兰元 −0.0404 加元 +0.0015 瑞士法郎 −0.4186 丹麦克朗 −0.1169 日元 +0.1529 挪威克朗 −0.054 瑞典克朗

(6.32)

2013 年

人民币 =0.1839 美元 −0.0087 澳元 −0.0165 欧元 +0.0108 英镑 +0.0025 新西兰元 −0.0071 加元 −0.0257 瑞士法郎 +0.2519 丹麦克朗 −0.7227 日元 −0.0482 挪威克朗 −0.0297 瑞典克朗

(6.33)

2014 年

人民币 =0.1652 美元 −0.006 澳元 −0.0696 欧元 −0.0013 英镑 −0.0433 新西兰元 +0.0436 加元 +0.0537 瑞士法郎 +0.0354 丹麦克朗 +1.2102 日元 −0.2018 挪威克朗 +0.3362 瑞典克朗

(6.34)

2015 年

人民币 =0.1333 美元 +0.0308 澳元 −0.0276 欧元 −0.0045 英镑 −0.0209 新西兰元 +0.0568 加元 +0.0072 瑞士法郎 +0.1705 丹麦克朗 −0.018 日元 +0.0135 挪威克朗 −0.2015 瑞典克朗

(6.35)

为了便于对照, 我们把上述公式中的系数列入下面的对照表 6.1.

表中容易看见人民币和美元的关系比较固定, 日元的影响起伏较大, 到 2015 年影响就相当小了, 因此虽然中国的汇率已经参照了一篮子货币, 但美元的影响仍然比较恒定, 而且从来没有改变过方向, 基本可以认为：人民币仍然是参照美元定价的, 考虑了其它货币的影响, 尤其是日元.

表 6.1 2011~2015 年人民币与主要外币经验公式系数对照表

年份	美元	澳元	欧元	英镑	新元	加元	瑞士	丹麦	日元	挪威	瑞典
2011	0.1339	0.0193	0.0286	−0.0072	0.003	−0.0562	−0.005	−0.16	2.3459	0.2594	−0.0867
2012	0.1316	−0.0005	0.0545	0.0216	0.0214	−0.0404	0.0015	−0.4186	−0.1169	0.1529	−0.054
2013	0.1839	−0.0087	−0.0165	0.0108	0.0025	−0.0071	−0.0257	0.2519	−0.7227	−0.0482	−0.0297
2014	0.1652	−0.006	−0.0696	−0.0013	−0.0433	0.0436	0.0537	0.0354	1.2102	−0.2018	0.3362
2015	0.1333	0.0308	−0.0276	−0.0045	−0.0209	0.0568	0.0072	0.1705	−0.018	0.0135	−0.2015

显然, 参考一篮子货币是通过选择成分货币, 形成一个加权平均形式的类似于指数的公式, 通常公式中不会有负的权重, 因而需要考虑正回归. 由于人民币汇率指数尚未推出, 权重阈值较难估计, 我们使用前例中的 nnls 程序包计算, 不再设阈值, 对全部数据, 得到人民币相对美元的汇率仅跟三种货币有关, 分别是英镑、新西兰元、瑞士法郎. 按照逐年的数据进行分析, 结果列入表 6.2.

表 6.2 通过 nnls 直接获得的各年人民币篮子货币

时间	人民币货币篮子
2010.12~2011.11	英镑、加元、日元
2011.12~2012.11	美元、英镑、丹麦克朗、日元
2012.12~2013.11	新西兰元、瑞士法郎、瑞典克朗
2013.12~2014.11	新西兰元
2014.12~2015.11	英镑、新西兰元、瑞士法郎、日元

表 6.2 和表 6.1 有明显的不同, 虽然正回归给出了明显的变量选择 (这将在第 9 章专门讨论), 但由于结果中没有美元或欧元这样的世界主要货币, 还是不太合理, 由于货币之间的相互联动, 加上有些货币盯住美元, 如澳元、港元和加元, 由于人民币是参考一篮子货币, 并不是盯住一篮子货币, 因此市场的表现有所误差甚至滞后都是可以理解的. 因此倾向于认为人民币篮子会有较多的货币.

2015 年 12 月 11 日, 中国外汇交易中心发布 CFETS 人民币汇率指数, 货币篮子包括 13 种人民币对外汇交易币种. 指数基期是 2014 年 12 月 31 日, 比重最大的 4 种货币分别为美元 (26.4%)、欧元 (21.39%)、日元 (14.68%) 和港元 (6.55%), 这部分证实了我们前期的判断. 但该指数是否被央行 (PBOC) 正式采用为汇率目标还没有最终确定.

练 习 6

1. 设线性模型

$$\begin{cases} y_1 = \beta_1 + \varepsilon_1, \\ y_2 = 2\beta_1 - \beta_2 + \varepsilon_2, \\ y_3 = \beta_1 + 2\beta_2 + \varepsilon_3, \end{cases}$$

其中 $\varepsilon_i \sim N(0,\sigma^2)(i=1,2,3)$ 且相互独立, 试求 β_1、β_2 的 LS 估计.

2. 设 n 组观测值 $(x_i, y_i)(i=1,2,\cdots,n)$ 之间有如下关系:

$$y_i = \beta_0 + \beta_1 x_i + \beta_2 x_i^2 + \varepsilon_i, \varepsilon_i \sim N(0,\sigma^2)(i=1,2,\cdots,n)$$

且 $\varepsilon_1, \varepsilon_2, \cdots, \varepsilon_n$ 相互独立.

(1) 求系数 $\beta_0, \beta_1, \beta_2$ 的最小二乘估计量 $\hat{\beta}_0, \hat{\beta}_1, \hat{\beta}_2$;

(2) 设 $\hat{y}_i = \hat{\beta}_0 + \hat{\beta}_1 x_i + \hat{\beta}_2 x_i^2, i=1,2,\cdots,n,\ \bar{y} = \dfrac{1}{n}\sum_{i=1}^{n} y_i$

证明 $\sum_{i=1}^{n}(y_i - \bar{y})^2 = \sum_{i=1}^{n}(y_i - \hat{y}_i)^2 + \sum_{i=1}^{n}(\hat{y}_i - \bar{y})^2$.

3. 已有观测数据如下

x_i	0	1	2	3	4	5	6	7
y_i	4.6	4.2	6.5	8.7	9.0	7.3	5.5	3.2

(1) 求形如 $y = b_0 + b_1 x + b_2 x^2$ 的回归方程;

(2) 对上述回归方程的显著性作检验;

(3) 求当 x=5.5 时 Y 的估计值.

4. 设 y 和变量 x_1、x_2 有形如 $y = b_1 x_1 + b_2 x_2 + \varepsilon,\ \varepsilon \sim N(0,\sigma^2)$ 的回归方程模型, 试用最小二乘法求出 b_1, b_2 的估计.

5. 分析上证 50 指数走势并建立与 50 成分股的回归方程.

6. 对上证 50 指数和成分股之间的关系做正回归分析.

7. 搜集中证 100 指数及其成分股的数据进行正回归分析.

8. 对 5~7 题的数据分组进行训练和预测, 解释指数跟踪的可能性.

9. 收集汇率数据, 研究各国汇率一篮子货币中的货币种类和汇率计算公式, 进行汇率跟踪.

第 7 章　回 归 诊 断

回归诊断(regression diagnostic) 是 20 世纪 70 年代发展起来的统计理论与技术, 它的产生与发展是和计算机技术的飞速发展分不开的, 20 世纪后半叶, 回归分析越来越成为各个领域科技工作者分析数据的一种常用工具. 但实际中, 回归分析被滥用的问题相当严重, 有必要发展系统的统计方法加以分析, 探寻合理的解决方案. 这种通过回归结果的表象去推断问题症结的方法跟医生诊病一样, 因此取了一个形象的名词, 回归诊断.

还是从线性模型谈起, 考虑

$$Y = X\beta + \varepsilon \tag{7.1}$$

的参数估计与假设检验问题. 这里 Y 为 $n \times 1$ 观测向量, X 为 $n \times (p+1)$ 设计阵, β 为 $(p+1) \times 1$ 未知参数向量. 对于随机误差 ε, 一个特别重要的情形是 $E\varepsilon = 0$, 且满足高斯 - 马尔科夫 (Gauss-Markov) 假定:

$$\mathrm{cov}(\varepsilon_i, \varepsilon_j) = \begin{cases} \sigma^2, & i = j, \\ 0, & i \neq j, \end{cases}$$

即 ε 满足条件

$$E\varepsilon = 0 \quad , \quad \mathrm{cov}(\varepsilon) = \sigma^2 I_n. \tag{7.2}$$

在进一步研究假设检验和区间估计时, 还需要假设 ε_i 服从正态分布. 模型 (7.1)(7.2) 就是第 6 章介绍的多元线性回归模型 (6.5). 在目前的应用中, 绝大多数都采用这样一些假设. 这里有一个重要问题就是在一个具体场合, 当有了数据之后, 如何考察这些假设是否合理. 如果实际数据与这些假设偏离比较大, 那么得到的一些结果就不再成立. 如果分析表明实际问题不满足上面的假设, 则可以探讨对数据作适当的处理, 使其满足或近似满足这些假设. 这就是回归诊断需要解决的第一个问题. 这个问题的重要性是很明显的.

回归诊断所要研究的另一个重要问题, 是探查对统计推断 (如估计或预测等) 有较大影响的试验点 $(x_{i1}, \cdots, x_{ip}, y_i)$, 这样的点称为**强影响点**(influence case). 在回归分析中, 因变量 Y 的取值 Y_i 具有随机性, 自变量的值 $x_i = (x_{i1}, \cdots, x_{ip})', i = 1, \cdots, n$ 虽然是给定的, 但毕竟是很多可能取到的值中的 n 组.

我们希望每组数据 (y_i, x_i') 对未知参数的估计或其他推断有一定影响, 但影响不要过大, 这样我们所得到的估计关于数据就具有一定的稳定性. 不然的话, 如果个别数据是强影响点, 在去掉它们之后, 我们所得到的估计或经验回归模型与原来相比变化很大, 那么原来建立的经验回归模型就不会有说服力, 会让人产生 “不信任感”, 怀疑它是否真正刻画了因变量与自变量的相互关系.

这时还需要对强影响点做进一步的分析, 不能一概认为含强影响点的回归分析结果是不可取的. 如果对获得数据的全过程作了检查之后, 认为强影响点产生于试验或记录中的失误, 那么这种数据应该更正或者剔除.

不然的话, 应考虑收集更多的数据, 或采用稳健估计 (又称 M 估计) 以缩小强影响点对估计或其他推断的影响, 以求得到更稳定的估计和经验回归模型. 关于已确认的强影响点的处理问题, 难以给出统一的法则, 这需要根据具体情况斟酌对待. 下面先看一个著名的例子, 说明回归诊断的必要性.

案例 7.1　安斯康姆 (Anscombe) 数据, 安斯康姆在 1973 年给出了两个变量 y 与 x 的四组数据, 见表 7.1. 每组数据有 11 对观测值 (x_i, y_i), 其中第 2 列是前 3 组数据自变量 x 的值, 第 3、4、5 列分别是第 1、2、3 组数据因变量 y 的值. 最后两列为第 4 组数据.

表 7.1　安斯康姆数据

数据号	数据组号					
	1-3	1	2	3	4	4
	x	y	y	y	x	y
1	10.0	8.04	9.14	7.46	8.0	6.58
2	8.0	6.95	8.14	6.77	8.0	5.76
3	13.0	7.58	8.74	12.74	8.0	7.71
4	9.0	8.81	8.77	7.11	8.0	8.84
5	11.0	8.33	9.26	7.81	8.0	8.47
6	14.0	9.96	8.10	8.84	8.0	7.04
7	6.0	7.24	6.13	6.08	8.0	5.25
8	4.0	4.26	3.10	5.39	19.0	12.50
9	12.0	10.84	9.13	8.15	8.0	5.56
10	7.0	4.82	7.26	6.44	8.0	7.91
11	5.0	5.68	4.74	5.73	8.0	6.89

对这四组数据分别作一元线性回归分析, 常数项 β_0 和回归系数 β_1 的 LS 估计都分别为 $\hat{\beta}_0 = 3.0, \hat{\beta}_1 = 0.5$, 即它们有相同的经验回归方程

$$y = \hat{\beta}_0 + \hat{\beta}_1 x = 3.0 + 0.5x,$$

误差方差 σ^2 的估计都为 $\hat{\sigma}^2 = 13.5$, 复相关系数的平方 $R^2 = 0.667$. 因为这些回归统计量都有相同的值, 人们很自然得出结论: 一元线性回归模型 $y = \beta_0 + \beta_1 x + \varepsilon$ 对这四组数据适合程度是一样的. 但是, 我们说这个结论是不对的. 事实上只要稍

微考察一下这些数据在直角坐标系中的散点图 (图 7.1) 就可以领悟到这一点.

图 7.1(a) 表明, 对第一组数据来讲, 一元线性回归确实是适合的. 而从图 7.1(b) 容易看出, 同样的模型对第二组数据是不妥当的, 很可能要考虑某种光滑曲线, 或许是二次三项式模型. 7.1(c) 显示, 一元线性回归对多数数据是适合的, 唯独第三个观测点 (13.00, 12.74) 远离回归直线.

以后我们把这种点称为**异常点**(outlier). 如果把异常点暂时剔除掉, 对剩下的数据重新配回归直线, 这时经验回归方程为 $y = 4 + 0.346x$, 与原来的经验回归方程 $y = 3.0 + 0.5x$ 有相当的不同, 所以这个异常点很可能是强响点.

对最后一组数据, 情况与前三组都不相同, 从图 7.1(d) 可以看出, 我们不能认为 y 与 x 之间存在某种线性依赖关系. 这里第八组数据对应的点 (19.0, 12.50) 远离其他点. 如果把它剔除掉, R^2 就减少很多, 以至于从 R^2 就可断言 y 与 x 没有什么相关关系. 于是第八组数据可称为强影响点. 对这种情况, 我们说数据不够好, 应该对自变量 x 在 [8, 19] 这个区间上再收集一些数据.

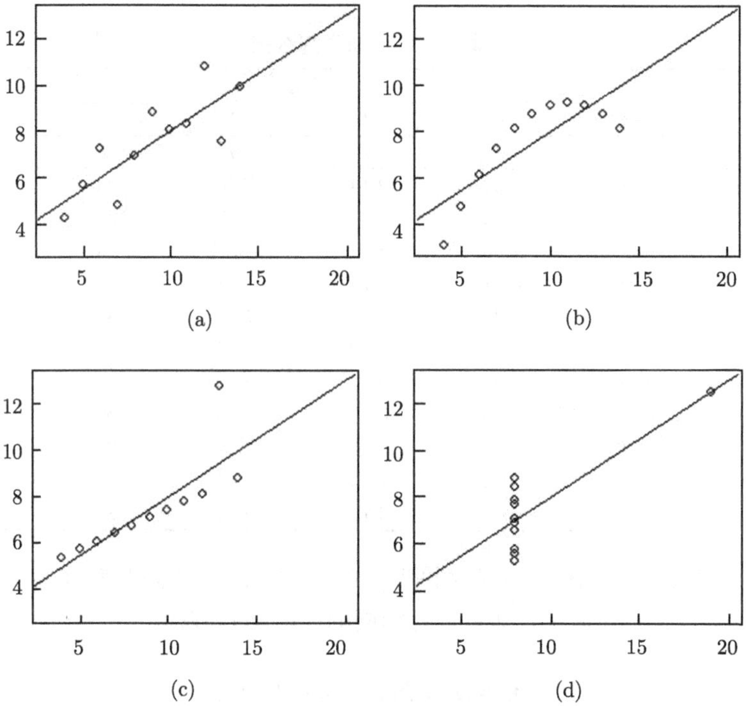

图 7.1 Anscombe 数据的回归

上述四条回归线均能通过显著性检验, 可见显著性检验并不是回归是否合适的依据, 还是需要根据具体的数据进行具体的分析.

由于第二张图, x 和 y_2 拟合明显不是线性关系, 我们采用非线性回归, 通过对自变量作二次变换, 然后使用线性回归的方法来做, 得到回归方程:

$$y = -6 + 2.78x - 0.13x^2,$$

拟合图形如图 7.2:

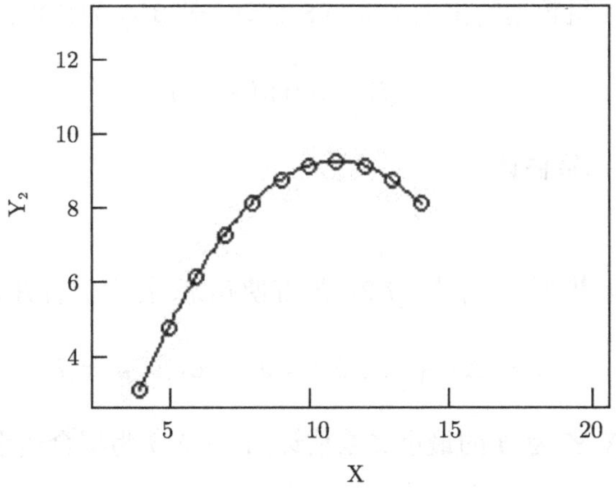

图 7.2　二次函数拟合图

易见, 效果非常理想! 而第三个图显示第 3 个数据异常, 我们通过程序, 去掉这个与其他数据不匹配的数据, 模型不再和原来的一样, 变成了

$$y = 4.01 + 0.35x.$$

图 7.3 显示, 剔除异常点后, 回归直线变化很大, 这对基于回归方程的预测带来很大的影响, 在实际中需要小心应对.

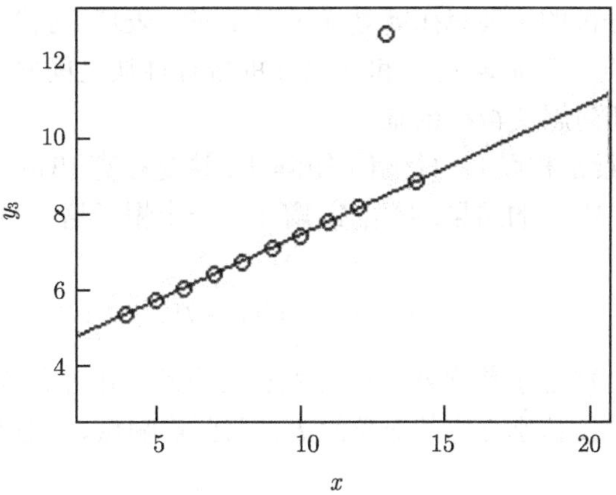

图 7.3　剔除异常点后的拟合图

回归诊断是一个比较复杂的问题. 它有点像医生给病人治病. 有时一个症状往往是多种不同疾病的征兆, 必须仔细地从多方面作检查分析, 才能断言毛病出现在什么地方. 限于篇幅, 本节仅讨论上面提出的两个问题.

约定一些记号. 我们用 $X(i), Y(i), \varepsilon(i)$ 表示从矩阵 X, Y 和 ε 剔除第 i 行所得到的矩阵. $\hat{\beta}$ 表示基于全部数据得到的 β 的 LS 估计, 而 $\hat{\beta}(i)$ 表示剔除第 i 组数据后从剩下的 $n-1$ 组数据给出的 β 的 LS 估计, 即 $\hat{\beta}(i)$ 为线性回归模型

$$Y(i) = X(i)\beta + \varepsilon(i) \tag{7.3}$$

中参数 β 的最小二乘估计.

一、残差

考虑线性回归模型 (7.1) 和 (7.2), 为方便起见, 将它们合并成 (7.4)

$$Y = X\beta + \varepsilon, \quad E\varepsilon = 0, \quad \operatorname{cov}(\varepsilon) = \sigma^2 I, \tag{7.4}$$

记 $\hat{\beta} = (X'X)^{-1}X'Y$ 为 β 的最小二乘估计, $\hat{Y} = X\hat{\beta}$ 为拟合值组成的向量, 称

$$e = Y - \hat{Y} = Y - X\hat{\beta} = (I - X(X'X)^{-1}X')Y = (I-H)Y$$

为普通残差, 其中 $H = X(X'X)^{-1}X'$ 为帽子矩阵. 可以证明 $H' = H, H^2 = H$, 即帽子矩阵是对称幂等阵. 所以, $e = (I-H)Y = (I-H)\varepsilon$, 此处应用了 $(I-H)X = 0$.

对于模型 (7.4) 中的随机误差向量 ε, 若高斯–马尔科夫假设成立, 且 $\varepsilon_1, \cdots, \varepsilon_n$ 的联合分布为正态, 则 $\varepsilon \sim N(0, \sigma^2 I)$. 对于普通残差向量 e 的性质参见第 6 章第 2 部分.

如果模型 (7.4) 的某些假设不成立, ε 的分布就会发生变化, 从而导致残差 e 的分布变化, 残差分析的主要思想就是通过对 e 的 “表现” 加以研究, 诊断关于 ε 的假设有哪些不满足. 但是误差 ε 和残差 e 的统计性质之间并不存在简单的对应关系, 这就使得诊断问题变得很困难.

与普通残差紧密相联系的是帽子矩阵 H, 这是杜克 (Tukey) 根据 $HY = \hat{Y}$, 即 H 作用在观测量 Y 上的结果, 是给 Y 增加了一个帽子这一事实给 H 起的一个俗名. 因为

$$\operatorname{cov}(e) = \sigma^2(I - H),$$

所以 H 完全决定了普通残差的方差和协方差, 由此不难预料, 在回归诊断中 H 将起着特殊作用, 特别是它的对角元 h_{ii}, 与强影响点、高杠杆点等概念有着密切联系.

我们先讨论一下它的性质.

定理 7.1

(1) $0 \leqslant h_{ii} \leqslant 1$ 且 $h_{ii}=1$ 时, $h_{ij}=0, j \neq i$;

(2) $\sum_{i=1}^{n} h_{ii}=p+1$;

(3) $h_{ii}=\frac{1}{n}+(x_i-\bar{x})'(X^{*'}X^*)^{-1}(x_i-\bar{x})$,

这里

$$X=\begin{pmatrix} \mathbf{1} & X_0 \end{pmatrix}=\begin{pmatrix} 1 & x_1' \\ 1 & x_2' \\ \vdots & \\ 1 & x_n' \end{pmatrix}, \quad X^*=\begin{pmatrix} (x_1-\bar{x})' \\ (x_2-\bar{x})' \\ \vdots \\ (x_n-\bar{x})' \end{pmatrix}, \quad \bar{x}=\frac{1}{n}\sum_{i=1}^{n} x_i.$$

证明留作习题.

从最后的结果我们可以看到 h_{ii} 是对第 i 个观察点的样本数据 x_i 与样本中心点远离程度的度量. 这个距离就是马氏距离. 因此, h_{ii} 刻画了第 i 个试验点 x_i 距离试验中心 $\bar{x}$ 的远近.

特别的, 对一元线性回归

$$Y_i=\beta_0+\beta_1 x_i+\varepsilon_i, \quad i=1,\cdots,n,$$

有

$$X'=\begin{pmatrix} 1 & 1 & \cdots & 1 \\ x_1 & x_2 & \cdots & x_n \end{pmatrix}=\begin{pmatrix} \mathbf{1} \\ X_0' \end{pmatrix},$$

$$X^{*'}=(x_1-\bar{x}, x_2-\bar{x}, \cdots, x_n-\bar{x}), \quad \bar{x}=\frac{1}{n}\sum_{i=1}^{n} x_i,$$

容易验证

$$h_{ii}=\frac{1}{n}+\frac{(x_i-\bar{x})^2}{\sum\limits_{i=1}^{n}(x_i-\bar{x})^2},$$

h_{ii} 的最小值 $1/n$ 当 $x_i=\bar{x}$ 时达到, 且随着 x_i 远离中心点 $\bar{x}$, h_{ii} 增大. 当 x_i 离 $\bar{x}$ 充分远时, h_{ii} 能够充分接近于 1. 需要说明的是, 本例的结论对多元线性回归也是成立的.

因为 $\mathrm{var}(e_i)=\sigma^2(1-h_{ii})$, 所以 h_{ii} 越大, $\mathrm{var}(e_i)$ 就越小. 特别当 $h_{ii}=1$ 时, 从 $\mathrm{Var}(e_i)=0$ 和 $Ee_i=0$ 可知 $e_i=0$(此事实以概率为 1 成立, 如果将概率为 0 的集合不予考虑, 就认为 $e_i=0$), 即 $Y_i=\hat{Y}_i$, 这说明, 当 h_{ii} 很大, 即当试验点 x_i 距离试验中心很远时, 残差 $e_i \approx 0$, 即不论观测值 y_i 等于什么值, 总有拟合值 $\hat{y}_i=y_i$.

从几何上看, 这个结论就是, 在自变量空间 R^p 中 x_i 远离试验中心 $\bar{x}$, 则在空间 R^{p+1} 中, 点 (x_i, y_i) 就把回归直线拉向它自己. 这种点对回归系数 LS 估计的影响可能很大. 在回归诊断中应予特别注意. 通常称这种点为**高杠杆点**(high leverage case). 因为 $0 \leqslant h_{ii} \leqslant 1$, 所以, 所谓 h_{ii} 很大, 只不过是它很靠近 1. 那么究竟 h_{ii} 大到多少, 所对应的点才是高杠杆点呢?

一般很难给出一个处处适用的标准. 有一种做法是, 将 $x_1, x_2, \cdots, x_n$ 看作服从正态分布的简单随机样本, 则可以证明

$$F = \frac{n-p-1}{p} \frac{h_{ii} - \dfrac{1}{n}}{1 - h_{ii}} \sim F(p, n-p-1),$$

注意到 F 是 h_{ii} 的单调递增函数, 所以 h_{ii} 很大等价于 F 很大. 如果从某个 h_{ii} 算出的 $F \geqslant F_{0.95}(p, n-p-1)$ 或 $F \geqslant F_{0.90}(p, n-p-1)$ 就认为 h_{ii} 很大, 对应的点 (y_i, x_i) 就判为高杠杆点.

残差的重要应用之一是根据它的绝对值大小判定异常点. 但是, 对于普通残差 e_i,$\text{var}(e_i) = \sigma^2(1 - h_{ii})$, 这个方差与因变量 Y 的度量单位以及 h_{ii} 有关. 因此在判定异常点的情形, 直接比较普通残差 e_i 是不适宜的. 为此将它们标准化, 得到

$$\frac{e_i}{\sigma\sqrt{1 - h_{ii}}}, \quad i = 1, \cdots, n, \tag{7.5}$$

但其中 σ 未知, 用估计 $\hat{\sigma}^2 = ||Y - \hat{Y}||^2/(n-p-1)$, 获得

$$r_i = \frac{e_i}{\hat{\sigma}\sqrt{1 - h_{ii}}}, \quad i = 1, \cdots, n. \tag{7.6}$$

称为标准化 (内学生化) 残差.

这里要注意的是, 在误差 ε 的正态假设 $\varepsilon_i \sim N(0, \sigma^2)$ 条件下, 虽然 $e \sim N(0, \sigma^2(I - H))$, $\hat{\sigma}^2 \sim \chi^2(n-p-1)$, 但两者并不独立, 所以 r_i 并不服从于通常的 $t(n-p-1)$ 分布. 诸 r_i 彼此也不独立. 它的统计性质远比普通残差要复杂, 艾伦伯格 (Ellenberg) 在 $\varepsilon_i \sim N(0, \sigma^2)$ 条件下, 导出了 $r_1, \cdots, r_n$ 中任意 k 个的联合分布.

特别是 $r_i^2/(n-p-1)$ 服从参数为 1/2 和 $(n-p-2)/2$ 的 β 分布. 于是 $Er_i = 0$, $\text{var}(r_i) = 1$

$$\text{cov}(r_i, r_j) = -h_{ij}/[(1 - h_{ii})(1 - h_{jj})]^{1/2}, \quad i \neq j \tag{7.7}$$

这个事实很重要, 在应用上常常把 $r_1, \cdots, r_n$ 近似看作来自 $N(0, 1)$ 的简单随机样本, 然后用残差图作诊断.

另一种 (外) 学生化残差定义为

$$r_i^* = \frac{e_i}{\hat{\sigma}(i)\sqrt{1 - h_{ii}}}, \quad i = 1, \cdots, n, \tag{7.8}$$

其中 $\hat{\sigma}^2(i)$ 是从模型 (7.3) 导出的 σ^2 的估计, 即

$$\hat{\sigma}^2(i) = Y_{(i)}'(I - X_{(i)}(X_{(i)}'X_{(i)})^{-1}X_{(i)}')Y_{(i)}/(n-p-2). \tag{7.9}$$

(7.8) 是在 (7.6) 中用 $\hat{\sigma}(i)$ 代替 $\hat{\sigma}$ 得到的, 其用意是, 在对普通残差 e_i 作 "标准化" 时, 排除 e_i 自身在误差方差估计中的份额. 一些学者研究了 r_i^* 的分布, 指出在许多应用场合, r_i^* 近似服从 $t(n-p-2)$ 分布.

在计算 r_i^* 时, 我们并不必对每个 i 应用 (7.9) 计算 $\hat{\sigma}^2(i)$. 下式给出了计算 $\hat{\sigma}^2(i)$ 的一个简便方法

$$\hat{\sigma}^2(i) = \frac{n-p-1-r_i^2}{n-p-2}\hat{\sigma}^2, \tag{7.10}$$

r_i^* 比 r_i 优越之处是: ①在误差 $\varepsilon \sim N(0, \sigma^2 I)$ 条件下 $\hat{\sigma}^2(i)$ 和 e_i 相互独立, 于是 r_i^* 服从自由度 $n-p-2$ 的 t 分布. ②如果目的是检查异常值, 那么 r_i^* 比 r_i 更为有效.

前面讨论的普通残差和标准化残差都是从数据与模型的拟合角度提出的. 因为预测是回归模型的重要应用, 于是有必要从预测角度定义残差. 我们称

$$\delta_i = Y_i - x_i'\hat{\beta}(i), \quad i = 1, \cdots, n, \tag{7.11}$$

为 x_i 处的预测残差. 可以推得预测残差 δ_i 与普通残差 e_i 的关系. 由于

$$\hat{\beta}(i) = \hat{\beta} - \frac{e_i}{1-h_{ii}}(X'X)^{-1}x_i, \tag{7.12}$$

故

$$\begin{aligned} \delta_i &= Y_i - x_i'\hat{\beta}(i) \\ &= Y_i - x_i'(\hat{\beta} - \frac{e_i}{1-h_{ii}}(X'X)^{-1}x_i) = \frac{e_i}{1-h_{ii}}. \end{aligned} \tag{7.13}$$

因为 $0 \leqslant h_{ii} \leqslant 1$, 所以对比较大的 h_{ii}, 对应的 δ_i 也就很大, 可见用预测残差作回归诊断更看重具有较大 h_{ii} 的试验数据, 也就是远离试验中心的那些数据.

记 $\delta = (\delta_1, \cdots, \delta_n), D = \mathrm{diag}(1-h_{11}, \cdots, 1-h_{p+1,p+1})$, 则预测残差向量 $\delta = D^{-1}e$. 于是若 $\varepsilon \sim N(0, \sigma^2 I)$, 则从 $e \sim N(0, \sigma^2(I-H))$ 及多元正态分布的性质, 可以推得

$$\delta \sim N(0, \sigma^2 D^{-1}(I-H)D^{-1}),$$

特别 $\delta_i \sim N(0, \sigma^2/(I-h_{ii})), i = 1, \cdots, n$. 由此可以看出, 将 δ_i 施 "学生化" 程序, 就得到了前面讨论过的标准化残差 r_i 和学生化残差 r_i^*.

预测残差 δ_i 除了应用于回归诊断外, 另一个重要应用是回归自变量选择.

δ 的平方和 $\sum\limits_{i=1}^{n} \delta_i^2$ 可以作为回归自变量选择的一种准则, 称为 PRESS(prediction error sum of squares) 准则. 好的回归模型应该有较小的 PRESS.

基于不同的角度, 人们还给出了各种各样的残差, 如递归残差、偏残差等, 有兴趣的读者可以查阅相关文献.

检查残差是否服从正态性假定是很有必要的, 下面通过 R 程序采用夏皮罗 - 威尔克 (Shapiro-Wilk) 正态性检验 (简称 W 正态性检验).

案例 7.2(续案例 6.1, 深圳各板块指数)　试对案例 6.1 已经得到的回归模型进行残差的 W 正态性检验.

通过 R 程序计算, W = 0.8776, 显著概率为 2.2×10^{-16}, 因此, 残差不满足正态性假设 (这里显著就是拒绝正态性假设), 为了让残差满足正态性假设, 需要对数据和模型做更多的分析.

二、残差图

所谓残差图就是以某种残差为纵坐标, 以任何其他的量为横坐标的散点图. 这里横坐标有多种选择. 最常见的三种选择是

(1) 因变量 Y 的拟合值 $\hat{Y}_i$;

(2) 回归自变量 $x_j, j=1,\cdots,p$;

(3) 在因变量的观测 $Y_1,\cdots,Y_n$ 为一时间序列时, 横坐标可以取为观测时间或观测序号.

上一节我们在 $\varepsilon \sim N(0,\sigma^2 I)$ 成立的条件下, 讨论了各种残差的性质. 残差作为误差 ε_i 的观测值或 "估计" 应该与 ε_i 相差不远. 根据残差图的大致形状是否与应有的性质一致, 就可以对假设 $\varepsilon \sim N(0,\sigma^2 I)$ 的合理性提供一些有益的信息, 这样的分析有时也称为残差分析. 这些方法虽很简单, 但应用上效果很好.

我们以 r_i 为例, 讨论残差图的具体应用, 图 7.4 是以 (内) 学生化残差 r_i 为纵坐标, 拟合值 $\hat{Y}_i$ 为横坐标的残差图.

如果假设 $\varepsilon \sim N(0,\sigma^2 I)$ 成立, 由上节知, r_i 近似服从 $N(0,1)$, 且近似相互独立. 因此这些 r_i 可以看作来自总体 $N(0,1)$ 的简单随机样本. 根据标准正态分布的性质, 大约应有 95%的 r_i 落在 $[-2,2]$ 中. 再由第 6 章性质 6.3, $\hat{Y}_i$ 与普通残差 e 不相关, 因而与学生化残差 $r'=(r_1,\cdots,r_n)$ 相关性也很小.

所以, 在残差图中, 点 $(\hat{Y}_i, r_i), i=1,\cdots,n$ 大致落在 $|r|\leqslant 2$ 的水平带域内, 且不呈现任何的趋势, 如图 7.4(a). 这时数据与假设 $N(0,1)$ 没有不一致的征兆, 可以认为这个假设基本上是合理的. 而图 7.4(b)~(d) 显示了误差等方差即 $\mathrm{var}(\varepsilon_i)=\sigma^2, i=1,\cdots,n$ 的假设 (或称方差齐性假设) 并不满足.

其中图 (b) 表示了误差方差随 $\hat{Y}_i$ 增大而增大. 而图 (c) 正好相反, 它表示了误差方差随 $\hat{Y}_i$ 增大而减小. 图 (d) 则表示对较大和较小的 $\hat{Y}_i$, 误差方差比较小, 而对中等大小的 $\hat{Y}_i$, 误差方差比较大. 接下来的图 (e) 和 (f) 表明回归函数可能是非线性的, 或误差 e_i 之间具有一定相关性或漏掉了一个甚至多个重要自变量.

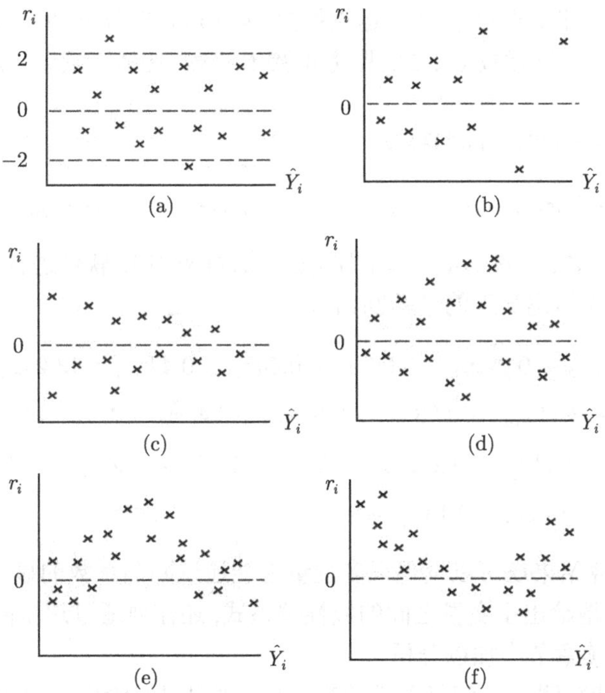

图 7.4　残差图

究竟属于何种情况, 还需要作进一步的诊断. 这种 "一种症状可能产生自多种不同的疾病" 正是回归诊断的困难所在. 在处理回归诊断时, 就如医生治病, 方法和经验都是不可缺少的.

诊断出 "疾病" 后 (即知道某些假设条件不成立), 进一步的问题就是 "对症下药". 如果残差图显示了误差非齐性, 则可采用两种 "治疗" 方案. 一种是对自变量或因变量作变换使得变换后的数据, 误差方差近似相等. 这将在后面仔细讨论.

另一种治疗方案是改用加权最小二乘法. 这种方法的困难往往在于权是未知的, 需要设法给出估计. 如果是图 (e) 和 (f) 的情形, 应该仔细分析实际问题, 试探各种治疗方案, 如增加新自变量, 或用德宾 - 沃森 (Durbin-watson) 检验, 考察误差是否有正或负相关, 等等.

案例 7.3(续案例 7.2, 深圳各板块指数)　考虑深圳成分指数与更多的其他指数的相关性.

通过市场行情软件可获得 27 个指数行情数据 (变量), 分别是成分指数 cf, 1. 中小板 zx, 2. 创业板 cy , 3. 深圳 B 指 bz, 4. 农林指数 ll, 5. 采掘指数 cj, 6. 制造指数 zc, 7. 食品指数 sp, 8. 纺织指数 fz, 9. 木材指数 mc, 10. 造纸指数 cz, 11. 石化指数 sh, 12. 电子指数 dz, 13. 金属指数 js, 14. 机械指数 jx, 15. 医药指数 yy, 16.

水电指数 sd, 17. 建筑指数 jz, 18. 运输指数 ys, 19.IT 指数 it, 20. 批零指数 pl, 21. 金融指数 jr, 22. 地产指数 dc, 23. 服务指数 fw, 24. 传播指数 cb, 25. 沪深 300hs, 26. 基金指数 jj.

我们考虑如下的多元回归模型

$$Y = \beta_0 + \beta_1 x_1 + \beta_2 x_2 + \beta_3 x_3 + \beta_4 x_4 + \beta_5 x_5 + \cdots + \beta_{26} x_{26} + \varepsilon, \tag{7.14}$$

其中 Y 是成分指数, 假设 $\mathrm{cov}(\varepsilon) = \sigma^2 I$ 成立, 通过应用 R 软件进行计算, 先得到全部回归系数, 从而给出如下的经验回归方程

$$\begin{aligned} y_{cc} =& 483 + 0.08x_{zx} - 0.02x_{cy} - 0.06x_{bz} - 0.54x_{ll} + 0.44x_{cj} - 13.24x_{zc} + 1.78x_{sp} \\ & - 0.5x_{fz} - 3.71x_{mc} - 0.93x_{cz} + 2.88x_{sh} + 2.48x_{dz} + 3x_{js} + 4.72x_{jx} + 0.32x_{yy} \\ & - 1.54x_{sd} - 0.23x_{jz} - 0.28x_{ys} + 2.57x_{it} + 1.41x_{pl} + 0.4x_{jr} + 1.14x_{dc} - 0.74x_{fw} \\ & - 1.41x_{cb} + 2.1x_{hs} - 0.13x_{jj} + \varepsilon \end{aligned} \tag{7.15}$$

通过 R 程序运算结果还可以发现很多变量未能通过回归系数的显著性检验. 因此 (7.15) 虽然形式地给出了变量之间的线性关系式, 还需要通过逐步回归进行变量选择, 我们将在后续章节中加以分析.

案例 7.4(续案例 7.3, 深圳各板块指数)　画出已经给出模型 (7.15) 的标准化残差散点图和外学生化残差散点图.

通过 R 程序, 得到图 7.5.

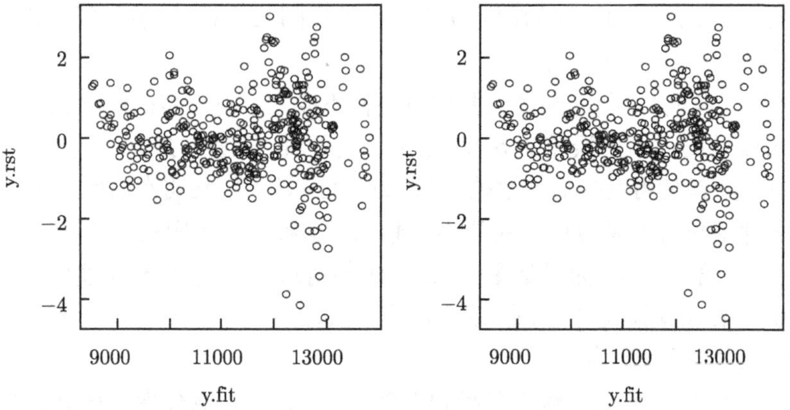

图 7.5　标准化残差图和外学生化残差图

易见, 误差等方差 (方差齐性) 明显不满足. 残差图从左到右逐渐散开呈漏斗状, 为此可以考虑对因变量作变换, 这里做 4 次方根运算, 可以得到新的模型, 再次观察残差图, 见图 7.6, 明显得到改观.

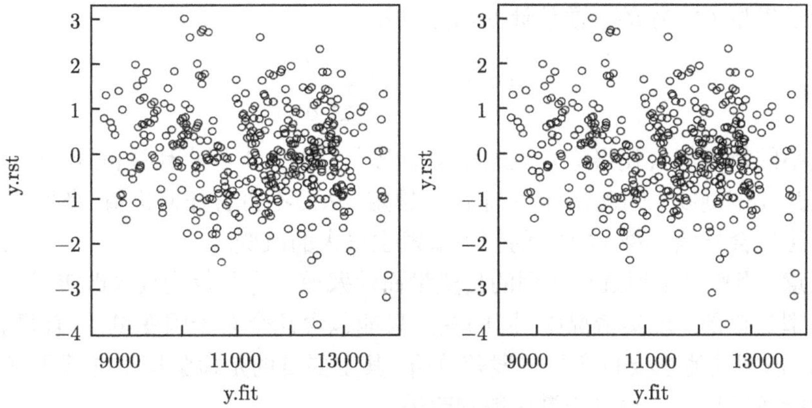

图 7.6　修正模型后的残差图

图 7.7 给出了对数正态 QQ 图, 当散点在虚线所在的直线上时, 认为正态假定是合理的.

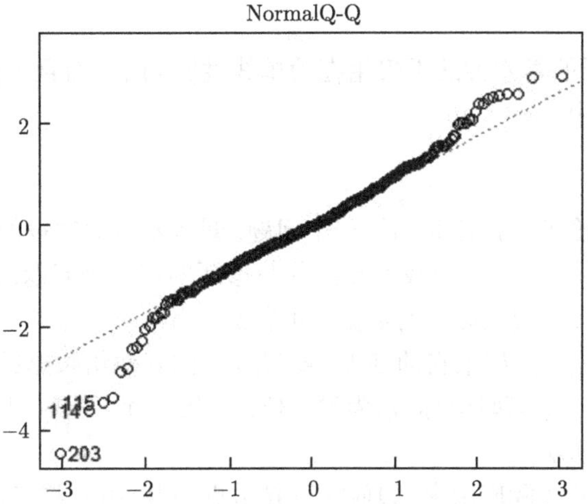

图 7.7　对数正态 QQ 图

易见, 中间一段正态性很好, 但两侧严重的偏离正态分布.

通过进一步的分析发现, 变量间存在严重的多重共线性, 度量多重共线性严重程度的一个重要指标是变量相关系数矩阵的条件数 (矩阵最大特征值与最小特征值之比), 从实际经验的角度, 如果条件数小于 100, 则认为变量间共线性程度较轻微, 当条件数大于 1000, 则认为存在严重的共线性.

经计算, 模型 (7.15) 个变量间相关矩阵的条件数为 3811488, 因此存在严重的共线性, 再计算所有的特征值, 最大特征值为 21, 但最小特征值只有 5.5×10^{-6}.

由于模型 (7.15) 的参数估计的均方误差

$$MSE(\tilde{\beta}) = \sigma^2 \sum_{i=1}^{p} \frac{1}{\lambda_i}, \tag{7.16}$$

因此较小的特征值会使得均方误差变得非常大, 通过 R 程序计算得到 (7.16) 的均方误差为 $186306\sigma^2$, 因此估计 $\tilde{\beta}$ 非常不稳定, 从而不再有任何价值, 此时, 样本的微小变化也会导致模型 (7.15) 的预测值发生很大的改变.

注意: 当原模型通过加入别的自变量而使残差平方和得到较大改善时, 并不能说原模型是错的. 现实情况中, 回归模型只能包含几个对于因变量 Y 有显著影响的因素. 识别其他重要自变量的残差分析, 其主要目的是检验模型的适用度, 并了解是否能通过加入其他自变量而得到改进.

几点说明:

(1) 我们每次只讨论一种偏离, 实际中可能同时发生几种偏离. 比如, 线性回归函数可能拟合不佳, 误差项方差也可能不相同.

(2) 残差的图示分析只是一种非正式的方法, 但在许多情况下, 它足以检验模型的适用度.

(3) 残差分析的基本方法不仅用在简单线性回归中, 而且用在更复杂的回归以及其他统计模型中.

三、异常点

前面集中讨论了回归诊断的第一个问题, 即考察模型假设的合理性. 其中残差是最重要的诊断统计量. 本节我们转到回归诊断的第二个问题, 即探查对回归推断 (如估计、预测) 具有较大影响的数据, 即异常点.

一组数据 (x_i', y_i), 如果它的残差 (e_i 或 r_i) 比其他组数据的残差大得多, 我们称 (x_i', y_i) 为异常点, 有时也称 y_i 为异常值. 因此它有可能对回归的估计以及其他推断产生严重的影响.

在回归分析的实际应用中, 如何探查异常点, 判断出异常点之后应该如何处理, 是近年来倍受重视的问题. 这一部分我们先讨论基于距离的异常探测, 然后给出异常点的一种检验. 至于对异常点的处理问题, 需要根据对数据本身以及数据的获得过程进行仔细的研究, 分别情况斟情处理. 如果异常值产生于试验过程的失误, 则应该剔除.

对于其他情况, 也可以剔除也可以用稳健估计以降低异常点的影响. 无论哪一种情况, 对异常点所对应的试验作进一步分析都是必要的.

根据异常点的具体数据表现, 我们大致可以把它分为以下三类:

(1) 观察值 Y 异常, 如图 7.8 中点 A, 虽然其解释变量 X 的值比较接近其平均值, 但对应的观察值 Y 却远离其他临近点对应的 Y 值, 表现为异常大.

(2) 解释变量 X 异常, 如图 7.8 中点 B, 其解释变量 X 的值远离中心点位置, 异常大.

(3) 关于观察值 Y 和解释变量 X 均异常, 图中点 C 就属于这种情形.

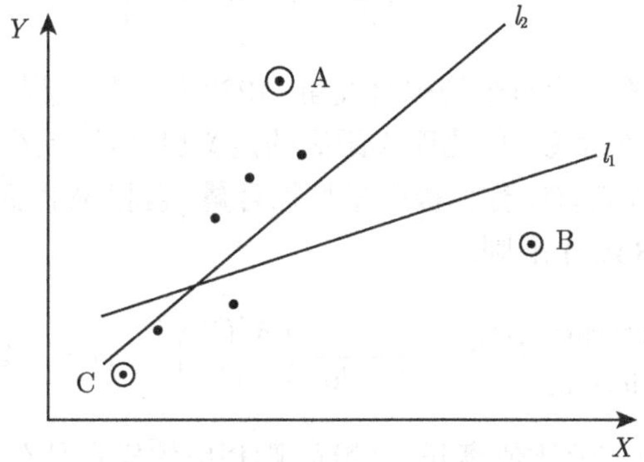

图 7.8　几种异常值的表现

从上图可以看出, 异常点是与某一模型不相符的点, 表现为或存在系统误差 (如点 A), 或不在样本取值范围内 (如点 B), 其原因有两方面: 一是因测量方法、设备的变动或记录错误等外部原因引起; 或是由系统本身的运动变化产生. 对于前者我们完全可以将其删除, 而不会对回归产生影响.

对于后者则要慎重对待, 因为很可能正是在这些异常点中暗含着一些关于所研究问题的重要信息: 如预示着模型未来变动趋势或解释变量所处的新环境等, 不可轻易剔除.

对于单个数据 (x_i', y_i) 的异常, 文献中已经有不少检测工具, 基于距离的方法是其中比较重要的一种. 限于篇幅, 择主要的介绍如下.

库克 (Cook) 距离: 这是库克和韦斯伯格 (Weisberg) 在 1980 年提出的, 目前应用最广泛.

$$D_i(M, c) = \frac{(\hat{\beta}(i) - \hat{\beta})' M (\hat{\beta}(i) - \hat{\beta})}{c}, \tag{7.17}$$

M 是给定的正定矩阵, c 是给定常数, 当 $D_i(M, c)$ 较大时, 判定 (x_i', y_i) 为异常;

WK 距离: 1979 年韦尔斯 (Welsch) 和库 (Kuh) 提出, 定义为

$$\text{DFFITS}_i = \frac{(\hat{y}_i - \hat{y}_i(i))}{\hat{\sigma}(i)\sqrt{h_{ii}}}, \tag{7.18}$$

贝尔斯利 (Belsley), 库和韦尔斯在 1980 年建议 DFFITS_i 的绝对值如果大于 $2\sqrt{\frac{p+1}{n}}$ 就判定 (x_i', y_i) 异常.

平均拟合度量：1991 年杨虎提出，定义为

$$\mathrm{MF}_t(i) = \left[\frac{1}{n}\sum_{j=1}^{n}\left|\frac{\hat{y}_j - \hat{y}_j(i)}{\hat{\sigma}(i)\sqrt{h_{ii}}}\right|^t\right]^{\frac{1}{t}}, \tag{7.19}$$

当 $t=1$ 时，$\mathrm{MF}_1(i)$ 称为绝对平均拟合度量 (1989 年由杨虎提出)，$t=2$ 时，$\mathrm{MF}_2(i)$ 和 $Cook$ 距离仅差一个常数，但比库克距离的定义更合理，它受样本容量 n 的影响较小，当 $t\to\infty$ 时，$\mathrm{MF}_\infty(i)$ 称为极限平均拟合量，它和 WK 距离仅差一个常数.

协方差比 (CovRatio) 准则：

$$\mathrm{CovRatio} = \frac{\det(\mathrm{var}(\hat{\beta}(i)))}{\det(\mathrm{var}(\hat{\beta}))} = \frac{1}{1-h_{ii}}\left(\frac{\hat{\sigma}^2(i)}{\hat{\sigma}^2}\right)^{p+1}, i=1,2,\cdots,n. \tag{7.20}$$

如果有一个样本的协方差比值离开 1 较远，则相应的样本具有强影响.

对于数据集的异常问题较为复杂，库克距离、WK 距离和平均拟合度量都可以充当检测工具，除考虑单个的数据或多个数据组成的集合的影响外，也可以考虑数据甚至 X 扰动的影响，从而发现数据变异的异常问题，这比单纯的删除数据又进了一步，近年来，随着数据挖掘的迅速兴起，基于异常统计诊断的异常挖掘发展较快，成为数据挖掘的重要研究分支.

作为距离检测的补充，下面讨论异常点的检验问题，把模型 (7.1) 改写为

$$Y_i = x_i'\beta + \varepsilon_i, \quad i=1,\cdots,n, \tag{7.21}$$

如果 (x_i', y_i) 是一个异常点，那么它的残差之所以很大，是因为 $E(Y_i)\neq x_i'\beta$，假定 $E(Y_i)=x_i'\beta+\eta_i$，这里 η_i 是一个非随机量. 因此，若 $Y_{i_1},\cdots,Y_{i_k}$ 对应于 k 个异常点，则线性回归模型为

$$Y_i = \begin{cases} x_i'\beta + \eta_i + \varepsilon_i, & i\in I=\{i_1,\cdots,i_k\}, \\ x_i'\beta + \varepsilon_i, & i\notin I, \end{cases} \tag{7.22}$$

记 $d_i' = (0,\cdots,0,1,0,\cdots,0)$，即第 i 个元素为 1，其余 $n-1$ 个元素均为 0 的向量. 又记 $D=(d_{i_1},\cdots,d_{i_k})$，$\eta'=(\eta_{i_1},\cdots,\eta_{i_k})$，则 (7.22) 的矩阵形式为

$$Y = X\beta + D\eta + \varepsilon, \tag{7.23}$$

这个模型可以看作将模型 (6.5) 对均值平移后得到的，所以称为均值平移 (漂移) 线性回归模型.

下面仅仅考虑单个异常点的检验，要判断 (x_i', y_i)，$i\in I$ 是不是异常点，等价于检验线性假设 $H:\eta=0$.

常用的检验方法采用检验量

$$F_i = \frac{(n-p-2)r_i^2}{n-p-1-r_i^2} \sim F(1, n-p-2), \tag{7.24}$$

等价地

$$T_i = r_i \left(\frac{n-p-2}{n-p-1-r_i^2}\right)^{1/2} \sim t(n-p-2), \tag{7.25}$$

对给定的 (x_i', y_i), 如果 $|t_i| > t_{\frac{\alpha}{2}}(n-p-2)$, 则以水平 α 我们拒绝原假设 $H: \eta = 0$, 即认为 (x_i', y_i) 是一个异常点.

案例 7.5(续案例 7.4, 深圳各板块指数) 成分指数影响模型.

为了探查异常点, 这里使用 DFFITS 准则, R 软件给出了 DFFITS 准则的计算函数 dffits( ), 运行后, 发现总共给出了 210 个异常值, 超出了样本总数 408 的一半以上, 如此多的异常值, 只能表明模型混合了两种甚至更多种不同类型的数据, 在数据量较大时, 这种情况是很容易发生的. 实际需要逐一加以区分.

如果用库克距离来诊断, 可以用 R 软件给出的函数 cooks.distance( ), 运算结果显示, 距离值最大的两个是 114 号和 115 号, 即 2010 年 11 月 22 日和 23 日的数据, 但距离值也不过 0.065 和 0.058, 经查, 这两天成分指数表现很平庸, 无任何异常. 但分析其他板块, 食品、建筑、中小板块等指数那两天大涨, 数据上确实存在异常情况.

继续用协方差比来诊断, 使用 R 函数 covratio( ), 运行结果显示 203 号样本的协方差比值与 1 的偏离超过 0.73, 对应的是 2011 年 4 月 6 日的数据, 经查, 该日成分指数表现平稳, 但金融和采掘板块暴涨, 创业板块、农林板块和建筑板块大跌, 对模型的影响还是存在的.

还可以使用回归诊断函数 Reg_Diag 进行统计诊断, 异常点会通过加 * 号的方式标注, 这个函数给出了 7 种检测异常点的方法, 分别是普通残差、标准残差、学生化残差、帽子矩阵、WK 距离、库克距离、协方差比. 由于这些方法检测出的异常点各不相同, 有时候, 可以更多的关注被几种方法同时检测出的异常点.

异常点的检验是一个尚未很好解决的问题. 特别是数据中含多个异常点时更是如此. 因为此时会出现真正的异常点 "伪装" 成非异常点、而非异常点却又呈现出异常的复杂情况. 近年来关于这方面的理论研究和应用都非常丰富, 限于篇幅, 本书不可能逐一介绍, 仅作抛砖引玉, 感兴趣的读者可以参见书末的有关文献.

练 习 7

1. 证明定理 7.1.
2. 证明公式 (7.12).

3. 设 n 组观测值 $(x_i, y_i)(i = 1, 2, \cdots, n)$ 之间有如下关系：

$$y_i = \beta_0 + \beta_1 x_i + \beta_2 x_i^2 + \varepsilon_i, \varepsilon_i \sim N(0, \sigma^2)(i = 1, 2, \cdots, n)$$

且 $\varepsilon_1, \varepsilon_2, \cdots, \varepsilon_n$ 相互独立. 请给出普通残差 e, 并证明 e 与 $\hat{Y}_i, i = 1, 2, \cdots, n$ 无关.

4. 已有观测数据如下

x_i	0	1	2	3	4	5	6	7
y_i	4.6	4.2	6.5	8.7	9.0	7.3	5.5	3.2

(1) 求进行线性回归后的普通残差；

(2) 求出标准化残差、外学生化残差和预测残差；

(3) 检查是否有异常点；

(4) 求出帽子矩阵.

5. 对练习 6 建立的上证 50 指数与成分股间的回归模型进行回归诊断.

6. 对练习 6 建立的中证 100 指数和成分股间的回归模型进行回归诊断.

7. 对探测出的异常值请查阅历史资料, 分析是否有基本面或消息面上的异常情况, 阐述异常判别的现实针对性, 很多异常是跟历史上的重大事件相关联的.

第8章　有偏估计

有偏估计(biased estimate) 是解决多重共线性最直接的方法, 从 20 世纪中叶开始, 有偏估计发展迅速, 无论理论研究还是实际应用都得到快速发展, 估计方法层出不穷, 比较有代表性的是压缩估计、主成分估计、岭估计、刘估计、几乎无偏估计、统一有偏估计等.

当多重共线性存在, 模型参数的最小二乘估计尽管在无偏估计里仍然具有最小均方误差 (MSE), 但由于最小特征值近似为零, 根据公式 (7.16) 可知, MSE 近乎无穷大, 以至于这样的估计没有任何实际意义. 为克服这些问题, 统计学家通过牺牲无偏性寻求有偏估计方法来改进最小二乘估计.

一、均匀压缩估计

本节讨论 1955 年斯坦因 (Stein) 提出的一种**均匀压缩估计**(uniform shrinkage estimate)(即对 $\hat{\beta}$ 各个分量向原点压缩). 又称斯坦因估计, 这是最简单、提出最早的一种有偏估计. 虽然它在应用上不如后面的有偏估计, 但它在有偏估计发展史上占有重要地位.

统计中, 很多时候看似很小的改进工作, 往往会带来本质突破, 这样的例子后面两章比比皆是, 科学研究不要怕改进小, 就怕无所事事, 再小的改进也是改进, 要懂得量变到质变的道理, 纵观科技的发展, 很多时候都是看起来很小的改进, 但却可以改变整个学科研究发展的进程. 均匀压缩估计就是其中最重要的一个例子之一.

考虑线性模型

$$\begin{cases} Y = \beta_0 1 + X\beta + \varepsilon, \\ \varepsilon \sim (0, \sigma^2 I_n), \end{cases} \tag{8.1}$$

其中 X 是设计阵, 记为

$$X = (x_1, x_2, \cdots, x_p) = \begin{pmatrix} x_{11} & x_{12} & \cdots & x_{1p} \\ x_{21} & x_{22} & \cdots & x_{2p} \\ \vdots & \vdots & & \vdots \\ x_{n1} & x_{n2} & \cdots & x_{np} \end{pmatrix}. \tag{8.2}$$

在回归分析中一般假设 X 为列满秩, 即 $\mathrm{rank}(X) = p$; $E\varepsilon = 0$ 是 n 维零向量. 记 $\hat{\beta}$ 为回归系数 β 的最小二乘估计, 称 $\hat{\beta}(c) = c\hat{\beta}$ 为 β 的均匀压缩估计, 这里

$0 \leqslant c \leqslant 1$ 为压缩参数, 由于 c 有不同的取值, 因此这是一个估计类.

均匀压缩估计具有如下性质:

(1) 当 $c \neq 1$, 显然 $\hat{\beta}(c)$ 为 β 的有偏估计;

(2) 存在 $0 < c < 1$, 使得 $MSE(\hat{\beta}(c)) < MSE(\hat{\beta})$.

证明 对参数 β 的任一估计 $\tilde{\beta}$, 有如下的均方误差公式

$$MSE(\tilde{\beta}) = E(\tilde{\beta} - \beta)'(\tilde{\beta} - \beta) = tr\text{cov}(\tilde{\beta}) + \left\| E\tilde{\beta} - \beta \right\|^2, \tag{8.3}$$

所以

$$\begin{aligned} MSE(\hat{\beta}(c)) &= tr\text{cov}(\hat{\beta}(c)) + \left\| E\hat{\beta}(c) - \beta \right\|^2 \\ &= c^2\sigma^2 tr(X'X)^{-1} + (c-1)^2 \|\beta\|^2 \hat{=} g(c), \end{aligned}$$

对 c 求导, 并令其为零, 得到 c 的极值

$$c_0 = \frac{\|\beta\|^2}{\sigma^2 \sum\limits_{i=1}^{p} \lambda_i^{-1} + \|\beta\|^2},$$

容易证明, $g(c)$ 在 c_0 处达到最小值, 并且 $c_0 \leqslant c < 1$ 时, $MSE(\hat{\beta}(c)) < MSE(\hat{\beta})$, 得证.

定理 8.1 (斯坦因-杰姆斯 Stein-James) 如果取

$$c = \left(1 - \frac{d\hat{\sigma}^2}{\hat{\beta}'X'X\hat{\beta}}\right), \tag{8.4}$$

其中 d 满足

$$0 < d < \frac{2(n-p-1)}{n-p+1}\left(\lambda_p \sum_{i=1}^{p} \lambda_i^{-1} - 2\right), \tag{8.5}$$

其中 $\lambda_1 \geqslant \lambda_2 \geqslant \cdots \geqslant \lambda_p$ 为 $X'X$ 的特征值, 则对一切 β 和 σ^2, 均匀压缩估计在均方误差意义下一致优于最小二乘估计. 这个结果颠覆了最小二乘估计在人们心目中的最优形象. 而有偏估计也因此得到快速发展 (定理证明参加相关文献).

实际中, c 的选择是比较困难的, 下面是选择之一

$$c = \begin{cases} 0.5 + \sqrt{0.25 - \hat{\tau}}, & \hat{\tau} \leqslant 0.25, \\ 0, & \hat{\tau} > 0.25, \end{cases} \tag{8.6}$$

其中 $\hat{\tau} = \dfrac{\hat{\sigma}^2}{\left\|\hat{\beta}\right\|^2} \sum\limits_{i=1}^{p} \lambda_i^{-1}$.

实际应用中, 均匀压缩估计过于简单, 较少被采用. 使用更多的是后面介绍的主成分估计和岭估计.

二、主成分估计

主成分估计(principal component estimate) 是玛西 (Massy) 在 1965 年提出的, 它是回归系数参数的一种线性有偏估计, 是为了克服 LS 估计在设计阵病态 (即存在多重共线性) 时表现出的不稳定性而提出的.

主成分估计采用的方法是将原来的回归自变量变换到另一组变量, 即主成分, 选择其中一部分重要的主成分作为新的自变量 (此时丢弃了一部份影响不大的自变量, 这实际达到了降维的目的), 然后用最小二乘法对选取主成分后的模型参数进行估计, 最后再变换回原来的模型求出参数的估计.

考虑线性模型 (8.1), 先将 X 的各列标准化, 这时 $X'X$ 就是相关矩阵, 它的特征值为 $\lambda_1 \geqslant \lambda_2 \geqslant \cdots \geqslant \lambda_p$, 对应的标准化正交特征向量为 $\eta_1, \eta_2 \cdots, \eta_p$, 采用第 4 章的方法, 将 $x_1, \cdots, x_p$ 变换为主成分 $z_1, \cdots, z_p$ 之后再求 β 的估计, 令

$$Z = (z_1, z_2, \cdots, z_p) = \begin{pmatrix} z_{11} & z_{12} & \cdots & z_{1p} \\ z_{21} & z_{22} & \cdots & z_{2p} \\ \vdots & \vdots & & \vdots \\ z_{n1} & z_{n2} & \cdots & z_{np} \end{pmatrix}, \tag{8.7}$$

记 $Q = (\eta_1 \vdots \eta_2 \vdots \cdots \vdots \eta_p)_{p\times p}$, Q 为标准化正交阵, 且 $Z = XQ$, 引入新参数 $\alpha = Q'\beta$, 或者 $\beta = Q\alpha$, 则

$$Y = \beta_0 1 + ZQ'\beta + \varepsilon = \beta_0 1 + Z\alpha + \varepsilon, \tag{8.8}$$

其中

$$Z'Z = Q'X'XQ = Q'(X'X)Q = \Lambda = \begin{pmatrix} \lambda_1 & & 0 \\ & \ddots & \\ 0 & & \lambda_p \end{pmatrix}. \tag{8.9}$$

式 (8.8) 称之为模型 (8.1) 的**典则形式**(canonical forms). 由 (8.9) 可知, $X'X$ 的特征值 λ_i 度量了第 i 个主成分 z_i 在 n 次试验中取值变化的大小. 如果 $\lambda_i \approx 0$, 则该主成分在 n 次试验中取值的变化很小, 它的作用可以并入模型 (8.8) 中的常数项 β_0. 这相当于在典则形式中剔除变量 z_i.

如果 $\lambda_{r+1} = \cdots = \lambda_p \approx 0$, 则剔除 $z_{r+1}, \cdots, z_p$, 只剩下 α 的前 r 个分量 $\alpha_1, \cdots, \alpha_r$, 设它的最小二乘估计为 $\hat{\alpha}_1, \cdots, \hat{\alpha}_r$, 而 α 的后面的 $p-r$ 个分量则以 0 作为它们的估计, 然后由关系式 $\beta = Q\alpha$ 即可确定 β 的估计 $\tilde{\beta} = Q\tilde{\alpha}$, 我们称之为 β 的主成分估计, 实际步骤如下:

先将 Q,α 分块, 即

$$Q=(Q_1\vdots Q_2),\quad \alpha=\begin{pmatrix}\alpha_{(1)}\\ \alpha_{(2)}\end{pmatrix}, \tag{8.10}$$

其中 Q_1 为 $p\times r$ 矩阵, α_1 为 r 维向量, 从而 α 的主成分估计为

$$\tilde{\alpha}=\begin{pmatrix}\hat{\alpha}_{(1)}\\ 0\end{pmatrix}, \tag{8.11}$$

而 β 的最小二乘估计 $\hat{\beta}=Q\hat{\alpha}=Q_1\hat{\alpha}_{(1)}+Q_2\hat{\alpha}_{(2)}$, 两端左乘 Q_1', 得到 $\hat{\alpha}_{(1)}=Q_1'\hat{\beta}$, 从而得到 β 的主成分估计

$$\tilde{\beta}=Q\tilde{\alpha}=(Q_1\vdots Q_2)\begin{pmatrix}\hat{\alpha}_{(1)}\\ 0\end{pmatrix}=Q_1\hat{\alpha}_{(1)}=Q_1Q_1'\hat{\beta}. \tag{8.12}$$

主成分估计具有下列性质:

(1) $E\tilde{\beta}=Q_1Q_1'\beta$, 当 $r<p$ 时, $E\tilde{\beta}\neq\beta$, 所以主成分估计是有偏估计.

(2) $\left\|\tilde{\beta}\right\|<\left\|\hat{\beta}\right\|$, 即主成分估计 $\tilde{\beta}$ 是压缩估计.

证明　$\left\|\tilde{\beta}\right\|=\left\|Q_1Q_1'\hat{\beta}\right\|=\left\|Q\begin{pmatrix}I_r & 0\\ 0 & 0\end{pmatrix}Q'\hat{\beta}\right\|=\left\|\begin{pmatrix}I_r & 0\\ 0 & 0\end{pmatrix}Q'\hat{\beta}\right\|\leqslant\left\|Q'\hat{\beta}\right\|=\left\|\hat{\beta}\right\|$, 其中 $I_r=\mathrm{diag}(1,1,\cdots,1)$, 对角线上是 r 个 1.

(3) 当设计阵病态时, 适当选择 r, 可使 $MSE(\tilde{\beta})<MSE(\hat{\beta})$.

证明　由 (8.3) 和 (8.12), 有

$$\begin{aligned}MSE(\tilde{\beta})&=MSE\begin{pmatrix}\hat{\alpha}_{(1)}\\ 0\end{pmatrix}=tr\mathrm{cov}\begin{pmatrix}\hat{\alpha}_{(1)}\\ 0\end{pmatrix}+\left\|E\begin{pmatrix}\hat{\alpha}_{(1)}\\ 0\end{pmatrix}-\begin{pmatrix}\alpha_{(1)}\\ \alpha_{(2)}\end{pmatrix}\right\|^2\\ &=tr\mathrm{cov}\hat{\alpha}_{(1)}+\left\|\alpha_{(2)}\right\|^2=\sigma^2\sum_{i=1}^{r}\lambda_i^{-1}+\sum_{i=r+1}^{p}\alpha_i^2\\ &=MSE(\hat{\beta})+\sum_{i=r+1}^{p}(\alpha_i^2-\sigma^2\lambda_i^{-1})\end{aligned}$$

由于设计阵病态, 至少有一个特征值接近于零, 从而导致上式中第二项为负, 得证.

此外, (8.12) 在特征值为 1 的附近存在跳跃, 会影响计算的稳定性, 杨虎在 1989 年给出的单参数主成分估计解决了这个问题.

定义 8.1 (杨虎)　若存在 $1\leqslant r<p$, 使 $\lambda_r\geqslant 1>\lambda_{r+1}$, 记

$$A=\mathrm{diag}\left(\frac{\lambda_1-1+\theta}{\lambda_1},\cdots,\frac{\lambda_r-1+\theta}{\lambda_r},\theta\lambda_{r+1},\cdots,\theta\lambda_p\right) \tag{8.13}$$

这里 $\theta \in (\lambda_p, 1)$ 为平稳参数, 我们称 $\tilde{\beta} = QAQ'\hat{\beta}$ 为 β 的单参数主成分估计.

可以证明 (留作习题), 单参数主成分估计是普通主成分估计的线性组合.

案例 8.1 (哈尔德 (Hald) 水泥问题)　考察含如下四种化学成分

$$x_1 = 3\mathrm{CaO{\cdot}Al_2O_3} \text{ 的含量 } (\%), \qquad x_2 = 3\mathrm{CaO{\cdot}SiO_2} \text{ 的含量 } (\%),$$

$$x_3 = 4\mathrm{CaO{\cdot}AlO_3{\cdot}Fe_3O_2} \text{ 的含量 } (\%), \qquad x_4 = 2\mathrm{CaO{\cdot}SiO_2} \text{ 的含量 } (\%),$$

的某种水泥, 每一克所释放出的热量 (卡)Y 与这四种成分含量之间的关系. 数据共 $n = 13$ 组, 见表 8.1.

表 8.1　水泥数据

序号	x_1	x_2	x_3	x_4	y
1	7	26	6	60	78.5
2	1	29	15	52	74.3
3	11	56	8	20	104.3
4	11	31	8	47	87.6
5	7	52	6	33	95.9
6	11	55	9	22	109.2
7	3	71	17	6	102.7
8	1	31	22	44	72.5
9	2	54	18	22	93.1
10	21	47	4	26	115.9
11	1	40	23	34	83.8
12	11	66	9	12	113.3
13	10	68	8	12	109.4

对水泥数据直接作线性回归得经验回归方程

$$\hat{y} = 62.405 + 1.551x_1 + 0.510x_2 + 0.102x_3 - 0.144x_4,$$

通过系数的显著性检验, 发现除第一个变量外, 另外三个变量都未能通过相关性检验. 而且发现均方误差很大, 究其原因, 变量间存在多重共线性 (最小特征值接近于零).

为了克服多重共线性的影响, 考虑对变量进行主成分回归. 首先对数据实施标准化 $x_i^* = (x_i - \bar{x}_i)/\sqrt{s_{ii}}$, 得到的数据矩阵记为 X^*, 则 $X^{*\prime}X^*$ 就是样本相关阵 (见表 8.2).

表 8.2　水泥数据的样本相关矩阵

	x_1	x_2	x_3	x_4
x_1	1.000			
x_2	0.229	1.000		
x_3	−0.824	−0.139	1.000	
x_4	−0.245	−0.973	0.030	1.000

此时 $\mathrm{tr}(X^{*\prime}X^*)=4$, $X^{*\prime}X^*$ 的四个特征根依次为 2.236, 1.576, 0.187, 0.002. 最后一个特征根接近于零, 因此变量间确实存在多重共线性. 前三个特征根之和所占比例 (累积贡献率) 达到 0.9996. 于是我们略去第 4 个主成分. 保留的三个特征值对应的特征向量分别为

$$
\begin{aligned}
\eta_1' &= (0.476, 0.564, -0.394, -0.548),\\
\eta_2' &= (0.509, -0.414, -0.605, 0.451),\\
\eta_3' &= (0.676, -0.314, 0.638, -0.195),
\end{aligned}
$$

从而通过 $Z_i = X^*\eta_i, i=1,2,3$ 可算出三个样本主成分 (也可以通过 R 软件中的主成分预测值函数算出), 建立因变量 Y 与这三个主成分变量的回归方程

$$\hat{y} = 95.423 + 9.883z_1 - 0.125z_2 + 4.555z_3$$

实际中这个方程使用起来很不方便, 因此需要变回到原来的自变量, 我们知道

$$
\begin{aligned}
z_i &= a_{1i}X_1^* + a_{2i}X_2^* + a_{3i}X_3^* + a_{4i}X_4^*\\
&= \sum_{j=1}^{4} a_{ji}\frac{X_j - \bar{x}_j}{\sqrt{s_{jj}}}, i=1,2,3
\end{aligned}
$$

所以

$$
\begin{aligned}
Y =& 95.423 + 9.883\sum_{j=1}^{4} a_{j1}\frac{X_j-\bar{x}_j}{\sqrt{s_{jj}}} - 0.125\sum_{j=1}^{4} a_{j2}\frac{X_j-\bar{x}_j}{\sqrt{s_{jj}}} + 4.555\sum_{j=1}^{4} a_{j3}\frac{X_j-\bar{x}_j}{\sqrt{s_{jj}}}\\
=& 95.423 - \sum_{j=1}^{4}\bar{x}_j\frac{9.883a_{j1} - 0.125a_{j2} + 4.555a_{j3}}{\sqrt{s_{jj}}}\\
&+ \sum_{j=1}^{4} X_j\frac{9.883a_{j1} - 0.125a_{j2} + 4.555a_{j3}}{\sqrt{s_{jj}}},
\end{aligned}
$$

因此, 变回到原始变量的经验回归方程为

$$\hat{y} = 85.743 + 1.3119x_1 + 0.2694x_2 - 0.1428x_3 - 0.3801x_4.$$

考虑到前两个特征根之和在总和中所占比例已达到 95.29, 故也可选 $r=2$, 得到如下的经验回归方程

$$\hat{y}=88.9559+0.7888x_1+0.3615x_2-0.5962x_3-0.3269x_4.$$

通过主成分估计获得主成分回归方程, 是克服多重共线性的有效手段, 同时, 主成分回归通过降维, 可以有效的处理多维数据问题.

案例 8.2 (续案例 6.2, 沪深 300 指数跟踪)　考虑沪深 300 指数问题, 试建立沪深 300 指数和各个成分股份间的主成分经验回归方程.

解　在案例 6.2 已经给出了线性回归方程, 由于最小特征值非常小, 变量间存在严重的多重共线性, 这会导致最小二乘估计完全失效, 因而不再可用. 现在采用降维功效显著的主成分分析方法继续考虑这个问题, 首先计算主成分, 发现前两个主成分的累积贡献率就已经达到 73.7%, 这里选前三个主成分, 累积贡献率为 81.3%. 变量一下从 300 个变量变成了 3 个变量 (这里减少的是主成分, 也就是在典则形式下的变量降维, 注意理解, 不是减少原来的变量), 降维非常明显. 因变量 Y 与这三个主成分的经验回归方程为

$$\hat{y}=2254.38-3.75z_1-1.55z_2-0.37z_3,$$

容易检验, 所有系数都显著不为零, 回归也是高度显著的, 因此单就回归效果而言, 已经非常理想了, 而且由于舍弃了特征值较小的主成分, 估计的均方误差大幅降低, 和完全失效的线性回归相比, 主成分回归无疑起到了替代作用.

变回到原始变量, 得到

$$\begin{aligned}\hat{y}=&584.77+0.06x_1+0.83x_2+0.87x_3+0.62x_4+2.15x_5+0.25x_6+0.83x_7+3.6x_8\\&+0.69x_9+x_{10}+1.54x_{11}+0.54x_{12}+1.2x_{13}+\cdots+1.14x_{299}+0.41x_{300},\end{aligned}$$

我们意外发现, 绝大多数系数都是正的, 只有 5 个变量的系数为负, 分别是: 山西证券、宇通客车、东方航空、国电南自和九牧王. 在上一章正回归部分已经说明, 这也是非常合理的结果.

计算残差发现, 残差平方和高达 18151.2, 很不理想, 具体见残差图 8.1, 趋势都没有预测出来, 信息损失太大, 拟合效果是不好的, 这是什么原因呢?

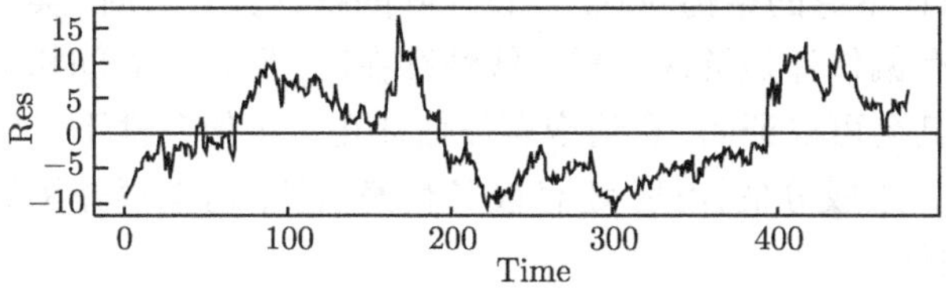

图 8.1　主成分回归残差图

好的模型拟合就像滤波, 剩下的应该是不含任何信息的白噪声 (white noise), 如果残差中还存在有趋势, 那么拟合的效果就很不好了, 主成分分析或因子分析更多关注于主要信息的提取, 但站在拟合的角度, 任何信息都不应该忽略, 因为残差含有上图中明显的信息. 这个时候不能过分的强调降维, 太少的变量直接导致了拟合效果较差, 非常高的残差平方和已经很说明问题了.

此外, 考虑有偏估计本身是一种迫不得已的选择, 估计的无偏性仍然是很重要的统计性质, 因此, 在考虑有偏估计的时候, 目的仅仅是降低均方误差, 在这样的前提下, 尽量让有偏估计偏离的不太多, 站在这个角度, 主成分的舍弃要尽量少 (因为完全不扔掉任何主成分就是无偏的最小二乘估计).

观察此例协方差的特征值, 发现最小的特征值是 1.69×10^{-4}, 把对应 10^{-4} 特征值的所有主成分舍弃, 剩余 252 个主成分.

通过计算残差发现, 残差平方和为 81.3. 残差如图 8.2, 所有趋势都被过滤掉了, 拟合效果也非常好.

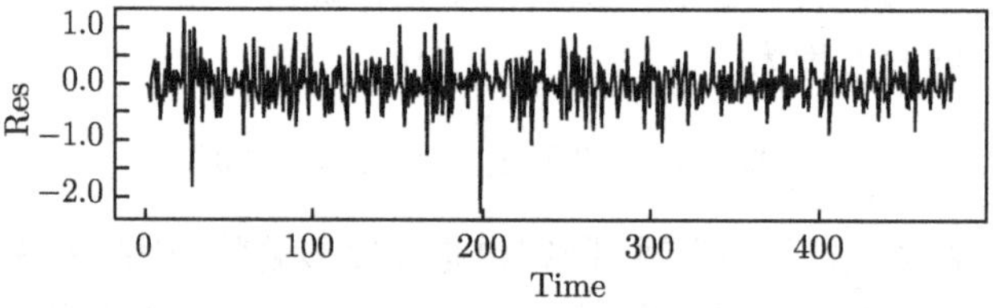

图 8.2　主成分回归残差图

不过这个时候, 很多变量未能通过显著性检验是可以预料的, 实际中这个最小特征值取多少, 或者主成分估计的 r 取多少合理, 是至今仍在研究的问题, 也可以结合回归显著性检验来选择变量, 这是我们后面将要讲到的逐步回归法, 那里主要是针对回归而言的, 实际中, 可以结合主成分估计, 进行变量的合理选择.

回归分析的系数是否合理, 很多时候需要对问题本身的了解, 而这些往往会是理论分析的盲点. 需要在实际中反复体会.

三、岭估计

传统回归模型在设计阵病态或变量间存在多重共线性时不再适用, 一个主要原因是最小二乘估计本身的结构问题, 当设计阵的条件数较大时, 会导致估计的均方误差迅速增大. 有偏估计是解决多重共线性存在时, 探讨变量间相关关系的有效替代方式, 理论上甚至可以证明, 自适应有偏估计在一定的条件下可以一致的优于最小二乘估计. 除了主成分估计外, 还有很多有偏估计, 这里再介绍另外一种已被广泛使用的有偏估计.

1970 年, 霍尔 (Hoerl) 和肯纳德 (Kennard) 提出了岭估计, 可以通过解决如下

的条件极值问题获得

$$(y-X\beta)'(y-X\beta)+k\beta'\beta, \tag{8.14}$$

其中 k 是**拉格朗日乘数**(Lagrangian Multipliers), 岭估计有如下表达式

$$\hat{\beta}(k)=(X'X+kI)^{-1}X'y. \tag{8.15}$$

其中 $k \geqslant 0$ 是岭参数. 通过对 k 值的选择, 可以减少多重共线性的影响, 取不同的 k 值, 可以得到不同的估计, 因此岭估计 $\hat{\beta}(k)$ 是一个估计类. 当 $k=0$, $\hat{\beta}(0)=(X'X)^{-1}X'y$ 就是常用的最小二乘估计.

岭估计具有下列性质:

(1) $\hat{\beta}(k)=A_k\hat{\beta}$, 这里 $A_k=(X'X+kI)^{-1}X'X$, 这表明岭估计是最小二乘估计的一个线性变换.

(2) $E\hat{\beta}(k)=A_k\beta$, 只要 $A_k \neq I$, 岭估计就是 β 的有偏估计. 而 $A_k=I$ 的充要条件是 $k=0$, 因此, 岭估计类中, 除了最小二乘估计外, 都是有偏估计.

(3) 对任意 $k>0$, $\left\|\hat{\beta}\right\| \neq 0$, 总有 $\left\|\hat{\beta}(k)\right\| < \left\|\hat{\beta}\right\|$, 从而岭估计也是压缩估计.

证明　考虑典则形式的模型 (8.8), α 的相应岭估计为 $\hat{\alpha}(k)=(\Lambda+kI)^{-1}Z'Y$, $\hat{\beta}(k)=Q\hat{\alpha}(k)$, 所以 $\left\|\hat{\beta}(k)\right\|=\|\hat{\alpha}(k)\|=\|(\Lambda+kI)^{-1}\Lambda\hat{\alpha}\|<\|\hat{\alpha}\|=\left\|\hat{\beta}\right\|$, 得证.

(4) 存在 $k>0$, 使得 $MSE(\hat{\beta}(k))<MSE(\hat{\beta})$.

证明　考虑典则形式, 只需证明存在 $k>0$, 使得

$$MSE(\hat{\alpha}(k))<MSE(\hat{\alpha}),$$

事实上

$$\mathrm{cov}(\hat{\alpha}(k))=\sigma^2(\Lambda+kI)^{-1}\Lambda(\Lambda+kI)^{-1},$$

$$E(\hat{\alpha}(k))=(\Lambda+kI)^{-1}Z'Z\alpha=(\Lambda+kI)^{-1}\Lambda\alpha,$$

从而

$$\begin{aligned} MSE(\hat{\alpha}(k)) &= tr\mathrm{cov}(\hat{\alpha}(k))+\|E\hat{\alpha}(k)-\alpha\|^2 \\ &= \sigma^2\sum_{i=1}^{p}\frac{\lambda_i}{(\lambda_i+k)^2}+k^2\sum_{i=1}^{p}\frac{\alpha_i^2}{(\lambda_i+k)^2} \\ &= g_1(k)+g_2(k) \triangleq g(k), \end{aligned}$$

对 k 求导数, 得

$$g_1'(k)=-2\sigma^2\sum_{i=1}^{p}\frac{\lambda_i}{(\lambda_i+k)^3},$$

$$g_2'(k) = 2k\sum_{i=1}^{p}\frac{\lambda_i\alpha_i^2}{(\lambda_i+k)^3}.$$

因为 $g_1'(0) < 0, g_2'(0) = 0$, 所以 $g'(0) < 0$, 而 $g_1'(k)$ 和 $g_2'(k)$ 都在 $k \geqslant 0$ 连续, 所以当 $k > 0$ 且充分小时, $g'(k) = g_1'(k) + g_2'(k) < 0$, 从而 $g(k) = MSE(\hat{\alpha}(k))$ 是单调减函数, 故存在 $k > 0$, 使得 $g(k) < g(0)$, 此即所证.

由于岭估计含有一个参数, 我们首先需要选择参数, 这里介绍岭迹法.

岭估计 (8.15) 的分量 $\hat{\beta}_i(k)$ 作为 k 的函数, 当 k 在 $[0, +\infty)$ 变化时, 在平面直角坐标系所描出的图形称为**岭迹**(ridge trace), 选择 k 的岭迹法是: 将 p 个分量 $\hat{\beta}_i(k)$ 的岭迹画在同一个图上, 选择 k 使得各个分量的值大体稳定, 并且兼顾回归系数没有不合理的符号, 残差平方和上升不太多等.

R 软件另外还通过函数 select() 提供了三种选择岭参数的方法, 分别是 HKB (Hoerl-Kennard-Baldwin) 选择、L-W(Lawless-Wang 公式) 选择和 GCV(Generalized Cross Validation) 最小值选择. 实际中具体如何选择 k, 方法还很多, 又是一个仁者见仁智者见智的经验问题了. 限于篇幅, 不再详述.

通过调用 R 软件的 MASS 程序包, 可以实现岭估计的计算.

案例 8.3 (续案例 7.4, 深圳各板块指数) 考虑深圳成分指数与其它指数间的相关性.

由于共线性的存在, 使用最小二乘估计进行多元回归给出的经验回归公式(7.15)效果很差, 可以选择使用岭估计来估计回归系数, 下面先通过岭迹法选择参数 k.

通过 R 程序, 绘出岭迹图 8.3, 当 $k = 0.03$ 时, 各条曲线基本趋于稳定.

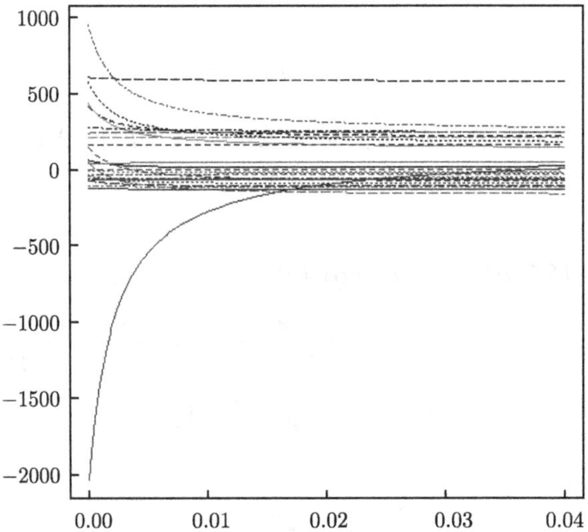

图 8.3 岭迹图

而 HKB 给出的 k 值是 0.01, L-W 给出的 k 值是 0.038, GCV 的最小值是 0.0006, 就实际处理情况看, 跟主成分估计的想法一样, 有偏估计是一种无奈的选择, 因此总是倾向于选择偏差较小的有偏估计, 对岭估计而言, $k=0$ 就是无偏估计, 因此通常选择较小的 k 值, 此例我们选择 GCV 给出的参数选择 k=0.0006, 得到如下的经验回归方程:

$$\begin{aligned} y_{cc} = & 503.53 + 0.06x_{zx} - 0.01x_{cy} - 0.09x_{bz} - 0.55x_{ll} \\ & +0.44x_{cj} - 10.29x_{zc} + 1.59x_{sp} - 0.69x_{fz} \\ & -3.8x_{mc} - 1.06x_{cz} + 2.46x_{sh} + 1.64x_{dz} + 2.54x_{js} \\ & +3.98x_{jx} + 0.03x_{yy} - 1.57x_{sd} - 0.21x_{jz} \\ & -0.26x_{ys} + 2.52x_{it} + 1.42x_{pl} + 0.41x_{jr} + 1.14x_{dc} \\ & -0.73x_{fw} - 1.41x_{cb} + 2.09x_{hs} - 0.13x_{jj} + \varepsilon, \end{aligned} \tag{8.16}$$

由于原来的最小特征值 5.5×10^{-6} 经过岭参数的附加, 变成了 0.0006, 均方误差大幅降低, 因此 (8.16) 明显优于 (7.15).

在 (8.15) 中, 将 kI 用 $K=diag(k_1, k_2, \cdots, k_p)$ 替代, 得到**广义岭估计**(generalized ridge estimate), 围绕着岭估计, 近年来, 出现了很多新的结论, 感兴趣的读者可以参考相关文献. 这里不再详述.

案例 8.4(续案例 8.2, 沪深 300 指数跟踪) 考虑沪深 300 指数与成分股之间关系的岭回归方程.

首先还是来选择岭参数, 通过 R 程序, 绘出岭迹图 8.4.

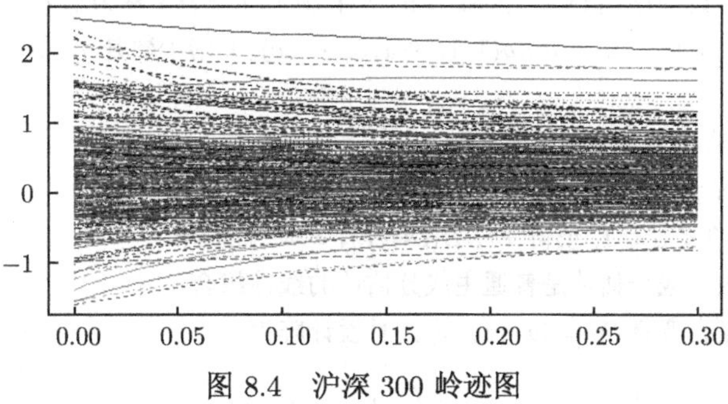

图 8.4 沪深 300 岭迹图

HKB 给出的 k 值是 0.647, L-W 给出的 k 值是 0.05, GCV 的最小值是 2.595, 选择最小的 k 值 0.05, 得到岭回归方程为

$$\begin{aligned} \hat{y} = & 712.78 + 0.6x_1 + 2.23x_2 - 0.52x_3 + 2.58x_4 - 0.93x_5 + 1.62x_6 - 1.25x_7 + 2.23x_8 \\ & - 3.77x_9 - 0.93x_{10} - 0.95x_{11} + 1.96x_{12} - 1.22x_{13} + \cdots + 0.36x_{299} - 2.98x_{300}. \end{aligned}$$

进一步分析残差, 代入自变量的值, 得到 y 的预测值 $\hat{y}$, 从而可以求出普通残

差, 图 8.5 给出了岭回归方程的残差图, 残差平方和为 65.06, 非常理想.

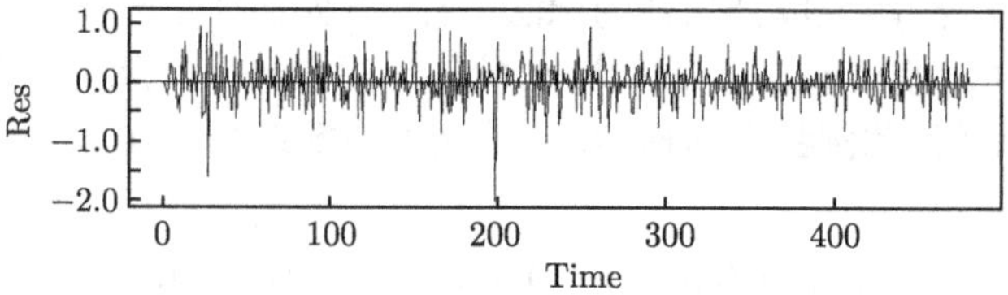

图 8.5　岭回归的普通残差图

图 8.5 表明, 岭估计给出的岭回归方程很好的刻画了沪深 300 的趋势, 但从方程的系数来看, 负系数较多, 这又很不理想. 实际中究竟采用什么方法要根据实际情况来选择.

从反映预测效果的残差图上可以看出, 同样是有偏估计, 岭估计的残差情况相比主成分估计要好一些, 而且岭估计能更大幅度的降低均方误差, 这是岭估计在应用中更加受到使用者青睐的原因之一, 虽然理论上主成分估计和岭估计都能接近最小二乘估计的最佳残差, 但主成分估计在拟合主成分的时候, 过多的保留主成分, 会导致大量显著性检验不显著的系数存在的问题, 给进一步的分析带来困惑和隐患. 而岭估计在降维和变量选择上的短板也一度阻碍了它的应用. 当然, Lasso 的兴起是岭估计发展的意外收获, 我们将在第 9 章详述.

练　习　8

1. 对线性模型典则形式 (8.8), 参数 α 的估计 $\hat{\alpha}(r,c)=H\hat{\alpha}$ 称为部分压缩估计 (又称斯克洛夫 (Sclove) 压缩估计), $H=diag(1,1,\cdots 1,c,\cdots,c)$, 1 的个数是 $r:1<r<p$, $0<c<1$ 是参数, 试证明:

(1) 部分压缩估计是有偏估计;

(2) 部分压缩估计是一个压缩估计;

(3) 存在常数 $0<c<1$, 使得 $MSE(\hat{\alpha}(r,c))<MSE(\hat{\alpha})$.

2. 证明单参数主成分估计是普通主成分估计的线性组合.

3. 设线性模型自变量 $X=(x_1,x_2,x_3)$, 且设计阵为

$$X'X=\begin{pmatrix}1 & -1 & 1\\ -1 & 3 & 0\\ 1 & 0 & 3\end{pmatrix}$$

因变量为 Y, 试求 β 的主成分估计.

4. 收集上证 50 的最新数据, 试用主成分估计确定经验回归方程, 并进行残差分析.

5. 对线性模型 (8.1), 参数 β 的估计 $\hat{\beta}(d)=(X'X+I)^{-1}(X'y+d\hat{\beta})$ 被称为刘估计, $\hat{\beta}$ 是最小二乘估计, $0<d<1$ 是参数, 试证明:

(1) 刘估计是 $\hat{\beta}$ 的一个线性变换;

(2) 刘估计是有偏估计;

(3) 刘估计是一个压缩估计;

(4) 存在常数 $0 < d < 1$, 使得 $MSE(\hat{\beta}(d)) < MSE(\hat{\beta})$.

6. 将刘估计中的最小二乘估计用岭估计代替, 得到的有偏估计称为两参数估计, 试给出两参数估计分别优于岭估计和刘估计的条件.

7. 收集上证 50 的最新数据, 试用岭估计确定经验回归方程, 并进行残差分析.

8. 尝试用均匀压缩估计和刘估计分析上证 50 指数与成分股间的关系.

第9章 变量选择

在处理实际问题时, 首要的问题就是变量的选择问题, 尤其是金融大数据统计分析中, 由于变量的影响不同, 有些甚至影响甚微, 加上数据收集的成本和分析的时效, 并不总是需要尽可能多的收集全部的变量. 证券市场中, 很多变量是相互依存的, 这时也没有必要将高度关联的变量都考虑进来. 变量选择并不是个简单的问题, 虽然现在统计软件中有很多方法进行变量选择, 但仍然很不够. 很多时候理论上比较好的结果, 实际可能并不合理. 需要了解实际的背景, 深入地加以分析.

一、变量选择准则

(1) 平均残差平方和准则: 第 6 章曾介绍的残差平方和 S_E^2(R 软件中用 RSS 表示) 是衡量统计模型拟合效果的一个重要指标, 流行的**交叉验证准则**(cross-validation criteria) 就是基于 S_E^2 的, 但理论上可以证明, 用残差平方和 S_E^2 最小来选择变量, 会存在变量选得越多, 残差越小的情况, 往往, 选择全部变量的残差平方和最小, 所以需要事先确定变量个数的最大值, 这显然是很难办到的.

实际中采用平均残差平方和

$$RMS = \frac{S_E^2}{n-p}, \tag{9.1}$$

其中 p 表示所选模型的变量个数 (含常数项), 通过使 RMS 达到最小的方式确定变量个数.

(2) C_p 准则: 马洛斯 (Mallows) 提出的 C_p 统计量是近年来得到广泛重视的变量选择准则. LARS 算法的缺损方式就是采用的这个准则 (见本章第三部分). C_p 准则也是根据残差平方和设计的一个准则, 定义为:

$$C_p = \frac{S_E^2}{\hat{\sigma}^2} - (n-2p), \tag{9.2}$$

这里 $\hat{\sigma}^2$ 是含有全部变量的模型导出的 σ^2 的估计,

$$\hat{\sigma}^2 = Y'(I - X(X'X)^{-1}X')Y/(n-p-1), \tag{9.3}$$

而分子的残差平方和是实际选择变量拟合模型的残差平方和. C_p 记号中的 p 已经没有任何含义, 成为整体记号的一部分.

选择对应的点 (p, C_p) 最接近第一象限角平分线且 C_p 最小的模型 (每次选择的变量拟合的模型).

(3) 广义交叉验证准则: 选择使得下面的统计量

$$GCV = \frac{1}{n}\frac{S_E^2}{(1-p/n)^2}, \tag{9.4}$$

达到最小的模型. p 是选出来的变量数.

(4) AIC 准则: 赤池 (Akaike) 通过修正极大似然法, 提出了一种较为一般的变量选择准则, 通常称为**赤池信息量准则**(Akaike information criterion, 简记为 AIC). AIC 准则应用比较广泛, 比如可用于时间序列分析中自回归阶数的确定等.

考虑线性回归模型 (8.1), 设 $Y_1, Y_2, \cdots, Y_n$ 为一组样本, 如果它们服从某个含 p 个参数的回归模型, 对应的似然函数最大值记为 $L_p(Y_1, Y_2, \cdots, Y_n)$, 赤池建议选择使

$$AIC = \ln L_p(Y_1, Y_2, \cdots, Y_n) - p \tag{9.5}$$

达到最大的模型. 如果设 S_E^2 表示残差平方和, 则等价的是选择使

$$AIC = n\ln S_E^2 + 2p \tag{9.6}$$

达到最小的模型.

(5) BIC 准则: **贝叶斯信息准则**(bayes information criterion), 选择使得下面的 BIC 统计量

$$BIC = \ln S_E^2 + p\ln(n)/n \tag{9.7}$$

达到最小的模型.

案例 9.1 (续案例 8.1)　用 C_p 准则寻找水泥数据的最优子集回归模型.

解　使用全部变量进行回归, 得到 σ^2 的估计 $\hat{\sigma}^2 = 6.58$.

表 9.1　水泥数据的 C_p 统计量

所选自变量个数	q	所选自变量	RSS	RMS	C_p
1	2	x1	1265.69	115.06	183.47
1	2	x2	906.34	82.39	128.82
1	2	x3	1939.4	176.31	285.91
1	2	x4	883.87	80.35	125.41
2	3	x1,x2	57.9	5.79	1.80
2	3	x1,x3	1227.07	122.71	179.59
2	3	x1,x4	74.76	7.48	4.37
2	3	x2,x3	415.44	41.54	56.17
2	3	x2,x4	868.88	86.89	125.13

续表

所选自变量个数	q	所选自变量	RSS	RMS	C_p
2	3	x3,x4	175.74	17.57	19.72
3	4	x1,x2,x3	48.11	5.35	2.32
3	4	x1,x2,x4	47.97	5.33	2.29
3	4	x1,x3,x4	50.84	5.65	2.73
3	4	x2,x3,x4	73.82	8.20	6.23
4	5	x1,x2,x3,x4	47.86	5.98	4.28

为直观的选择模型, 对各个模型的 (q, C_p) 值画出 C_p 散点图 9.1.

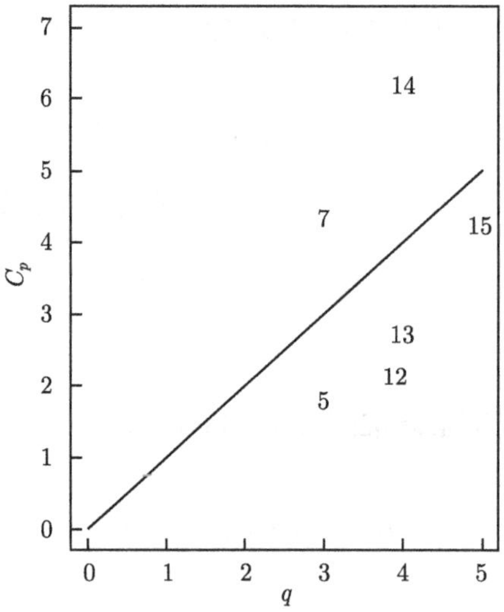

图 9.1　水泥数据的 C_p 图

靠近角平分线又具有最小的 C_p 值的就是 5 号点, 也就是表 9.1 中的第 5 行, 变量子集是 $\{X_1, X_2\}$, $C_p = 1.8$, 本身也是最小值.

如果采用平均残差平方和准则, RMS 的最小值在 12 号点达到, 因此平均残差平方和最优变量子集是 $\{X_1, X_2, X_4\}$, RMS=5.33.

二、逐步回归

在今天的数据分析中, 变量已经不能用众多来形容了, 如何进行变量的选择会变得相当棘手, 这里我们介绍比较常用的一种方法: 逐步回归法.

逐步回归的方法有两种, 一种是所谓向前法: 从常数项开始, 把自变量逐个引入回归方程, 每一步, 经某种准则选择进入方程的变量. 然后在增加下一个变量前, 先通过该准则检查是否需要删除某些自变量. 这个过程要一直进行到没有变量需要引入、也没有变量要删除时为止. 另外一种逐步回归的方法是向后法, 这时首先是把全部变量选进模型, 然后根据 AIC 准则, 每次删除能将 AIC 值降到最低的变量, 直到无变量可选为止 (这个时候剩下的变量如果继续减少, AIC 值只会增加).

R 软件提供了逐步回归的计算函数 step(), 选择 AIC 信息量为准则, 该函数默认的是向后法, 从所有变量开始, 逐步通过选择最小的 AIC 信息量达到增删变量的目的.

案例 9.2 (续案例 9.1) 从已知的水泥数据中选择主要变量, 建立 Y 与它们的经验回归方程.

解 前面已经说明直接建立回归方程是不合适的, 上一章我们采用主成分估计进行了处理, 如果要从已有的变量中选择合适的变量进行回归, 也可以采用逐步回归的方法.

第一步, AIC=26.94, 有三个变量可供删除, 均能达到降低 AIC 值的目的, 但如果选择删除变量 X_3, AIC=24.974 最小.

第二步, 已经没有可选择的了, 继续删除任何变量都会使 AIC 和残差平方和上升. 逐步回归中止.

经过回归分析, 发现 X_4 未能通过显著性检验, 经过分析, 如果删除该变量, AIC 和残差平方和的增量都不大, 可以考虑删除. 最后得到优化的回归模型: $\hat{y} = 52.58 + 1.47X_1 + 0.66X_2$, 所有变量都通过了显著性检验. AIC=25.42, $S_E^2 = 57.9$.

案例 9.3 (续案例 8.3, 深圳各板块指数) 深圳成分指数与其他指数的回归变量选择.

在例 7.5 中看见不少自变量没有通过回归显著性检验, 下面通过逐步回归选择变量. 第一步, 计算表明全部变量进行回归后 AIC=3224.63, 程序显示有 7 个变量可供删除, 但删除变量所能得到的最小值是 AIC=3222.6, 对应删除的变量是创业板指数 X_{cy}; 第二步, 对剩下的变量继续分析, 发现有 6 个变量可供删除, 最小 AIC 值是 3220.8, 需要删除的变量是深圳 B 指 X_{bz}; 第三步, 可以删除医药指数 X_{yy}, AIC 进一步减少到 3219.1; 第四步, 删除中小板块指数 X_{zx}, AIC=3217.5; 第五步, 显示还可以删除一个变量运输板块指数 X_{ys}, AIC=3216.2. 接下来, 如果继续删除变量, AIC 不可能再减少了, 逐步回归的变量选择结束. 得到回归模型如下:

$$\begin{aligned} y_{cc} = & 509.12 - 0.58x_{ll} + 0.46x_{cj} - 9.82x_{zc} + 1.58x_{sp} - 0.82x_{fz} - 3.99x_{mc} - 1.14x_{cz} \\ & + 2.47x_{sh} + 1.77x_{dz} + 2.4x_{js} + 3.86x_{jx} - 1.67x_{sd} - 0.19x_{jz} + 2.45x_{it} + 1.49x_{pl} \\ & + 0.48x_{jr} + 1.12x_{dc} - 0.62x_{fw} - 1.45x_{cb} + 2.04x_{hs} - 0.13x_{jj} + \varepsilon, \end{aligned}$$

但纺织板块指数 X_{fz} 未能通过显著性检验, 为此, 采用 drop1() 函数进行单变量删除, 发现, 即使删除变量 X_{fz}, AIC 增加的并不多, 残差平方和增加的也不多, 因此完全可以删除该变量. 接下来, 建筑板块指数 X_{jz} 未能通过显著性检验, 同样, 删

除该变量 AIC 增加很少, 因此可以继续删除, 从而得到最优的回归模型

$$
\begin{aligned}
y_{cc} = & 460.95 - 0.65x_{ll} + 0.45x_{cj} - 9.9x_{zc} + 1.49x_{sp} - 4.39x_{mc} - 1.04x_{cz} \\
& +2.54x_{sh} + 1.43x_{dz} + 2.28x_{js} + 3.74x_{jx} - 1.89x_{sd} + 2.68x_{it} + 1.36x_{pl} \\
& +0.33x_{jr} + x_{dc} - 0.68x_{fw} - 1.57x_{cb} + 2.24x_{hs} - 0.13x_{jj} + \varepsilon,
\end{aligned}
$$

这时共有变量 19 个, 全部通过了回归显著性检验. 此时 AIC=3217.2.

三、绝对约束估计

考虑线性模型 $y = \beta_0\mathbf{1} + X\beta + \varepsilon$, 误差向量 ε 满足 $E(\varepsilon) = 0, \mathrm{var}(\varepsilon) = \sigma^2$, 样本数据为 $(x_i, y_i), i = 1, 2, \cdots, n$, 其中, $x_i = (x_{i1}, x_{i2}, \cdots, x_{ip})$ 是自变量, y_i 是因变量, 假设这些观测值是相互独立的, 或者在给定 x_{ij} 的情况下, y_i 是独立的, 同时也假设所有的 x_{ij} 是标准化了的, 即

$$
\sum_{i=1}^{n} x_{ij} = 0, \sum_{i=1}^{n} x_{ij}^2 = 1. \tag{9.8}
$$

设 $\hat{\beta} = (\hat{\beta}_1, \cdots, \hat{\beta}_p)'$, 则由 (8.14), 岭估计其实就是使下式达到最小的参数估计

$$
\sum_{i}^{n} \left(y_i - \sum_{j=1}^{p} \beta_j x_{ij} \right)^2 + k \sum_{j=1}^{p} \beta_j^2, \tag{9.9}
$$

因此, 岭估计可以看成是具有二次约束的回归参数估计. 注意: 当数据是标准化的时候有 $\bar{y} = 0$, 又 β_0 的解为 $\hat{\beta}_0 = \bar{y} = 0$, 所以上式 (9.9) 中不含常数项. (9.9) 等同于使下面的式子最小化

$$
\sum_{i}^{n} \left(y_i - \sum_{j=1}^{p} \beta_j x_{ij} \right)^2, \quad \text{满足} \sum_{j=1}^{p} \beta_j^2 \leqslant t, \tag{9.10}
$$

绝对约束估计(Lasso: the least absolute shrinkage and selection operator) 就是要找到使下式

$$
\sum_{i}^{n} \left(y_i - \sum_{j=1}^{p} \beta_j x_{ij} \right)^2, \quad \text{满足} \sum_{j=1}^{p} |\beta_j| \leqslant t. \tag{9.11}
$$

达到最小的 $\beta_j, j = 1, 2, \cdots, p$.

$t \geqslant 0$ 是一个调整参数. 它控制着对估计压缩的程度. 设 $\hat{\beta}_j$ 是普通最小二乘估计, $t_0 = \sum |\hat{\beta}_j|$, 当 $t \leqslant t_0$ 将会引发趋向 0 的压缩, 因而绝对约束估计也是压缩估计.

1996 年蒂贝希拉尼 (Tibshirani) 提出 Lasso 后, 并没有立即引起人们的注意和研究, 直到近几年, 它才受到学术界的青睐, 蒂贝希拉尼在一篇对 Lasso 估计进行回顾性介绍的文章中指出, 直到近年来 Lasso 估计才得到众多关注的原因大致如下:

(1) 和现在相比, 1996 年 Lasso 的计算比较慢;

(2) Lasso 的算法仅仅是理论上的, 并没有得到统计学意义上的推动;

(3) 稀疏性在统计和数学上的优势没有得到大家的认可;

(4) 海量数据问题比较稀少, 对这方面的需求不大;

(5) 研究领域没有如 **R** 这样既快又容易分享新软件包的语言.

式 (9.11) 和 (9.10) 看似差别不大, 但结果的差异是巨大的, 首先, 对参数的平方约束换成绝对值后, 不再有岭估计那样的显式解, 这和最小一乘类似. 但巨大的差异来自绝对值压缩后, 对于较小的参数, 会直接压缩到零, 这和二次形式的压缩完全不一样. 从而赋予了 Lasso 变量选择的功能. 因此更多的情况 (9.11) 的优化解会是稀疏的. 埃弗龙 (Efron) 等 2004 提出了 Lar(Least Angle Regression) 算法改变了 Lasso 的应用局面, Lasso 方法迅速得到广泛关注. R 软件中提供了 Lars 软件包帮助人们应用 Lasso 解决实际中的变量选择问题.

Lars 算法中有一个正则化参数 $s = t/\sum\left|\hat{\beta}_j\right|$, 可以采用本章第一部分介绍的各种准则来选择最佳的 s 值.

案例 9.4 (续案例 9.1) 继续讨论水泥数据的变量选择问题.

解 采用 Lasso 方法, 通过 Lars 程序包进行处理, 先将数据中心化 (为了回代方便, 不进行尺度变化), 计算出残差平方和与 C_p 统计量, 列入表 9.2.

表 9.2 LARS 获得的 C_p 统计量

所选自变量个数	q	所选自变量	RSS	C_p
0	1	–	2715.76	442.92
1	2	x4	2219.35	361.95
2	3	x1,x4	1917.55	313.5
3	4	x1,x2,x4	47.97	3.02
4	5	x1,x2,x3,x4	47.86	5

易见, Lars 并不是针对所有变量组合进行选择, 而是根据 Lasso 在不同的参数选择下, 所能得到的几种变量子集情况, 分别进行计算, 按照 C_p 准则, 应该选择上表第 4 组, 这时的 $C_p = 3.02$ 最低, 残差平方和也是第二小的, 但与前三组相比, 不在一个量级. 通过 plot.lars 可以直观地显示各组变量系数的示意图 (图 9.2)

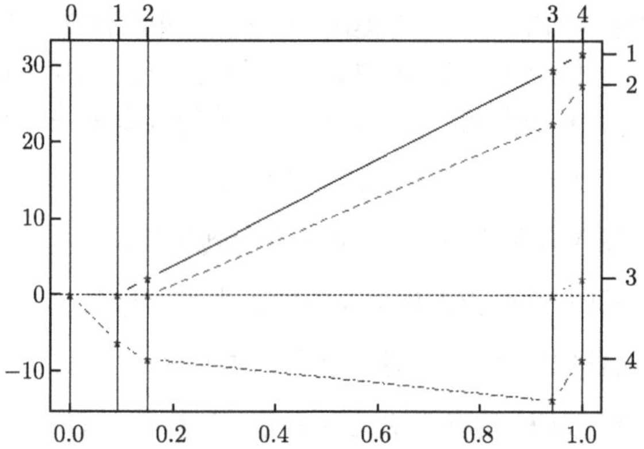

图 9.2　LARS 变量选择系数图

此图有点类似于第一章介绍的轮廓图, 几根竖线从左到右分别表示各组变量的系数, 比如 0 号线, 全部系数为零, 3 号线有三个系数不为零. 右边标注的数字是变量, 比如第一个变量 X1 的系数在 0, 1 号线处均为零, 从 2 号线开始就一直被选入变量子集, 不再为零了.

此时的线性回归方程为

$$y = 71.67 + 1.45x_1 + 0.42x_2 - 0.24x_4, \tag{9.12}$$

和普通的回归变量选择 (见案例 9.1) 相比, 模型 (9.12) 与通过平均残差平方和 RMS 得到的最优子集模型是一致的.

案例 9.5 (续案例 8.4, 沪深 300 指数跟踪)　沪深 300 指数的阶段同步成分股最优子集选择问题.

股指期货的标的是沪深 300 指数, 如何有效的利用股指期货的做空功能实现风险的对冲是眼下一个很实际的研究课题. 作为基金管理者, 要全部投资所有的 300 只成份股是不现实的, 因此只能选择部分成份股进行投资, 如果要保证持有的股票组合与股指期货空单形成完全对冲, 选择的股票组合必须完全吻合沪深 300 指数的走势. 这里有两个问题: 一是这样的最优子集是否存在? 二是如何选出最优子集? 这样的子集包含的变量要越少越好.

一般认为, 权重股由于盘大, 往往能起到四两拨千斤的作用, 但正因为盘大, 走势呆滞, 往往对指数起伏贡献甚微. 要想在某个阶段实现股票做多和股指做空的对冲, 合理的选择股票非常重要, 我们可以用变量选择来完成这项工作. 传统的方法要丢弃如此众多的变量非常困难. 而 Lasso 具有的稀疏性恰好在此时可以派上用场.

下面先用 Lars 的 C_p 值选择模型, 先将数据中心化, 程序会给出全部可能结果的 C_p 值, 通过直接观察或者用 min(lm.l\$$C_p$) 得到最小值 $C_p = 173.53$, 对应的变量

集包含 175 个变量, 残差平方和为 108. 由于变量众多, 就不列表和给出系数图了, 下面给出残差图 9.3.

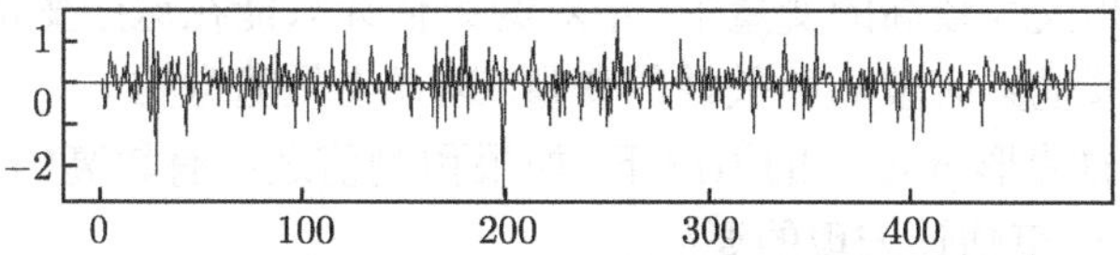

图 9.3 Lars 按 C_p 准则最优子集回归残差图

接下来采用文献中推荐的 BIC 准则进行模型选择, LARS 中的 predict 函数中有一个参数 s, 不同的 s 给出不同的变量子集和回归系数, 通过对结果的分析, 算出 BIC 值, 选择 BIC 达到最小的 s 值即可.

图 9.4 给出了本例 s 与 BIC 关系图.

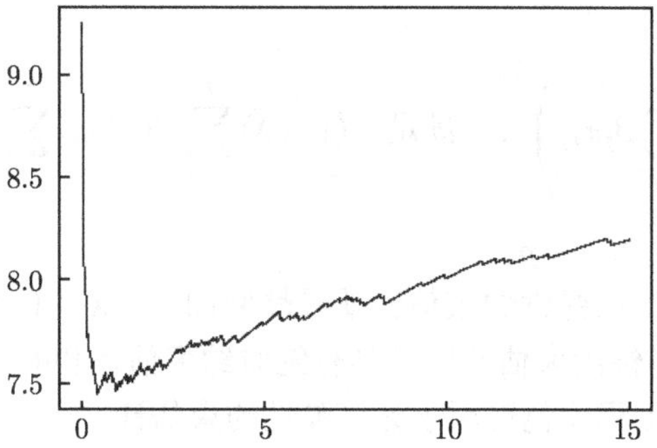

图 9.4 s 与 BIC 值关系图

横轴是 s 的值, 纵轴是 BIC 的值, 最小 BIC 值为 7.45, 对应的 s=0.47, 最优子集含有 122 个变量, 残差平方和为 168.38, 残差图见图 9.5.

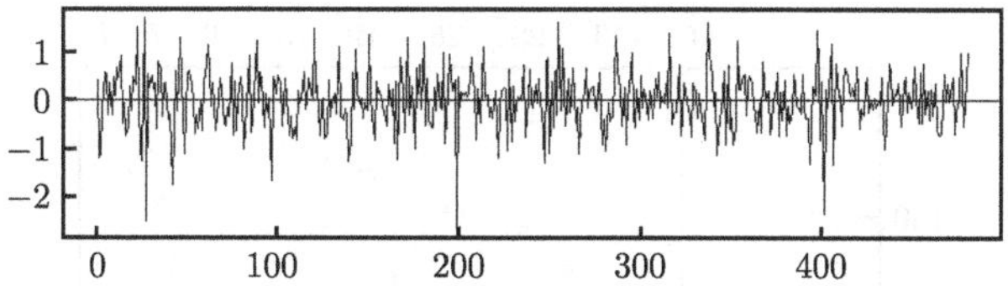

图 9.5 Lars 按 BIC 准则最优子集回归残差图

四、弹性约束估计

虽然绝对约束估计在很多情况下都得到很大的认可, 但有效性在某些条件下也会受到限制, 主要在如下三个方面.

(1) 在 $p > n$ 的情况下, 绝对约束估计最多只能选择出 n 个变量. 如前面提到的对于沪深 300 指数与成分股的关系, 如果研究日线, 就会出现样本数远远比变量少的情况. 这就导致了这种估计方法在 $p > n$ 情况下的无效性.

(2) 在一组相关性较高的变量中, 绝对约束估计只能在这些变量中选择其中的一个, 而不考虑其他具有较高相关性的变量, 选择也是随意的.

(3) 就一般的情形 $p < n$ 的情况下, 如果预测值之间有较高的相关性, 那么岭回归估计比绝对约束估计表现的要好.

2005 年邹 (Zou) 和赫斯第 (Hastie) 提出合并考虑岭回归和 Lasso 的约束方式, 提出了如下的弹性约束估计, 称之为 Elastic Net, 定义如下

$$\tilde{\beta} = \arg\min_{\beta} \left(\sum_{i}^{n} \left(y_i - \sum_{j=1}^{p} \beta_j x_{ij} \right)^2 + \lambda_1 \sum_{j=1}^{p} |\beta_j| + \lambda_2 \sum_{j=1}^{p} \beta_j^2 \right), \tag{9.13}$$

等价于找到使下式

$$\sum_{i}^{n} \left(y_i - \sum_{j=1}^{p} \beta_j x_{ij} \right)^2, \quad \text{满足} \quad (1-\lambda) \sum_{j=1}^{p} |\beta_j| + \lambda \sum_{j=1}^{p} \beta_j^2 \leqslant t \tag{9.14}$$

达到最小的 $\beta_j, j = 1, 2, \cdots, p$.

很明显, 当 $\lambda = 1$ 时弹性约束估计就是岭回归, 当 $\lambda = 0$ 弹性约束估计就是绝对约束估计, 因此, 弹性约束估计同时具有绝对约束估计和岭估计的特点.

R 软件中 glmnet 程序包可用于计算弹性约束估计.

案例 9.6 (续案例 9.5, 沪深 300 指数跟踪) 用弹性约束估计建立沪深 300 指数与成分股的回归方程.

比较方便的是函数 cv.glmnet 可以自动进行 CV 交叉验证, 从而确定出最佳的 λ 值, 对于本例, $\lambda_{\min} = 0.29$, λ 值的选择从图 9.6 中一目了然.

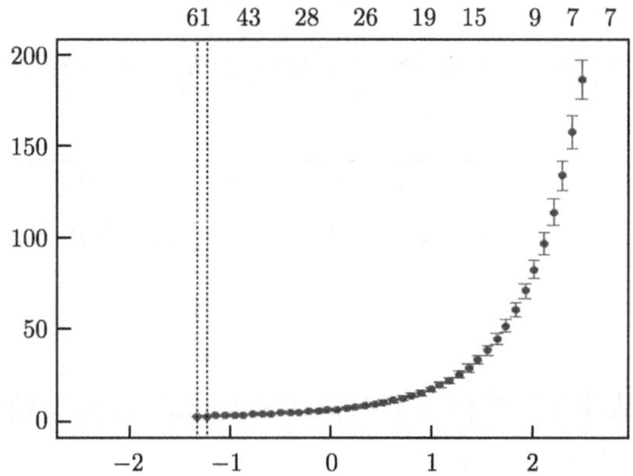

图 9.6 λ 选择图

横轴是对数 λ 值, 纵轴是均方误差. 按此参数值, 保留变量个数是 61 个, 残差平方和为 1163.18.

案例 9.7　通过日线数据研究沪深 300 指数与成分股的关系.

解　这是一个 $p \gg n$ 的例子, 传统的回归分析已经无能为力, 同样的例子可以考虑周回升率数据, 样本会更少. 由于沪深 300 成分股半年调整一次, 因此数据只能以半年为周期. 我们收集了 2011 年 8 月 8 日到 12 月 30 日的沪深 300 指数与成分股每日收盘日线数据. 共 99 个样本数据, 301 个变量.

由于 C_p 准则依赖与样本协方差阵的逆, 此时用 Lars 程序已经无法给出 C_p 指标. 如果用 BIC 准则做, 会发现在 s=0 时 BIC 最小值是 -42.73, 变量数是 98, 此时残差为零, 有过度拟合的嫌疑.

采用 glmnet 程序则完全没有阻碍. 先进行 CV 交叉验证, 得到 $\lambda_{\min} = 3.25$, 如图 9.7.

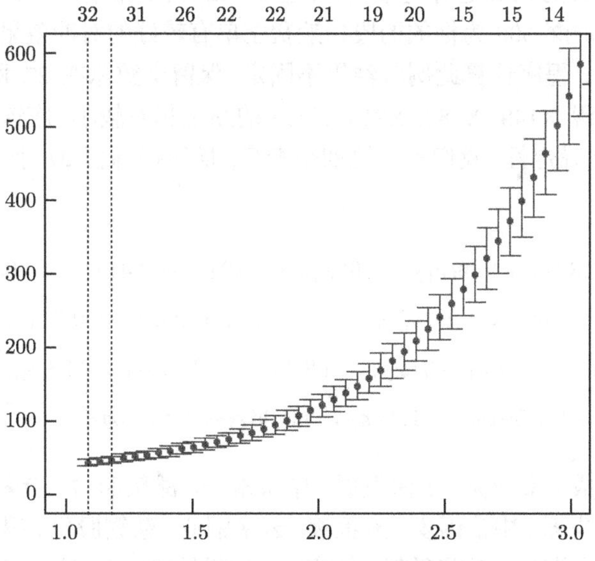

图 9.7　$n \ll p$ 数据 λ 选择图

变量保留个数是 31, 残差为 3402.36.

在案例 9.5 中曾指出作为基金公司, 需要用最少的变量达到对指数的跟踪, 从而实现股票与股指期货的对冲, 达到保值目的, 这时太多的股票, 全部持有几乎不可能, 有必要进一步进行变量选择.

而本例通过 CV 准则得到的最优解仅仅包含 31 只成分股, 已经能够满足持股和利用股指期货实现风险对冲的目的.

这些成分股在 2011 年下半年完全同步了沪深 300 指数的走势, 根据弹性约束估计建立的模型, 完全可以模拟出沪深 300 指数的实际走势, 拟合效果图见图 9.8.

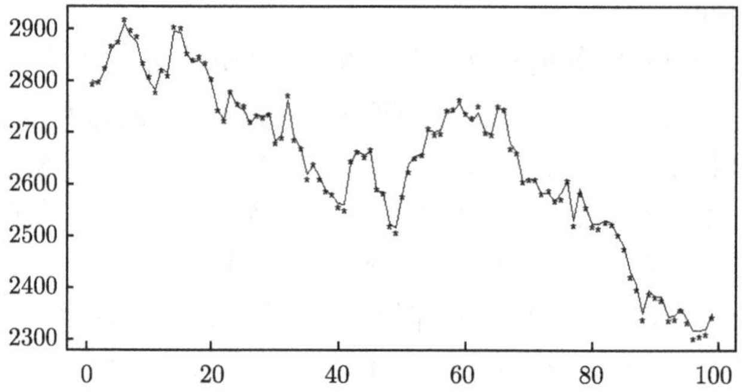

图 9.8　剩余 32 只成分股对沪深 300 指数走势的跟踪效果

图中星号是实际沪深 300 指数每日的收盘价, 实线是模型曲线, 易见, 实际走势和 32 只成份股的跟踪走势基本重合, 基本跟踪到了指数的运行趋势, 与指数运行合拍, 对于以沪深 300 为标的的股指期货空单有较好的对冲效果.

由于 glmnet 程序计算此例时结果不固定, 保留个数总在 27 和 31 间变化, 通过系数对比, 发现 X149, X182, X210, X259 的系上相对较小, 应该在临界线上, 所以导致结果的不确定性, 我们舍弃这四个变量, 最终得到含 27 个变量的回归模型如下:

$$\begin{aligned}\hat{y} = {} & 0.56x_1 + 5.89x_8 + 2.69x_{17} + 1.93x_{19} + 1.32x_{20} + 2.41x_{33} + 0.08x_{34} + 8.93x_{54} \\ & +1.59x_{55} + 6.69x_{58} + 18.42x_{60} + 2.68x_{65} + 10.88x_{81} + 0.03x_{97} + 11.78x_{119} \\ & +2.01x_{130} + 4.74x_{169} + 31x_{202} + 68.1x_{211} + 3.1x_{216} + 0.23x_{218} + 4.29x_{228} \\ & +19.79x_{252} + 2.59x_{263} + 1.42x_{268} + 0.06x_{273} + 81.35x_{287},\end{aligned} \tag{9.15}$$

选出来的 27 只成分股分别为: 深发展、中粮地产、潍柴动力、金融街、湖北宜化、铜陵有色、格力电器、中信国安、五粮液、云南铜业、鞍钢股份、锡业股份、宁波银行、浦发银行、葛洲坝、兰花科创、健康元、城投控股、天津港、水井坊、鹏博士、王府井、中国化学、中国平安、中国中铁、中国太保、光大银行.

量化投资是回避金融风险的有效方法, 也是当今非常重要的投资思想, 但量化投资的基石就是模型, 只有不断的根据市场的变化, 建立合理实用的投资模型, 才能有效的实现利益的最大化, 和有效的规避风险. 在市场高位, 有效的利用做空产品, 实现保值的预期是可行的. 上面的模型表明, 持有模型 (9.15) 的 27 只股票并同时保持足够的股指期货空单, 将实现完全对冲, 从而实现资金保值的目的.

案例 9.8 (续案例 9.7)　利用上例选择出的 27 个变量, 用最小二乘估计建立经验回归模型, 可以进一步减少预测误差.

这样做称为两步估计, 第一步用弹性网获得稀疏解变量, 第二步通过最小二乘估计获得拟合模型. 这样可以保证系数的估计是无偏的, 有更小的残差平方和等.

根据最小二乘估计, 容易得到下面的经验回归方程

$$\begin{aligned}\hat{y} =& -15.43 + 2.01x_1 - 11.52x_8 + 1.7x_{17} + 19.13x_{19} \\ & +0.43x_{20} - 0.83x_{33} + 4.49x_{34} + 3.41x_{54} \\ & +4.25x_{55} + 5.14x_{58} + 22.14x_{60} + 4.34x_{65} + 1.31x_{81} + 21.93x_{97} + 15.05x_{119} \\ & +3.16x_{130} + 13.16x_{169} + 5.74x_{202} + 50.4x_{211} + 3.62x_{216} + 9.82x_{218} + 2.63x_{228} \\ & +17.38x_{252} + 3.3x_{263} + 40.91x_{268} - 1.69x_{273} + 122.39x_{287},\end{aligned} \tag{9.16}$$

残差平方和为 844.91, 得到较大程度的改善.

由于回归中协方差矩阵的条件数较高, 为 7867, 存在多重共线性, 最小特征值为 0.00295, 因此最小二乘估计的均方误差仍然较大, 因此两步估计仍然可以考虑用有偏估计, 比如主成分估计或岭估计. 如果选择岭估计, 就又回到了弹性约束估计, 由于弹性约束估计不再包含最小二乘估计作为特列, 采用最小二乘估计作为两步估计的选择可以降低拟合残差, 但用于预测并不是一个好的选择, 这是应用中需要留意的.

五、非负约束估计

这里主要探讨非负绝对约束估计和非负弹性约束估计, 吴岚和杨玥含在 2014 年给出了这两种估计. 在指数跟踪研究中, 非负的限制是必不可少的, 第 6 章在还原指数公式的研究中必须考虑正系数, 但对于指数跟踪问题, 成分股的选择是主要目的, 我们考虑非负的系数就足够了.

在绝对约束估计或弹性约束估计的基础上, 加上非负的约束就得到非负绝对约束估计和非负弹性约束估计, 简称非负约束估计. 非负绝对约束估计就是要找到使下式

$$\sum_{i}^{n}\left(y_i - \sum_{j=1}^{p}\beta_j x_{ij}\right)^2, \quad \text{满足} \sum_{j=1}^{p}\beta_j \leqslant t \tag{9.17}$$

达到最小的非负 $\beta_j, j = 1, 2, \cdots, p$. 记为

$$\hat{\beta}_{NL}(\lambda_n) = \underset{\beta_j \geqslant 0}{\arg\min}\left[\sum_{i}^{n}\left(y_i - \sum_{j=1}^{p}\beta_j x_{ij}\right)^2 + \lambda_n\sum_{j=1}^{p}\beta_j\right], \tag{9.18}$$

其中 $\lambda_n \geqslant 0$ 用于控制正则化的数量, 若假定 $\lambda_n = 0$, 则非负绝对约束估计就是非负最小二乘估计.

类似的, 非负弹性约束估计就是

$$\tilde{\beta}_{NT}(\lambda_n) = \underset{\beta_j \geqslant 0}{\arg\min}\left(\sum_i^n (y_i - \sum_{j=1}^p \beta_j x_{ij})^2 + (1-\lambda_n)\sum_{j=1}^p |\beta_j| + \lambda_n \sum_{j=1}^p \beta_j^2\right). \quad (9.19)$$

通过乘积迭代算法 (Multiplicative Updates) 可以给出 (9.18) 和 (9.19) 的结果. 该算法最初用于解决如下的优化问题:

$$\hat{v} = \underset{v \geqslant 0}{\arg\min}\left[\frac{1}{2}v'Av + b'v\right], \quad (9.20)$$

其中 $v = (v_1, v_2, \cdots, v_n)'$ 是 n 维非负向量, $A = (a_{ij}) \in R^{n\times n}$ 是已知正定矩阵.

记

$$a_{ij}^+ = \begin{cases} a_{ij}, & 如果a_{ij} > 0, \\ 0, & 其它, \end{cases} \qquad a_{ij}^- = \begin{cases} -a_{ij}, & 如果a_{ij} < 0, \\ 0, & 其它, \end{cases} \quad (9.21)$$

以及 $A^+ = (a_{ij}^+)$, $A^- = (a_{ij}^-)$, $F_a(v) = \frac{1}{2}v'A^+v$, $F_b(v) = b'v$, $F_c(v) = \frac{1}{2}v'A^-v$, $a_i = \frac{\partial F_a(v)}{\partial v_i} = (A^+v)_i$, $c_i = \frac{\partial F_c(v)}{\partial v_i} = (A^-v)_i$, 则 (9.20) 的迭代步骤如下:

$$v_i^{(m+1)} = \left[\frac{-b_i + (b_i^2 - 4a_i^{(m)}c_i^m)^{\frac{1}{2}}}{2a_i^{(m)}}\right] v_i^{(m)}. \quad (9.22)$$

对于给定的 $\lambda_n \geqslant 0$, 通过简单变换, 估计量 (9.18) 可以通过以下二次优化问题求解:

$$\hat{\beta}_{NL}(\lambda_n) = \underset{\beta_j \geqslant 0}{\arg\min}[\beta'(X'X)\beta + (\lambda_n \mathbf{1} - 2X'y)'\beta], \quad (9.23)$$

其中 $\mathbf{1}$ 表示元素全为 1 的 n 维向量. 同样估计量 (9.19) 可以通过以下二次优化问题求解:

$$\hat{\beta}_{NT}(\lambda_n) = \underset{\beta_j \geqslant 0}{\arg\min}[\beta'(X'X + \lambda_n I)\beta + ((1-\lambda_n)\mathbf{1} - 2X'y)'\beta]. \quad (9.24)$$

案例 9.9 (续案例 9.7) 通过日线数据研究沪深 300 指数与成分股的关系. 在例 9.7 已经指出, 利用日线研究沪深 300 的股指跟踪问题, 是典型的高维数据建模问题. 这里选择出来的成分股, 理论上希望对指数有正的效应, 因此需要考虑非负约束估计.

这方面的理论还很新, 还有很多值得深入研究的内容, 感兴趣的读者可以参阅书后的参考文献, 上面介绍的迭代算法也可以在文献中找到更详细的介绍和实证分析. 这里我们利用 R 中最新的程序包 nnlasso(2015) 给出非负绝对约束估计的一个实证结果. 这个算法还不够完善, 仅供应用和实证分析的读者参考.

先进行 CV 交叉验证, 得到 $\lambda_{\min} = 0.0387$, 如图 9.9.

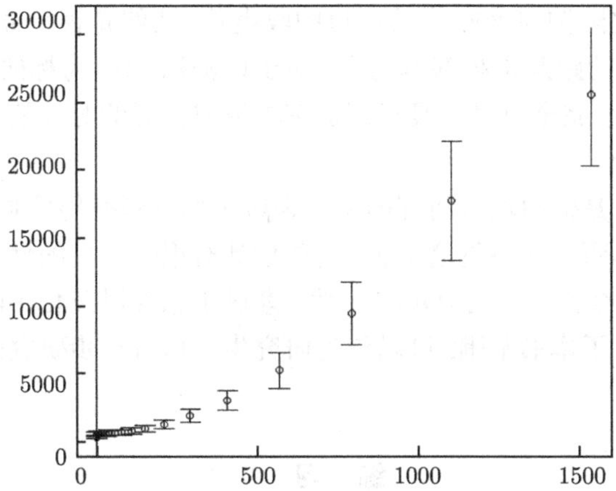

图 9.9　非负绝对约束估计 λ 选择图

变量保留个数是 26, 残差为 892.89.

虽然成分股数量进一步降低到 26 只, 但仍然很好的跟踪了沪深 300 指数的走势, 根据非负绝对约束估计建立的模型如下:

$$\begin{aligned}\hat{y} = &121.804 + 3.24x_{13} + 0.92x_{33} + 55.27x_{60} + 8.99x_{65}\\&+1.83x_{68} + 0.84x_{75} + 7.92x_{81} + 6.72x_{84}\\&+30.32x_{105} + 1.41x_{119} + 1.85x_{120} + 0.94x_{129}\\&+2.77x_{130} + 1.3x_{156} + 0.39x_{186} + 0.22x_{202}\\&+23.47x_{211} + 6.92x_{212} + 3.56x_{228} + 0.0008x_{246}\\&+19.26x_{252} + 28.8x_{255} + 0.0003x_{266}\\&+25.71x_{272} + 4.78x_{273} + 53.31x_{298}.\end{aligned} \tag{9.25}$$

跟踪效果见图 9.10, 表明模型 (9.23) 完全可以跟踪沪深 300 指数的实际走势.

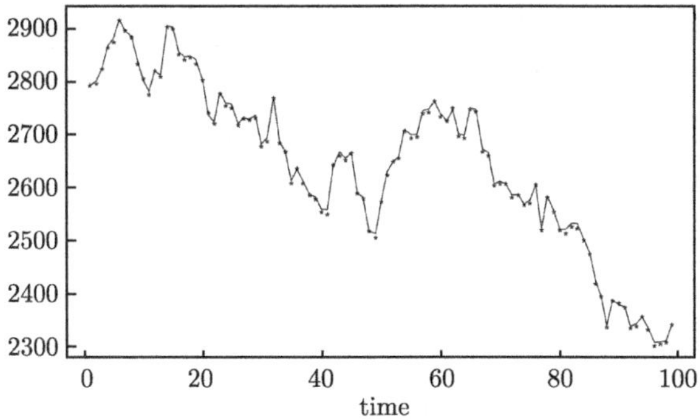

图 9.10　剩余 26 只成分股对沪深 300 指数走势的跟踪效果

图中星号是实际沪深 300 指数每日的收盘价, 实线是模型曲线, 易见, 实际走势和 26 只成分股的跟踪走势基本吻合, 对于以沪深 300 为标的的股指期货而言, 持有这 26 只成分股完全可以和股指期货空单形成良好的对冲效应, 适当的调整头寸就可以规避风险.

非负约束估计是值得深入研究的未来金融市场稀疏有用信息获取的重要工具, 已经有很多最新的研究成果见诸文献, 这些估计有很多优良的性质, 如模型选择的相合性、估计的相合性、哲人 (Oracle) 性、渐进正态性以及相关的假设检验等, 相关内容的证明超出了本书范围, 可以作为研究生今后进一步研究的选题, 这里不再赘述.

练　习　9

1. 分析各种准则的相互关系, 通过数据模拟论证你的结论.

2. 用逐步回归分析上证指数 50 与其成分股间的阶段性经验回归关系.

3. 试用 GCV 准则选择 Lars 参数 s, 并与案例 9.5 的结果进行对照, 文献中一般认为采用 GCV 准则会导致过度拟合, 体会其中的含义.

4. 用绝对约束估计分析上证 50 指数与其成分股的关系并与岭回归进行比较.

5. 用弹性约束估计分析上证 50 指数与其成分股的关系, 分别用日线和周线数据进行分析. 请将收集的数据分为前后两部分, 前面的数据用于拟合模型, 后面的数据用于指数跟踪, 通过残差图说明跟踪的效果, 并给出投资建议.

6. 用显著性检验选择变量集, 分析这样得到的模型的优良性.

7. 案例 9.8 还存在很多问题, 比如显著性问题, 多重共线性问题, 试加以分析.

8. 用非负绝对约束估计分析上证 50 指数与其成分股的关系, 并与 4, 5 题的结果进行对比.

9. 课程论文: 自选题目, 使用至少半数章节的方法进行数据的实证分析. 数据独立收集, 提交的论文应该包含数据、R 程序和论文, 可以参照平时的讨论课内容.

练习提示与参考答案

练　习　1

1. 仅以第一组数据为例 $\bar{x}_1 = \bar{x}_2 = 2, \bar{x}_3 = 1$, 协方差矩阵和相关系数矩阵按照公式容易计算.

2. 提示: 你认识的朋友的年龄、身高、体重, 根据相应的公式计算即可.

3. 提示: 通过证券行情软件获取股票数据 (这类软件很多, 可以很方便的通过互联网免费下载使用), 将数据拷贝到 Excel 表格后, 另存为 csv 文件即可, 其他可以仿照案例 1.1 进行.

4. 根据第 2 题的数据, 参照案例 1.2 和案例 1.3 进行.

5. 根据第 3 题的数据, 与第 4 题类似, 只是数据量更大.

在进行解答之前, 先将数据表中的数据输入 R 软件中, 数据较少, 可以直接输入; 也可以先将数据输入 excel 中进行转化. 先将数据输入 excel 中, 存为 "习题 1-5.csv" 文件. 接下来的工作可参照案例进行.

练　习　2

1. 用距离的定义验证各小题函数即可.

2. 先算出距离矩阵, 然后参照案例 2.1 进行聚类, 结果如下:

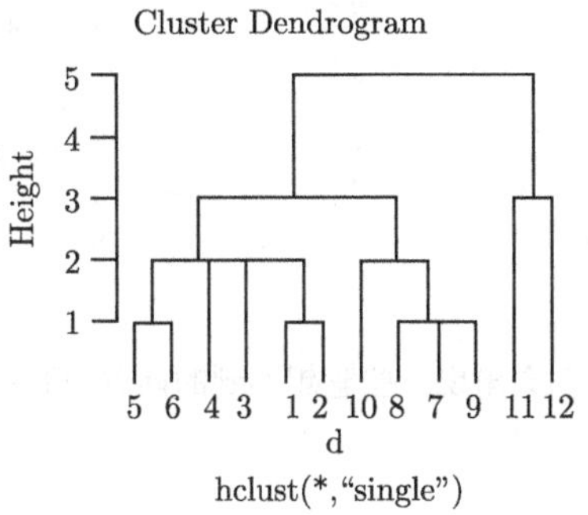

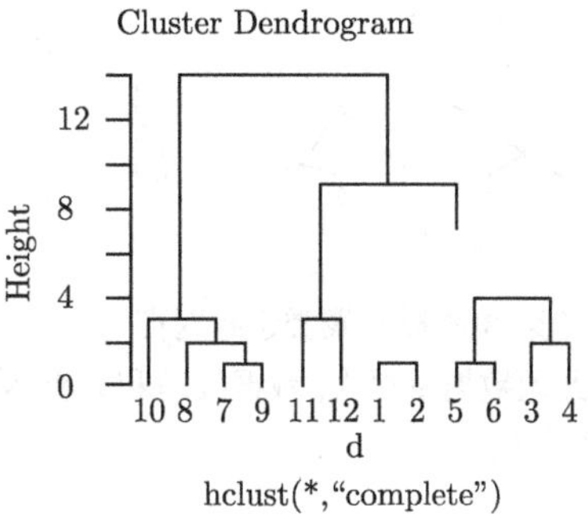

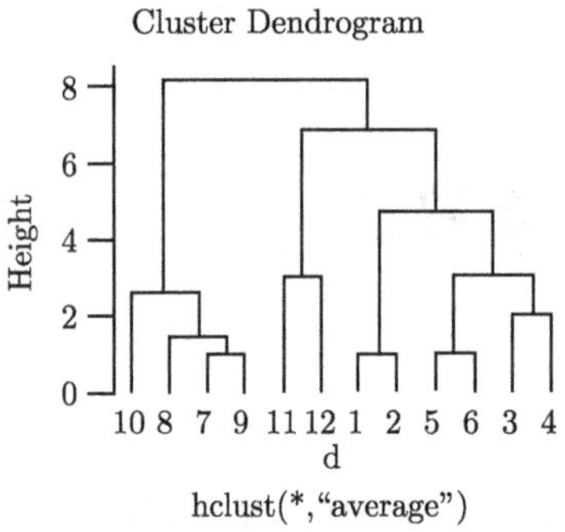

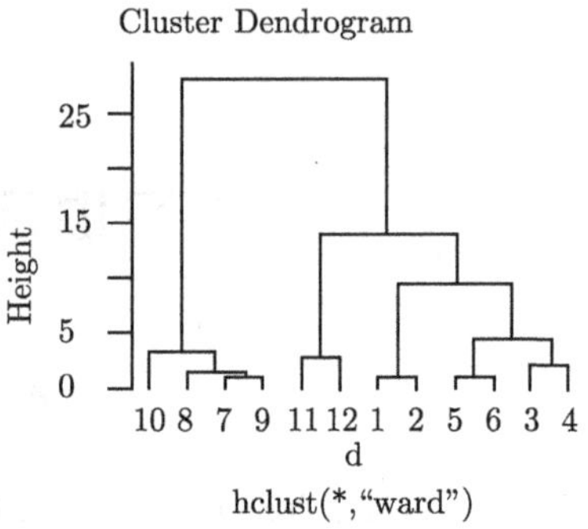

3. 提示: 可考虑收集上证 50 数据, 虽然股票不多, 但很有代表性.

4. 提示: 指标的选择非常重要, 只要能实现分离, 什么样的指标都可以选择. 但不要选择明显不同的板块, 比如银行板块和创业板, 直接通过总市值就能实现分离. 课堂讨论.

5. 最短距离法聚类图:

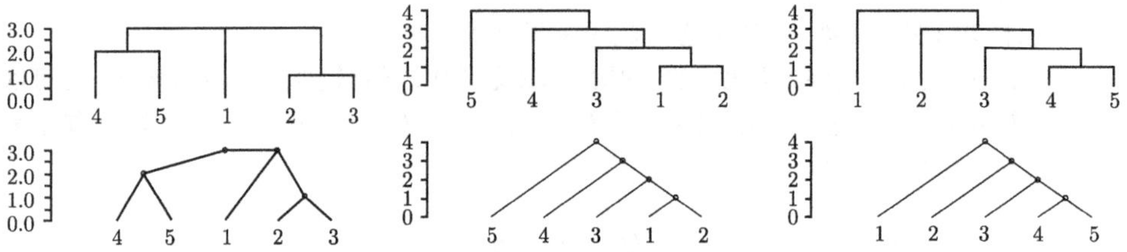

1)　　2)　　3)

最长距离法聚类图:

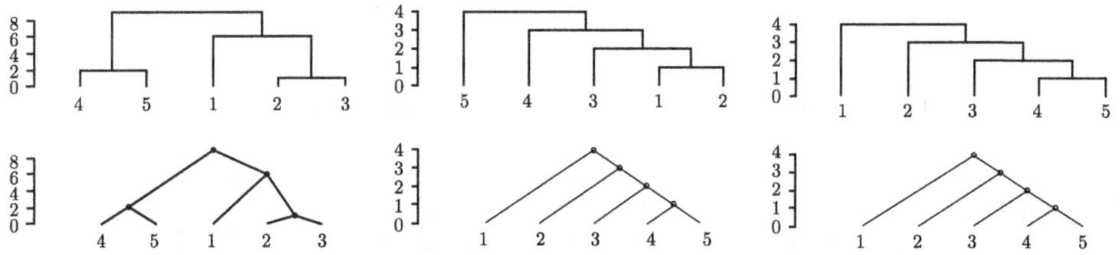

1)　　2)　　3)

6. 和第 3 题样本聚类进行对照.

7. 此题数据量很大, 数据处理和分析运行结果都会出现一些意想不到的问题, 可在讨论的时候进行总结.

练 习 3

1. 证明:

$$\begin{aligned}\mu_{y1}-K&=\mu_{y1}-\frac{1}{2}\left(\mu_{y1}+\mu_{y2}\right)=\frac{1}{2}\left(\mu_{y1}-\mu_{y2}\right)\\&=\frac{1}{2}\left(l'\mu_1-l'\mu_2\right)=\frac{1}{2}\left(\mu_1-\mu_2\right)'\Sigma^{-1}\left(\mu_1-\mu_2\right),\end{aligned}$$

其中 Σ^{-1} 是正定的, 所以有 $\mu_{y1}-K>0$.

$$\begin{aligned}\mu_{y2}-K&=\mu_{y2}-\frac{1}{2}\left(\mu_{y1}+\mu_{y2}\right)=-\frac{1}{2}\left(\mu_{y1}-\mu_{y2}\right)\\&=-\frac{1}{2}\left(l'\mu_1-l'\mu_2\right)=-\frac{1}{2}\left(\mu_1-\mu_2\right)'\Sigma^{-1}\left(\mu_1-\mu_2\right),\end{aligned}$$

其中 Σ^{-1} 是正定的, 所以有 $\mu_{y21}-K<0$.

2. 提示: 寻找合适的变量, 实现两个板块的完全分离 (无误判).

3. 提示: 不用最后一列, 7, 8, 14 出现误判, 利用部分列变量进行判别分析会得到各种判别结果, 由于判别分析至少需要两个变量, 经过分析, 只用第 2 列和第 5 列的变量就可以得到无误判的贝叶斯判别结果, 因此最少用 2 列数据即可.

4. 提示: 比较各自的判别函数.

5. 判别模型: 样本方差和 A 之间相差一个常数

$$W(x)=-1.9078x_1+2.49x_2+29.3023$$

$$\begin{aligned}&\mathrm{W}(x)>0,x\in G_1;\\&\mathrm{W}(x)<0,x\in G_2.\end{aligned}$$

6. 提示: 参照第 2 题的提示. 可以安排课堂讨论.

7. 当两个总体的均值差异不大时, 随着样本量的增加, 误判是不可避免的.

8. 提示: 通过调节比率, 可以单方面的避免某种误判.

练 习 4

1. 解: 由 $|X'X-\lambda E|=0$ 得到多项式 $(\lambda-3)\left(\lambda^2-4\lambda+1\right)=0$, 从而解得

$$\lambda_1=2+\sqrt{3},\lambda_2=3,\lambda_3=2-\sqrt{3},$$

再通过公式 $X'X\lambda_i=\eta_i\lambda_i,i=1,2,3$, 得到三个对应的特征向量为

$$\eta_1=\left(\sqrt{3}-1,-1,1\right)',\quad \eta_1=(0,1,1)',\quad \eta_1=\left(1,\frac{\sqrt{3}-1}{2},-\frac{\sqrt{3}-1}{2},\right)',$$

故, 各个主成分为

$$\begin{aligned}&z_1=0.44597x_1-0.628x_2+0.628x_3,\\&z_2=0.7071x_2+0.7071x_3,\\&z_1=0.8881x_1+0.3251x_2-0.3251x_3.\end{aligned}$$

通过特征值计算累积贡献率

$$\frac{\lambda_1}{\lambda_1+\lambda_2+\lambda_3}=51.315\%,\quad \frac{\lambda_1+\lambda_2}{\lambda_1+\lambda_2+\lambda_3}=96.17\%,$$

所以选取前两个主成分即可.

2. 提示: 考虑周线数据容易得到周回升率数据.

3. 提示: 可以另外收集最新数据.

4. 所有主成分为:

$$\begin{aligned}
Z_1&=-0.422\tilde{x}_1-0.658\tilde{x}_2-0.568\tilde{x}_3-0.2598\tilde{x}_4,\\
Z_2&=0.78\tilde{x}_1-0.225\tilde{x}_2-0.4748\tilde{x}_3+0.339\tilde{x}_4,\\
Z_3&=0.449\tilde{x}_1-0.364\tilde{x}_2+0.4098\tilde{x}_3-0.706\tilde{x}_4,\\
Z_4&=-0.1\tilde{x}_1-0.624\tilde{x}_2+0.5348\tilde{x}_3+0.566\tilde{x}_4,
\end{aligned}$$

根据累积贡献率选择前两个主成分即可. 上面 $\tilde{x}_i, i=1,2,3,4$ 是标准化后的变量.

5. 数据量很大, 建议使用 R 程序进行数据整理, 变量虽多, 但主成分集聚信息很快, 命名是一个困难的问题, 可以根据载荷较大的变量进行分析.

6. 可以用单个区分度好的主成分进行分类, 单个变量分类是很简单直接的, 但主成分代表的原始变量多, 尽管是单个主成分, 但仍然是多个变量的分类结果.

练　习　5

1. 提示: 仔细分析两章的例题.

2. 不能.

3. $\begin{cases} X_1=8.884F_1-3.326F_2+34,\\ X_2=6.282F_1+2.352F_2+92. \end{cases}$

4. 提示: 参照例 5.4 的程序进行因子分析. 需要注意的是, 如果直接用内置的因子分析函数 factanal 由于变量太少, 无法得到两个因子的结果.

5. 提示: 可以沿用上一章已经分析过的数据, 便于对照.

6. 提示: 选择 5 个因子.

7. 重点说明选出的前两个因子是不是需要的潜变量.

练　习　6

1.

$$\hat{\beta}_1=\frac{1}{6}(y_1+2y_2+y_3)$$

$$\hat{\beta}_2=\frac{1}{5}(-y_2+2y_3)$$

2.

(1) 提示: 易知 $X=\begin{pmatrix}1 & x_1 & x_1^2\\ 1 & x_2 & x_2^2\\ \vdots & \vdots & \vdots\\ 1 & x_n & x_n^2\end{pmatrix}$, $Y=(y_1,y_2,\cdots,y_n)'$, 所以

$$X'X=\begin{pmatrix} n & \sum_{i=1}^n x_i & \sum_{i=1}^n x_i^2\\ \sum_{i=1}^n x_i & \sum_{i=1}^n x_i^2 & \sum_{i=1}^n x_i^3\\ \sum_{i=1}^n x_i^2 & \sum_{i=1}^n x_i^3 & \sum_{i=1}^n x_i^4\end{pmatrix},\quad X'Y=\begin{pmatrix}\sum_{i=1}^n y_i\\ \sum_{i=1}^n x_iy_i\\ \sum_{i=1}^n x_i^2y_i\end{pmatrix},$$

从而利用正则方程

$$\begin{pmatrix} n & \sum_{i=1}^n x_i & \sum_{i=1}^n x_i^2\\ \sum_{i=1}^n x_i & \sum_{i=1}^n x_i^2 & \sum_{i=1}^n x_i^3\\ \sum_{i=1}^n x_i^2 & \sum_{i=1}^n x_i^3 & \sum_{i=1}^n x_i^4\end{pmatrix}\begin{pmatrix}\beta_0\\ \beta_1\\ \beta_2\end{pmatrix}=\begin{pmatrix}\sum_{i=1}^n y_i\\ \sum_{i=1}^n x_iy_i\\ \sum_{i=1}^n x_i^2y_i\end{pmatrix}.$$

通过消元法得到解 (比较复杂, 需要耐心推导), 下面就是消元过程和解

$$\begin{aligned}\hat\beta_0&=l_1-a\hat\beta_1-b\hat\beta_2,\\ \hat\beta_1&=\frac{l_2-al_1-(c-b)\hat\beta_2}{b-a},\\ \hat\beta_2&=\frac{(ac+ab-a^2-b^2)l_1+(a-c)l_2+(b-a)l_3}{ac+cb+bd-ad-b^2-c^2},\end{aligned}$$

其中

$$a=\frac{1}{n}\sum_{i=1}^n x_i,b=\frac{1}{n}\sum_{i=1}^n x_i^2,c=\frac{1}{n}\sum_{i=1}^n x_i^3,d=\frac{1}{n}\sum_{i=1}^n x_i^4,$$

$$l_1=\frac{1}{n}\sum_{i=1}^n y_i,l_2=\frac{1}{n}\sum_{i=1}^n x_iy_i,l_3=\frac{1}{n}\sum_{i=1}^n x_i^2y_i.$$

(2) 提示: 注意到在求最小二乘解的时候一定会有如下的结果

$$\sum_{i=1}^n y_i=n\hat\beta_0+\hat\beta_1\sum_{i=1}^n x_i+\hat\beta_2\sum_{i=1}^n x_i^2,$$

而

$$\hat y_i=\hat\beta_0+\hat\beta_1x_i+\hat\beta_2x_i^2=(1,x_i,x_i^2)\hat\beta=(1,x_i,x_i^2)(X'X)^{-1}X'Y,$$

从而

$$\sum_{i=1}^n(y_i-\bar y)^2=\sum_{i=1}^n(y_i-\hat y_i)^2+\sum_{i=1}^n(\hat y_i-\bar y)^2+2\sum_{i=1}^n(y_i-\hat y_i)(\hat y_i-\bar y),$$

其中

$$\begin{aligned}
&\sum_{i=1}^{n}(y_i-\hat{y}_i)(\hat{y}_i-\bar{y})=(y-\hat{y})'(\hat{y}-\bar{y}\mathbf{1})\\
=&y'(\mathbf{1}-X(X'X)^{-1}X'))(X\hat{\beta}-\bar{y}\mathbf{1})\\
=&\bar{y}y'(\mathbf{1}-X(X'X)^{-1}X'))\mathbf{1}\\
=&\bar{y}\sum_{i=1}^{n}\left(y_i-\hat{\beta}_0-\hat{\beta}_1x_i-\hat{\beta}_2x_i^2\right)\\
=&\bar{y}\left(\sum_{i=1}^{n}y_i-n\hat{\beta}_0-\hat{\beta}_1\sum_{i=1}^{n}x_i-\hat{\beta}_2\sum_{i=1}^{n}x_i^2\right)=0.
\end{aligned}$$

上面式中 $\mathbf{1}$ 是分量均为 1 的 n 维向量.

3. (1) $y=3.417+2.726x-0.391x^2$;

(2) 模型显著, 系数也显著;

(3) $y=6.58225$.

4. 提示: 设 $X=\begin{pmatrix}x_{11}&x_{12}\\x_{21}&x_{22}\\\vdots&\vdots\\x_{n1}&x_{n2}\end{pmatrix}$, 则 $X'X=\begin{pmatrix}\sum_{i=1}^{n}x_{i1}^2&\sum_{i=1}^{n}x_{i1}x_{i2}\\\sum_{i=1}^{n}x_{i1}x_{i2}&\sum_{i=1}^{n}x_{i2}^2\end{pmatrix}$, 有正则方程

$$\begin{pmatrix}\sum_{i=1}^{n}x_{i1}^2&\sum_{i=1}^{n}x_{i1}x_{i2}\\\sum_{i=1}^{n}x_{i1}x_{i2}&\sum_{i=1}^{n}x_{i2}^2\end{pmatrix}\begin{pmatrix}b_1\\b_2\end{pmatrix}=\begin{pmatrix}\sum_{i=1}^{n}x_{i1}y_i\\\sum_{i=1}^{n}x_{i2}y_i\end{pmatrix}.$$

用代入消元法即可获得 b_1,b_2 的最小二乘估计.

5. 提示: 搜集日线数据即可. 注意回归显著性检验和观察多重共线性.

6. 提示: 注意和 5 题的比较.

7. 提示: 半年的日线数据勉强够用, 因此可以考虑分时线数据.

8. 提示: 模型拟合的数据足够后, 后面的多余数据用于预测, 这比内预测更有说服力.

9. 对照案例 6.5 进行分析.

练　习　7

1. 证明:

(1) $H=X\left(X'X\right)^{-1}X', H^2=H$, 所以有: $h_{ii}=\sum_{i=1}^{n}h_{ij}^2=h_{ii}^2+\sum_{i\neq j}h_{ij}^2$, 所以 $h_{ii}\geqslant h_{ii}^2, \Rightarrow 0\leqslant h_{ii}\leqslant 1$, 当 $h_{ii}=1\Rightarrow h_{ij}=0, i\neq j$.

(2) $\sum_{i=1}^{n}h_{ii}=tr\left(H\right)=tr\left(X\left(X'X\right)^{-1}X'\right)=tr\left(X'X\left(X'X\right)^{-1}\right)=tr\left(I_{p+1}\right)=p+1.$

(3) 由于 $h_{ii}=\begin{pmatrix}1 & x_i'\end{pmatrix}(X'X)^{-1}\begin{pmatrix}1\\ x_i\end{pmatrix}=\begin{pmatrix}1 & x_i'\end{pmatrix}\begin{pmatrix}n & \mathbf{1}'X_0\\ X_0'\mathbf{1} & X_0'X_0\end{pmatrix}^{-1}\begin{pmatrix}1\\ x_i\end{pmatrix}$,
所以

$$h_{ii}=\begin{pmatrix}1 & x'_i\end{pmatrix}\begin{pmatrix}\frac{1}{n}+\frac{1}{n}\mathbf{1}'X_0\left(X^{*\prime}X^*\right)^{-1}\frac{1}{n}X'_0\mathbf{1} & -\frac{1}{n}\mathbf{1}'X_0\left(X^{*\prime}X^*\right)^{-1}\\ -\left(X^{*\prime}X^*\right)^{-1}\frac{1}{n}X'_0\mathbf{1} & \left(X^{*\prime}X^*\right)^{-1}\end{pmatrix}\begin{pmatrix}1\\ x_i\end{pmatrix}$$
$$=\frac{1}{n}+(x_i-\bar{x})'\left(X^{*\prime}X^*\right)^{-1}(x_i-\bar{x})$$

最后一步注意向量 $\bar{x}=\frac{1}{n}X_0'\mathbf{1}$ 即可.

2. 提示: 直接验证.

3. 提示: $e=(I-H)Y$, 其中 $H=X\left(X^TX\right)^{-1}X^T$, 并且 $\operatorname{cor}\left((I-H)\varepsilon,\hat{Y}\right)=\operatorname{cov}\left((I-H)\varepsilon,HY\right)=(I-H)\operatorname{cov}(\varepsilon,\varepsilon)H=0$.

4.

(1) 普通残差 $e=(-1.55,-1.94,0.36,2.57,2.88,1.19,-0.61,-2.90)$,

(2) 标准化残差 $r=(-0.81,-0.91,0.16,1.1,1.23,0.52,-0.28,-1.52)$,

外学生化残差 $r^*=(-0.78,-0.89,0.14,1.13,1.32,0.48,-0.26,-1.84)$,

预测残差 $\delta=(-2.66,-2.68,0.44,2.96,3.31,1.44,-0.84,-4.97)$.

(3) 有异常点第 8 个 (DFFITS 准则、库克距离) 第 7 个 (COVRATIO 准则)

(4) 帽子矩阵如下:

$$H=\begin{pmatrix}
0.4167 & 0.3333 & 0.2500 & 0.1667 & 0.0833 & 0 & -0.0833 & -0.1667\\
0.3333 & 0.2738 & 0.2143 & 0.1548 & 0.0952 & 0.0357 & -0.0238 & -0.0833\\
0.2500 & 0.2143 & 0.1786 & 0.1429 & 0.1071 & 0.0714 & 0.0357 & 0\\
0.1667 & 0.1548 & 0.1429 & 0.1310 & 0.1190 & 0.1071 & 0.0952 & 0.0833\\
0.0833 & 0.0952 & 0.1071 & 0.1190 & 0.1310 & 0.1429 & 0.1548 & 0.1667\\
0 & 0.0357 & 0.0714 & 0.1071 & 0.1429 & 0.1786 & 0.2143 & 0.2500\\
0.0833 & -0.0238 & 0.357 & 0.0952 & 0.1548 & 0.2143 & 0.2738 & 0.3333\\
-0.1667 & -0.0833 & 0 & 0.0833 & 0.1667 & 0.2500 & 0.3333 & 0.4167
\end{pmatrix}.$$

5. 提示: 可利用例题的相关程序, 要结合上次作业的结果深入分析.

6. 提示: 同上.

7. 通过程序探测出的各类异常很多是没有现实的解释的, 因此这类异常往往是因为阈值过低引起的, 真正的异常如果能找到实际的证据会更说明问题.

练 习 8

1. (1) $E(\hat{\alpha}(r,c))=E(H\hat{\alpha})=H\alpha, H\neq I\Rightarrow E(\hat{\alpha}(r,c))=E(\hat{\alpha}(r,c))\neq\alpha$;

(2) $\|\hat{\alpha}(r,c)\|=\|H\hat{\alpha}\|=\|H\|\,\|\hat{\alpha}\|, \|H\|<1\Rightarrow\|\hat{\alpha}(r,c)\|=\|H\hat{\alpha}\|<\|\hat{\alpha}\|$;

(3) $\hat{\alpha}(r,c)=H\hat{\alpha}=\begin{pmatrix}\hat{\alpha}_1\\ c\hat{\alpha}_2\end{pmatrix}$,

$$\begin{aligned}MSE(\hat{\alpha}(r,c)) &= trCov\begin{pmatrix}\hat{\alpha}_1\\ c\hat{\alpha}_2\end{pmatrix}+\|E(\hat{\alpha}(r,c))-\alpha\|\\ &= trCov(\hat{\alpha}_1)+c^2trCov(\hat{\alpha}_2)+(c-1)^2\alpha_2'\alpha_2,\end{aligned}$$

所以

$$\begin{aligned}\frac{\partial MSE(\hat{\alpha}(r,c))}{\partial c} &= 2ctrCov(\hat{\alpha}_2)+2(c-1)\alpha_2'\alpha_2, trCov(\hat{\alpha}_2)>0,\alpha_2'\alpha_2>0,\\ &\Rightarrow \exists c, c>\frac{\alpha_2'\alpha_2}{trCov(\hat{\alpha}_2)+\alpha_2'\alpha_2},\Rightarrow\frac{\partial MSE(\hat{\alpha}(r,c))}{\partial c}>0\end{aligned}$$

所以当 $\dfrac{\alpha_2'\alpha_2}{trCov(\hat{\alpha}_2)+\alpha_2'\alpha_2}<c<1$ 时, 有 $MSE(\hat{\alpha}(r,c))<MSE(\hat{\alpha})$.

2. 提示: 参考本书参考文献.

3. 解: 由 $|X'X-\lambda E|=0$ 得到多项式 $(\lambda-3)(\lambda^2-4\lambda+1)=0$

进而得到: $\lambda_1=2+\sqrt{3},\lambda_2=3,\lambda_3=2-\sqrt{3}$, 通过公式 $X'X\lambda_i=\eta_i\lambda_i, i=1,2,3$, 算得特征向量为: $\eta_1=(\sqrt{3}-1,-1,1)$, $\eta_1=(0,1,1)$, $\eta_1=\left(1,\dfrac{\sqrt{3}-1}{2},-\dfrac{\sqrt{3}-1}{2}\right)$.

由于 $\lambda_3=2-\sqrt{3}$ 比前两个小很多, 所以将这个特征值去掉, 则 β 的主成分估计为

$$\tilde{\beta}=Q_1Q_1'\hat{\beta}$$

4. 提示: 尽量使用日线数据, 考察增加保留主成分的个数, 是否会消除趋势影响, 改善残差缺陷.

5. 提示: (1) $\hat{\beta}(d)=(X'X+I)^{-1}\left(X'X\hat{\beta}+d\hat{\beta}\right)=(X'X+I)^{-1}(X'X+dI)\hat{\beta}=A\hat{\beta}$.

(2) $E(\hat{\beta}(d))=E((X'X+I)^{-1}(X'X+dI)\hat{\beta})=(X'X+I)^{-1}(X'X+dI)E\left(\hat{\beta}\right)$.

$$(X'X+I)^{-1}(X'X+dI)\neq I\text{, 所以, }\quad\hat{\beta}(d)\text{ 是一个有偏估计.}$$

(3) $(X'X+I)^{-1}(X'X+dI)=diag\left(\dfrac{\lambda_1+d}{\lambda_1+1},\dfrac{\lambda_2+d}{\lambda_2+1},\cdots,\dfrac{\lambda_p+d}{\lambda_p+1}\right)\leqslant I,(0<d<1)$

(4) 解: 考虑典则形式, 则有

$$\begin{aligned}&\hat{\alpha}(d)=Q\hat{\beta}(d)=Q(X'X+I)^{-1}Q'Q(X'X+dI)Q'Q\hat{\beta}\\ &=(\Lambda+I)^{-1}(\Lambda+dI)\hat{\alpha}\\ &Cov(\hat{\alpha}(d))=\sigma^2\sum_{i=1}^{p}\frac{(\lambda_i+d)^2}{\lambda_i(\lambda_i+1)^2},\\ &\|E(\hat{\alpha}(d))-\alpha\|=\sum_{i=1}^{p}\frac{(d-1)^2}{(\lambda_i+1)^2}\alpha_i^2,\end{aligned}$$

$$MSE\left(\hat{\alpha}\left(d\right)\right)=Cov(\hat{\alpha}\left(d\right))+\left\|E\left(\hat{\alpha}\left(d\right)\right)-\alpha\right\|$$
$$=\sigma^2\sum_{i=1}^{p}\frac{\left(\lambda_i+d\right)^2}{\lambda_i\left(\lambda_i+1\right)^2}+\sum_{i=1}^{p}\frac{\left(d-1\right)^2}{\left(\lambda_i+1\right)^2}\alpha_i^2=g_1\left(d\right)+g_2\left(d\right)=g\left(d\right)$$
$$g_1\left(d\right)=\sigma^2\sum_{i=1}^{p}\frac{\left(\lambda_i+d\right)^2}{\lambda_i\left(\lambda_i+1\right)^2},g_1'\left(d\right)=2\sigma^2\sum_{i=1}^{p}\frac{\left(\lambda_i+d\right)}{\lambda_i\left(\lambda_i+1\right)^2},g_2\left(d\right)$$
$$=\sum_{i=1}^{p}\frac{\left(d-1\right)^2}{\left(\lambda_i+1\right)^2}\alpha_i^2,g_2'\left(d\right)=2\sum_{i=1}^{p}\frac{\left(d-1\right)}{\left(\lambda_i+1\right)^2}\alpha_i^2$$
$$g'\left(d\right)=2\sum_{i=1}^{p}\frac{\left(\lambda_i+d\right)\sigma^2+\lambda_i\left(d-1\right)\alpha_i^2}{\lambda_i\left(\lambda_i+1\right)^2}>0$$

当 $\max_i\dfrac{\alpha_i^2-\sigma^2}{\alpha_i^2+\sigma^2/\lambda_i}<d<1,\Rightarrow g'\left(d\right)>0$, 从而 $g(d)$ 为增函数, 所以,

$$MSE\left(\hat{\alpha}\left(d\right)\right)\leqslant MSE(\hat{\alpha}\left(1\right))=MSE(\hat{\alpha}).$$

6. 提示: 参照习题 5(4) 的证明过程.
7. 提示: 尽量使用日线数据, 注意和最小二乘估计和主成分估计的比较.
8. 提示: R 没有专门的程序包, 需要自己修改程序, 可参考岭估计的程序包.

练　习　9

1. 提示: 通过随机模拟或实例比较各种准则随保留变量个数增加的变化趋势.
2. 提示: 注意不同准则的选择.
3. 提示: 可以参考案例 9.5, 并尝试不同的准则下, 结果可能的不同.
4. 提示: 变量选择是主要区别, 另外还有残差的差异.
5. 提示: 注意周线的样本远远不够, 属于高维数据建模, 可以单独考虑绝对约束估计和岭估计, 然后考察弹性约束估计合成两者的效果.
6. 提示: 通过实例进行分析, 将所有回归显著的变量选择出来, 然后进行统计分析.
7. 提示: 对照例题另外收集数据进行分析, 会存在不显著的变量, 因此可以考虑有偏估计或继续进行变量选择.
8. 提示: 分别用日线和周线数据做, 参照案例 9.9.

参 考 文 献

[1] 陈希孺, 王松桂. 近代回归分析. 安徽: 安徽教育出版社, 1987.

[2] 王松桂. 线性模型的理论及其应用. 安徽: 安徽教育出版社, 1987.

[3] 方开泰. 实用多元统计分析. 上海: 华东师范大学出版社, 1989.

[4] 杨虎, 刘琼荪, 钟波. 数理统计. 北京: 高等教育出版社, 2004.

[5] 杨虎, 钟波, 刘琼荪. 应用数理统计. 北京: 清华大学出版社, 2006.

[6] 薛毅, 陈立萍. 统计建模与 R 软件. 北京: 清华大学出版社, 2007.

[7] 杨虎. 回归诊断中数据集对各点拟合值的影响分布. 重庆交通学院学报, 8(1989)4: 44-52.

[8] 杨虎. 强影响的一种新度量. 数理统计与应用概率, 6(1991)2: 212-219.

[9] 杨虎. 单参数主成分回归估计, 高校应用数学学报, 4(1989)1: 74-80.

[10] Liu, K. A new class of biased estimate in linear regression [J]. Communications in Statistics-Theory and Methods, 1993, 22: 393-402.

[11] Yang Hu, Chang Xinfeng. A new two-parameter estimator in linear regression [J]. Commun. Statist. Theory Methods, 2010, 39(6):923-934.

[12] Yang Hu, Yang Jing. A robust and efficient estimation and variable selection method for partially linear singe-index modesl, J.Multi. Anal., 129(2014):227-242.

[13] Yang Hu, Wang Litong. An Alternative form of the Watson Efficiency, J.Stat. Plan. Infer. 139(2009)8: 2767-2774.

[14] Yang Hu, Wang Litong, Song Lijuan. Quasi minimax estimation in the general linear regression model, J Stat. Plan. Infer., 139(2009)7: 2117-2125.

[15] Lv Jing, Yang Hu, Guo Chaohui. An efficient and robust variable selection method for longitudinal generalized linear models, Compu. Stat. Data. Anal., 82(2015): 74-88.

[16] Li Tingting, Yang Hu, Wang Janeling, Xue Liugen. Zhu Lixing. Correction on estimation for a partial-linear single-index model, Ann. Stat., 39(2011)6: 3441-3443.

[17] Wu Lan, Yang Yuehan, Liu Hanzhong. Nonnegative-lasso and application in index tracking, Compu. Stat. Data. Anal., 70(2014): 116-126.

[18] Wu Lan, Yang Yuehan. Nonnegative Elastic Net and Application in Index Tracking, Appli. Math. Compu., 227(2014): 541-552.

[19] Robert Tibshirani. Regression Shrinkage and Selection via the Lasso. J. Royal Stat. Soc., B, 58(1996)1: 267-288.

[20] Efron, B., Hastie, T., Johnstone, I. and Tibshirani, R. Least angle regression. Ann.Stat. 32(2004)2:407-499.

[21] Zou, H. and Hastie, T. Regularization and variable selection via the elastic net. J. Royal. Stat. Soc. B, 67(2005): 301-320.